实干担当守初心

全国人大代表王士岭

王士岭◎著　梅淑娥◎主编

中国文史出版社

图书在版编目（CIP）数据

实干担当守初心：全国人大代表王士岭 ／ 王士岭著
. -- 北京：中国文史出版社，2022.5
ISBN 978 - 7 - 5205 - 3531 - 1

Ⅰ.①实… Ⅱ.①王… Ⅲ.①王士岭 - 生平事迹
Ⅳ.①K825.38

中国版本图书馆 CIP 数据核字（2022）第 090610 号

责任编辑：金硕　胡福星

出版发行：**中国文史出版社**

社　　址：北京市海淀区西八里庄路 69 号院　　　邮编：100142
电　　话：010 - 81136606　81136602　81136603　81136605（发行部）
传　　真：010 - 81136655
印　　装：廊坊市海涛印刷有限公司
经　　销：全国新华书店
开　　本：650×960　1/16
印　　张：25
字　　数：358 千字
版　　次：2022 年 7 月北京第 1 版
印　　次：2022 年 7 月第 1 次印刷
定　　价：68.00 元

编辑委员会

序
preface

临沂革命老区是一片红色的土地。沂蒙精神蕴含着共产党人一脉相承的红色基因和始终不渝的初心使命，被习近平总书记评价为"与延安精神、井冈山精神、西柏坡精神一样，是党和国家的宝贵精神财富"。

《实干担当守初心：全国人大代表王士岭》一书的作者王士岭同志，是沂蒙革命老区走来的老党员，也是山东临沂这片热土上产生的全国人大代表。中国共产党党员和全国人民代表大会代表身份的重合和交融，书中收录他履职尽责中产生的几十份建议和发言稿则是生动具体的真实写照。

中国共产党从成立那一天起，就把全心全意为人民服务作为根本宗旨，把维护人民群众的利益作为党的一切活动的出发点和落脚点。聚焦人民对美好生活的向往，为民服务解难题，下大力气解决群众关切的事，全力办好民生实事，不断增强群众的获得感、幸福感、安全感，是一名全国人大代表的责任。

2021年10月，党中央首次召开人大工作会议，习近平总书记发表了重要讲话，强调"坚持和完善人民代表大会制度，不断发展全过程人民民主"。习近平总书记深刻论述了全过程人民民主重大理念，指出人民代表大会制度是实现我国全过程人民民主的重要制度载体，人大代表密切联系群众、依法履职尽责，是全过程人民民主的重要内容和生动实践。随后，党中央专门印发文件，对新时代坚持和完善人民代表大会制度、加强和改进人大工作作出全面部署。这些重要思想和论述，为人大代表履职提出了明确要求。

人大代表来自人民、扎根人民，是党和国家联系人民群众的桥梁和纽带。我国的五级人大代表都是不脱产的，工作和生活在群众中间，这是我们制度的一大优势。

人大代表肩负着党和人民赋予的光荣使命，肩负着宪法法律赋予的重要职责，忠实代表人民利益和意志，依法参加行使国家权力。充分发挥代表作用是坚持和完善人民代表大会制度的必然要求，是人大工作保持生机和活力的重要基础。人大代表不仅在人代会上参加审议和表决，提出议案建议，大量工作还是在闭会期间了解民情、反映民意、汇集民智。特别是要通过调研发现具有共性、普遍性的突出问题，从健全法律制度、完善政策举措的角度提出意见和建议。

王士岭代表不仅在平时深入基层、贴近群众，认真调研了解社情民意，积极反映和帮助解决实际问题，还在全国人大会议上积极参政议政、建言献策。他的许多建议和意见，被相关部门采纳，产生了很好的效果和积极的影响，有的还在国家制定有关政策时被吸纳采用。

王士岭担任全国人大代表的十年时间跨度，对应着十八大以后我们国家进入新时代的整个历程。仔细阅读一位人大代表履职的文件汇编材料，我们可以从中感受到历史前进和社会发展的脉动，其中蕴含着的丰盈信息让人思考令人回味。

《实干担当守初心：全国人大代表王士岭》一书后半部分是央级有关媒体报道王士岭代表的内容，其中主要是记者梅淑娥女士的新闻性作品。她是原经济日报《中国经济信息》杂志记者部主任，连续多年参加全国两会报道。她策划的"一带一路"和脱贫攻坚专刊都产生了很好的社会效果。2015 年，应他们社长之邀，我曾为她主编的宁夏专刊写过卷首语。她一直十分关注老少边穷地区、聚焦革命老区，在全国两会期间每年都对来自这些地区的代表、委员进行采访报道。从 2016 年以来在七、八年的时间里，多次踏上沂蒙老区的热土，深入临沂城中的街巷商阜。书中的新闻作品中，细密生动地展示出革命老区"党旗红市场旺"的场景和了不起的奔跑追梦者的形象，令人感动。

临沂是"商贸名城"，获评首批国家物流枢纽，被誉为中国物流之都。习近平总书记 2013 年 11 月视察临沂革命老区，走进物流商城金兰物流基地，听取临沂市推动物流产业发展情况介绍，并对临沂商城现代物流建设做出重要指示。临沂商贸物流辐射全国 30 多个省、直辖市、自治区，远销 120 多个国家和地区，日客流量 30 万人次。市场繁荣带动了物流业发展，有物流园区 23 处、配载线路 2000 多条，覆盖全国所有县级以上城市，通达全国几乎所有港口和口岸，日均发送货物 20 多万吨。2021 年临沂商城实现市场交易额 5402.55 亿元、物流总额 8065.71 亿元。

在百年未有之大变局中，面对复杂多变的国际国内形势，中央高瞻远瞩提出经济发展以国内大循环为主统筹国际国内两个循环，建设统一的国内大市场。这都为现代物流业的发展繁荣提供了巨大的机遇。可以想见，沂蒙山革命老区这片热土，未来会更加繁荣昌盛。

冯 并

（作者为《经济日报》原总编辑，国家有贡献专家，曾任中国企业联合会、中国企业家协会执行副会长，现为中国经济传媒协会名誉会长。）

目 录
contents

做人民的代表　就要为人民办事

履职尽责　建言献策

媒体报道

做人民的代表　就要为人民办事

山东兰田集团驰骋商海、叱咤风云；兰田领航人王士岭，带领着兰田一路前行。山东兰田集团党委书记王士岭，是第十二届、十三届全国人大代表，山东省第十次党代会代表，临沂市人大常委会委员，全国五一劳动奖章获得者。2021 年 5 月 24 日，他在兰山区十九届人大常委会第四十五次会议上履职发言时说，担任人大代表以来，他全程参加了全国人代会、市人代会和市人大常委会会议，参加各级人大组织的专题调研 140 余次，提交各类议案建议 148 件，向全国人代会领衔提出建议 75 件。

　　"做人民的代表，就要为人民办事。"王士岭说，履行好代表的职责，关键是用脑用心，必须练好代表的"基本功"。用脑，就是善于学习，勤于思考，做到"内行看门道"。用心，就是深入基层，勤于观察，听取各方面的意见、观点，了解、熟悉情况，努力提高自身素质，不断提高审议能力。作为一名商贸物流行业的人大代表，他先后提出了 40 余条建议；作为一名人大代表，他曾先后应邀到甘肃、安徽等各市调研考察 20 多次；作为中国教育用品采购基地人大代表接待站站长，他将辖区内 27 名各级人大代表分成 4 个小组，每单月 20 日轮值接待群众，听取意见建议……

　　履职道路绝非一帆风顺，但每一段旅程，都有不同的风景。每一次调研、每一次座谈，王士岭都不惧困难、认真对待。这些年来，王士岭先后向全国人大提出"将临沂列为国家级'一带一路'综合试验区""加快农村垃圾统一处理""推广公益诉讼生命周期办理机制"等上百条关系经济发展、民生民利的建议。这些建议引起了政府及有关部门的高度重视，很多建议得到了采纳和落实。其中，他曾先后于 2017 年、2019 年两次提出将山东列为自由贸易区的建议，商务部都进行了详细答复和办理，2019 年 8 月 26 日，《国务院关于印发 6 个新设自由贸易试验区总体方案的通知》印发实施，中国（山东）自由贸易试验区正式设立。

履职路上脚踏实地　披荆斩棘一路向前

"作为人大代表，一定要履好职尽好责，不能辜负党和人民的信任与寄托。"这成为王士岭履职路上的信条和格言。从农村走向人民大会堂，他始终不忘初心、履职尽责，披荆斩棘、一路向前。

出生农村，扎根城市，走遍全国。2008 年，王士岭成功当选第十七届临沂市人大代表，并连任第十八届、第十九届临沂市人大代表，连任第十八届、第十九届临沂市人大常委会委员；2013 年开始，连任第十二届、第十三届全国人大代表；曾任职第二届临沂市党代表，第十届山东省党代表……

最初，他对人大代表的工作并不了解，但也深知当选人大代表并不仅仅只是一份至高无上的荣誉，更是一份沉甸甸的责任。于是，他阅读各类书籍，参与各种调研，努力认真、不间断地提升自己，让自己的履职路充盈而又富有意义。

"调研考察并不是游山玩水，而是脚踏实地、静心学习，将看到的、听到的、感受到的结合实际，提出可行性建议。"王士岭积极参加全国人大组织的北京、厦门、秦皇岛等地学习培训十多次。"学习期间封闭管理、食宿统一，专家研读让我受益匪浅。"他白天上课学习，晚上反复思考，在很多次的学习活动中，他都是那个"年龄最大、学得最认真的人"。

法律彰显公平正义。在王士岭所参加的各类调研中，涉及法院、检察院工作的为数最多，对于此类调研，掌握法律知识是必备技能。"如果不懂法、知法，调研时就很难对一些起诉、判决是否公平做出评价，对法院、检察院的创新和改革也无法提出可行性的建议。"面对问题症结，王士岭对症下药，认真学习各类法律知识，细致研究各类典型案例的审理判决，夯实了理论储备，确保了履职效果。

2019 年初，王士岭到兰山区人民法院进行调研时，该院正通过"网上多方远程庭审系统"审理案件，法官、公诉人、被告人等足不出户就能完成整个庭审过程。不仅节省了庭审参与人员的时间，还让庭审过程更加公开透明。

"这一做法是推进智慧法院建设、注重科技强院成果转化应用的新举措，如果能在全国予以推广，必将在更大范围内发挥应有作用。"为此，王士岭会同法院对这项工作进行了总结，2019 年 3 月，他向全国人代会提交了《关于在更大范围内推广应用"网上多方远程庭审系统"的建议》。2019 年 9 月 4 日，最高法办公厅对这一建议进行答复，中央政法委对这一做法充分肯定，并推广该系统在公安、检察机关应用。

履职路上，从不懈怠。为深入学习贯彻党的十九届四中全会精神，2019 年 11 月 4 日上午，根据全国人大常委会和最高人民法院安排，王士岭到广东省高级人民法院进行为期 5 天的视察活动。围绕公益诉讼审判、智慧法院建设、加大法官创新教育培训等，他提出了相关工作建议。2020 年，广东省高级人民法院专程向他发来长达 6 页的《答复函》，他所提出的各项建议逐一得到了答复和办理。在两届全国人大代表履职过程中，他先后参加了全国人大组织的甘肃、安徽、吉林、广东、陕西、山东等地调研考察 20 多次，每次调研座谈时他都积极踊跃发言，提出了大量有价值的意见和建议。

用心用脑谨记代表职责　彰显为民情怀

人大代表肩负党和人民的重托与期望，履职路上建言献策要用心用脑，练好人大代表"基本功"。无论工作多忙多累，王士岭时刻谨记代表职责。在例行的市场调研中，他了解到，农村务工人员在市场经营都是拖家带口，而孩子入托、上学、就业等问题，在现实中始终得不到很好的解决。他向全国人大提出了"关于将具备条件的商品交易市场从业人员转变为城市居民的建议"，呼吁有关部门尽早对此进行论证。这一建议引起基层代表的强烈共鸣。国家相关部门非常重视，专门委托人社局等部门进行实地调研，为我国户籍制度改革提供参考依据。

2013年3月，王士岭在山东省、临沂市两级人大常委会的指导下，建立了人大代表接待站和代表活动室。接待站将辖区内各级人大代表分成4个小组，单月20日轮流接待选民，听取意见建议。伴随着网络的发展、渠道的畅通，接待站的范围不断扩大，从兰田商城扩展到了周边群众，"能当场解决的问题就当场解决，否则就按程序逐级反映逐一解决"。这一举措得到了众多客户和周边群众的认可和支持，大家对此赞不绝口。

曾有一位60多岁的老人来到接待站，声称当地一家物流托运中心拖欠他3万元货款，多次催要未果。王士岭对此十分重视，及时向兰山区人大常委会反映。经过有关部门协调，该老人的问题得到了妥善解决。"这件事儿还真是多亏了王代表，人大代表是真为老百姓办实事。"该老人称半年多没解决的问题，经王士岭反映后两天就给解决了。

在调研物流经营时，王士岭发现拖欠货款现象时有发生，他意识到问题的严重性，于是向相关部门提出建议。有关部门随后对兰山区物流行业进行了一个月的集中整治，重点整治拖欠工资、货款、劳务纠纷等问题，进一步规范和净化了市场经营秩序。自代表接待站建立以来，王士岭接待群众千余人次，办理群众意见、建议和诉求1000余件，答复率100%，获得群众广泛好评。

王士岭心系民生，履职尽责。一场突如其来的疫情，牵动着王士岭的心。"战争年代，沂蒙老区人民无私支援前线，疫情面前，我们要传承沂蒙精神，携起手来，共同战'疫'。"王士岭说，作为一名人大代表，更要打头阵、当表率、作贡献。得知防疫物资紧缺，王士岭立即与多个业户取得联系，呼吁大家捐献物资。在他的号召下，2020年1月26日，临沂恒安劳动保护用品有限公司将仓库中的 3 万只口罩全部捐给兰山区疾控中心；2020 年 1 月 28 日，临沂百洁洗化有限公司捐出 3000 瓶消毒液……见大家如此踊跃，兰田集团在免除经营业户一个月的租金和物业管理费 2051 万元的基础上，又通过网络、电话会议等方式发动捐助，兰田干部职工、市场经营业户、劳保企业等积极参与，共捐助现金 273 万余元以及价值 110 多万元的物资。

在实践中求真知　推动物流智慧升级

"商贸之城""物流之都"让临沂叫响全国，而传统物流的发展已经不能满足经济发展的需求，向现代物流迈进成为大势所趋。在新时代沂蒙精神的带领下，山东兰田集团与金湖水泥投资建设的金兰物流基地携手，成功开启现代物流的密码。

2013 年 11 月 25 日，习近平总书记视察临沂，到兰田金兰物流基地调研，王士岭全程陪同，并向习近平总书记汇报了兰田的物流发展情况。习近平总书记指示，"临沂物流搞得很好，要继续努力，与时俱进，不断探索，多元发展，向现代物流迈进"。多年来，王士岭牢记习近平总书记的嘱托，带领兰田人"下力气"、投巨资对物流业进行提升改造，加快推进物流信息化、标准化建设，与深圳 e 点通、国家交通物流网等开展合作，实现了临沂与全国 2000 多个城市的信息共享。

结合工作中积累的经验，王士岭积极为全国物流业发展献计献策，并向全国人代会提交了"关于加快物流管理体制改革的建议""关于建设全国公益性商贸物流体系的建议""关于实施乡村振兴战略，推进冷链物流跨越式发展的建议""关于将临沂列为国家级物流标准化试点城市的建议"等多项建议，这些建议的主要内容涉及建立国家物流管理体制，加强对物流资源市场配置改革，编制全国公益性商贸物流体系发展规划，加快物流信息化标准建设，建立山东自贸区等建议项目。

部分建议得到国家相关部委的高度重视，"关于将临沂列为国家级物流标准化试点城市的建议"在得到商务部的认真答复后，临沂获批成为第三批全国物流标准化试点城市，这为临沂"中国物流之都"的高质量发展提供了契机，促进了物流规范化建设，提高了物流效率，降低了物流成本，推动了临沂国际商贸名城的建设。目前，临沂已成为"中国物流之都"，成为我国北方最大的商品集散中心，物流成本比全国平均水平低25%至30%。

"我的管理经验和代表建议均在实践中形成。我知道，只有静下心来搞调研，才能真正提供出可借鉴、可复制的经验，才能提出有可行性的代表建议。"2021年全国两会期间，王士岭建议以商贸冷链物流为导向型龙头环节，建立链接农产品冷链物流、食品工业冷链物流、国际食品冷链物流的大数据平台，统一管理和推动我国食品冷链物流业的发展。

2020年以来，临沂市委、市政府以全新的发展理念、思路和格局，一体化布局"商、仓、流"，推动商贸物流产业现代智慧物流体系全面升级，让王士岭看到了临沂物流发展的新曙光。从曾经的"四塞之固、舟车不通"到现在的覆盖全国县级以上网点，通达全国所有港口和口岸，成为中国市场名城、中国物流之都，临沂商城发展硕果累累，是每一个"临商人"流血流汗换来的，更是新时代沂蒙精神的见证。这让他感慨万千，"身为'临商人'，我一定不遗余力；身为人大代表，我一定不负众望！"

履职尽责　建言献策

关于加快国家农产品市场体系发展的建议

建议提要：我国已建有农产品批发市场 4300 余家，城市社区市场超过 10 万余家，这些市场承担着全国 70% 以上农产品的批发和零售业务，为服务城乡人民生活、促进农业发展做出了重要贡献。为大力发展现代农业，积极改善民生，建议学习借鉴先进国家和地区的做法，尽快明确农产品市场在我国经济发展和农产品商品流通中的地位，编制国家农产品市场体系建设发展规划，制定建设国家农产品市场体系的产业政策，加快建立国家农产品市场体系。

一、建立国家农产品市场体系势在必行

目前，我国已建有农产品批发市场 4300 余家，城市社区市场超过 10 万余家，这些市场承担着全国 70% 以上农产品的批发和零售业务，为服务城乡人民生活和促进农业发展做出了重要贡献。但是，从总体上看，我国绝大多数农产品市场仍然处于传统集贸市场发展阶段，与先进国家现代化农产品市场相比具有很大差距，我国农产品现代市场体系尚未形成。

目前，我国农产品市场建设与发展存在的主要问题是：

1. 国家对农产品市场发展模式缺乏统一的顶层设计，国家级发展战略思想不够清晰，管理体制不顺，政出多门现象时有发生，专业化法规政策研究滞后，重生产、轻流通，导致生产、信息、流通与消费等各个环节常常出现脱节现象，影响了农产品市场的健康发展。

2. 全国农产品市场分级不明，缺乏科学布局；大部分省、市、自治区没有编制农产品市场发展与建设规划，许多城市在城市总体规划和城市发展中轻视农产品市场体系的建设，造成全国、省际大区域、省域、城区、镇乡农贸市场建设仍处于混沌发展状态，难以在近期内形成国家级市场体系。

3. 市场建设主体、市场管理主体和市场经营主体多元化发展，市场监管体系不够完善，市场运行秩序不够健康；金融、物流、仓储、信息、检测等市场配套设施不全，现代化市场功能得不到有效发挥。

4. 市场交易方式原始、简单，电子商务、配送、竞买竞卖等现代市场交易技术推广缓慢，市场运行成本高，经营效益低，市场缺乏创新能力，发展后劲不足。

5. 农产品专业市场理论研究不够深入，市场理论体系支离破碎；市场法规研究滞后，市场法规政策疲于应付市场运行中的应急现象，缺乏战略性、长期性主导政策的指导。

上述问题导致我国农产品流通信息不灵、食品安全隐患很多、商品价格不稳、国家和各级政府对市场的调控能力降低，严重影响了农民的稳定收入，影响了农业生产的发展，影响了城乡人民生活质量的提升。

从"十二五"起，我国进入了全面建设小康社会的新时期。大力发展现代农业，积极改善民生，已成为我国经济发展的一项重要国策。因此，加快建立国家农产品市场体系，条件成熟，势在必行。

二、探索确立国家农产品市场体系的经济性质

要学习借鉴先进国家和地区建设农产品市场体系的做法，尽快明确农产品市场在我国经济发展和农产品商品流通中的地位，明确我国农产品市场体系的经济性质，从而确定我国农产品市场体系的发展体制。

1. 农产品市场的经济地位

要用国家经济法规的方式，明确农产品市场是我国今后农产品流通的主渠道，建设以农产品市场为主体，以超市、专业店、便民店、集市贸易

为辅助流通方式的城乡农产品流通体系。

2. 农产品市场的经济性质

要用国家经济法规的方式，明确我国农产品市场体系是由国家和各级政府调控下的民生经济组织，是公益性、半公益性的民生服务体系，国家农产品市场体系的建设、管理和发展，是不以营利为目的的社会性经济活动，在此基础上，制定国家农产品市场体系的建设指导方针。

三、国家农产品市场体系的基本构成

国家农产品市场体系由以下体系构成：

1. 国家农产品市场管理体系

（1）建设以国务院为综合管理、以商务部或农业部为主要管理、以相关部门专业技术管理的国家农产品市场体系的管理机制，负责国家农产品市场体系发展的指导思想、顶层设计，市场法规和产业政策的制定，国家财政市场发展专项预算的执行，负责农产品产、供、销等各个环节的统筹协调工作。

（2）国务院各专业部门建设市场运行专业监管体制，保证市场的安全健康运行。

2. 国家农产品市场设施体系

（1）国家农贸市场设施体系的构成，包括国家级综合和专业中心市场设施，省域中心市场设施，城市中心批发市场、社区与镇乡零售市场，城乡其他农产品商业设施。

（2）由中央政府建立国家级农产品中心批发市场设施，建设国家级冷冻食品、特色食品和进口食品等专业中心批发市场设施，建设国家级农产品储备市场设施。

省、直辖市、自治区级政府建设省域农产品中心批发市场和专业批发市场设施。

市、县政府建设以城市中心批发市场为龙头，以社区、镇乡零售市场为基础的城市、县域农产品市场设施。

企业建设超市、连锁超市、便民店、专业店等农产品商贸设施。

3. 国家农产品市场运行体系

（1）逐步建设农产品市场现代经营主体组织，包括入驻市场的经商户和企业，都必须具备一定条件要求的经营资质。

（2）逐步建设农产品现代市场管理组织，包括农产品流通协会、政府组建的市场管理中心和具备经营管理资质的市场管理企业。

今后，政府、不具备经营管理资质的企事业单位和自然人不得从事农产品市场的经营、管理业务。

4. 国家农产品市场物流体系

（1）建设全国、省际大区域和中心城市综合性或专业性农产品物流园区，形成全国、省际大区域和中心城市农产品物流网络。

（2）建设具有专业资质的农产品物流企业群体，不具备专业资质的物流企业和个人，不得参与农产品市场物流经营业务。

（3）建设全国农产品快递物流体系，实现农产品市场和电子商务零售服务。

（4）建设全国、省和中心农产品市场的物联网体系，建立农产品产、供、销的信息管理系统和商品追溯系统。

5. 国家农产品市场信息体系

（1）建立全国级并能集聚全国农贸市场信息的网络体系，逐步引进云计算技术，建设全国农产品数据库，形成全国综合性或专业性的"市场云"，及时发布、交换农产品交易信息，强行推行农产品电子商务和其他现代交易技术，提升我国农产品市场交易水平。

（2）国家级农产品市场信息体系要与农产品生产信息体系、物流体系、金融体系和其他相关网络进行链接，形成全国农产品产、供、销一体化网络。

（3）在"三网"融合工程建设中，开辟农产品市场频道，实现农产品产、供、销信息进入城乡居民家庭，使他们能够享受信息化带来的便捷服务。

四、 建设步骤和措施

1. 建议由国务院组织有关部门，在对全国农产品市场现状进行详细调查研究的基础上，吸收先进国家和地区现代农产品市场体系的建设发展经验，着手编制国家农产品市场体系建设发展规划。

2. 建议国务院发展改革部门和商务、农业主管部门着手研究农产品市场的改革措施，明确国务院各部门和各级政府职责和义务，明确政府、市场和企业的关系。制定农贸市场体系的改革方案，整合、利用好现有市场资源，完善市场体系建设。

3. 建议国务院有关部门制定建设国家农产品市场体系的产业政策，包括土地免费供应政策，市场建设免税政策，市场建设投资体制政策，市场管理体制与补助政策，农产品经营免税政策，农产品物流优惠政策，市场监管政策等，形成国家农贸市场建设与发展的政策体系。

4. 选择部分农业大省、部分特大城市和大城市做试点，对建设农产品市场体系进行探索，积累经验，以便在全国范围内进行推广。

5. 学习法国、日本等国家和中国台湾地区农产品市场体系建设和管理经验，学习有关国家农产品市场立法经验，为我国农产品市场立法做好前期工作。

2013 年

关于将具备条件的商品交易市场
从业人员转变为城市居民的建议

建议提要： 我国商品交易市场从业人员8000余万人，其中，农村户口从业人员5200余万人。这一群体职业稳定，经济收入高，进入城市时间长，在城市已具备长期的生活能力，大部分已具备户籍转变条件。建议在我国户籍改革进程中，尽快将这一群体的户籍转变为城市户口，这对加快我国城市化进程、推动我国商品交易市场转型升级、建设我国现代化职业商人队伍具有重要意义。

目前，全国已有各类工业产品交易市场8.6万余家，农产品批发市场4300余家，社区和镇乡农产品零售市场超过10万家，承担着我国60%以上工业产品和70%以上农产品的流通任务。经过改革开放30多年的发展，商品交易市场已是我国重要的流通产业，全国市场从业人员计8000万人以上，已经成为我国职业化商业职员群体，也是继农民、产业工人之后的第三大产业化职业群体。

为推动我国城镇化进程和户籍制度的改革，建议国家有关部门着手对这一群体进行调查研究，制定政策和工作方案，尽快将这一群体转变为城市居民。因此，提出建议如下：

一、我国商品交易市场从业人员群体的形成

1. 市场从业人员的发展过程

我国商品交易市场从 1979 年得到大力发展，当时部分农民和城市居民开始进入市场经营，形成了我国第一批商品交易市场从业人员群体。20 世纪 90 年代以来，随着我国城市经济体制的改革，一批下岗职工和企事业单位下海人员进入商品交易市场，成为我国第二批商品交易市场从业人员群体。21 世纪以来，随着我国教育体制的改革和城镇化进程的加快，大量大中专毕业生开始进入商品交易市场，成为我国商品交易市场新的从业群体。经过多年发展，上述人员已成为我国商业产业发展的主体。从年龄段上分析，第一代商品交易从业人员大部分已超过 50 岁，有的已经进入老年期，并脱离市场经营领域，这批人从业时间都超过 20 年以上，约占总人数的 10%。第二代从业人员从业时间在 10 年以上，是市场从业人员的主体，约占总人数的 60%。第三代从业人员从业时间在 10 年以内，多数是 2000 年以来的大中专毕业生，这些人员约占总人数的 30%。从人员户籍组成分析，城市居民约占总数的 35%，计 2800 余万人，农村居民约占总数的 65%，计 5200 余万人。

2. 市场从业人员身份的变化

改革开放初期，我国商品交易市场从业人员大部分是无业游民和农村剩余劳动力，20 世纪 90 年代以后，市场从业人员身份发生巨大变化，多数是下岗职工和企事业单位下海经商人员，他们大部分具有城市户籍。21 世纪以来，大中专毕业生少部分为城市居民，具有城市户籍，大部分是农民子女，不具有城市户籍。他们在经济领域中的身份，20 世纪的 20 年中，多数是个体经商户，不具有企业法人地位。进入 21 世纪以来，市场经营户开始向公司制转变，约有三分之一的市场经营户已经上升为企业法人，有的尚聘有几人至几百人不等的职工。现在的市场从业人员，由公司制法人代表、公司管理人员、公司经营人员、个体工商户和市场物流、市场物业管理、市场辅助人员等组成。从以上情况看，经过 30 多年的发展，市场从

业人员的身份已经发生变化，他们从农民身份、下岗职工身份和学生身份转变成为职业化商业职员，已经从农村、工厂进入城市，成为城市居民的组成部分。

从 1992 年以来，我国对市场管理进行了重要改革，到目前，全国 90% 以上的市场已经由市场管理公司经营管理。从 2011 年起，我国所有新建商品交易市场都必须实行市场公司的管理。因此，我国所有市场从业人员已经不是松散的个体商人，都已经成为市场经营管理公司管理下的商业组织成员。

根据商品交易市场从业人员的发展过程、人员身份的变化和商品交易市场发展管理现状，为符合条件的商品交易市场从业人员办理城市居民户籍，已经具备历史条件和现实基础。

二、商品交易市场从业人员转变为城市居民的优势

商品交易市场从业人员，作为我国职业化商业职员群体，与农民、产业工人、农民工等群体相比，具有鲜明的特点。这一群体转变为城市居民，具有独特的优势：

1. 商品交易市场从业人员具有稳定的职业

商品交易市场是城市商业的主要组成部分，承担着工农业生产发展和城乡居民生活的流通服务工作，是工农业生产运行和城市运行的主要环节，因此，商品交易市场从业人员具有鲜明的产业职业化特点，工作方向明确，职业稳定，具有较高的技术和技能体系，是现代经济发展的重要职业。

2. 商品交易市场从业人员具有合法的经济身份和收入来源

商品交易市场从业人员大部分是流通企业家、企业管理人员、企业经营人员和个体工商户，他们具有合法的经济身份，是我国经济组织中的组成部分。他们不但是国家纳税人，并且具有稳定的收入来源，一般地说，市场经营人员的收入大部分是我国中产阶级，他们的经济收入超过国家公务员的平均收入，少部分已经成为我国高收入阶层，是我国最大的消费群

体。他们转为城市户籍成为城市居民后，不会给城市发展带来经济负担。

3. 商品交易市场从业人员具有独立经济利益和资产

进入商品交易市场经营的企业和个人，都有自主经营的资本。包括商品资本、货币资本、不动产资本及知识产权资本。商品资本即其所经营的商品，这些商品是其获利的主要载体；货币资本指其在市场内经营所需要的资本；不动产是指其摊位、店面等固定资产，这些经营场所产权多数为经营企业和个人，少数是租赁使用的；知识产权指其企业品牌、商品品牌、技术专利，以及非物质经营资本，例如，销售渠道、销售方法和交易技术。

4. 商品交易市场从业人员能够独立承担民事权利和民事责任

商品交易市场从业人员大都能独立行使民事权利，承担民事义务。他们无论是企业还是自然人，在经营活动中，都能够独立行使民事权利，承担民事义务，独立行使经营权利，行使商品选择的权利，买卖定价的权利等。这些权利的独立行使说明，这一群体是我国能在承担行使民事权利的同时，又能承担相应的民事义务的独立群体，这是我国农民、产业工人、教育工作者、科研工作者、文化工作者等其他群体所不能达到的。

5. 商品交易市场从业人员具有较高的城市生活能力和文化创造力

商品交易市场从业人员因其有较高的经济地位，所以具有较高的城市生活能力，他们在城市购置房屋和商业设施，也是城市最大的生活消费群体。城市文明是由商业文明创造的，所以这一群体也是城市文明发展的动力。

三、商品交易市场从业人员转变为城市居民的措施建议

1. 将商品交易市场从业人员列为全国户籍改革重点对象

从以上分析可以看出，我国大部分商品交易市场从业人员已经具备转为城市户口的基本条件，建议将这一群体列为我国户籍改革的重点，由国

家相关部门进行调研，制定政策和工作方案，指导全国各市、县政府，将商品交易市场从业人员的户籍转变工作列为当地户籍改革的重点对象，争取在"十二五"期间，将我国大部分商品交易市场从业人员的户口从农村转为城市，完成这一群体从农民向城市居民的转变，推动我国城市化发展进程，推动我国商品交易市场的转型升级，培育我国现代职业商人队伍，提高我国商品交易市场在世界经济发展中的竞争力。

2. 地、县级城市商品交易市场从业人员户籍转变是这项工作的重点

直辖市和省级市商品交易市场从业人员的户籍转变工作比较复杂，起步、进程较慢。所以，建议将地、县级城市商品交易市场从业人员的户籍转变作为这项工作的重点，国家有关部门可责成各省、市、自治区政府对地、县级商品交易市场从业人员开展调查研究，摸清底数，调查民情，制定方案，稳步开展工作，将户籍改革工作稳妥健康进行，取得社会支持。

3. 选择数个市场大市先行先试，取得经验

我国有数十个地、县级市场大市，这些城市的商品交易市场规模大、效益好，在全国甚至世界上都有良好的影响。这些城市的商品交易市场从业人员数量多、素质高、经济条件好，对转为城市户口的积极性高，在这些市场大市中，进行户籍改革的先行先试工作，容易起步，容易出成绩，工作阻力小、后患少。因此，建议国家有关部门选定几个、十几个地、县级市场大市，开展先行先试工作，以取得工作突破，获取经验，指导全国商品交易市场从业人员户籍转变工作的全面开展。

2013 年

关于加快物流管理体制改革的建议

建议提要： 经过 30 多年的发展，物流业已成为我国国民经济的支柱产业和重要现代服务业。2013 年，全国社会物流总额达 200 万亿元，物流业增加值达 3.9 万亿元，我国已经是世界物流大国。但是，物流业在发展过程中还存在一些问题，这些问题是影响国民经济发展的重要问题之一。根据党的十八届三中全会提出的改革思路，为推动现代物流业的健康运行，加快物流管理体制的改革势在必行。

一、物流管理体制存在的主要问题

（一）政府与物流市场主体组织管理界限亟待明确

在物流业长期以来的发展中，政府与物流市场主体组织的管理界限不清。作为政府，对全国物流业发展的总体思路还不够明晰，对物流业在国民经济中的地位、发展模式、发展重点、产业体系、科学体系等重大问题研究还需要深入，由于缺乏科学规划，致使全国物流业的发展处于自发状态之中。近几年，虽有一些规划性文件出台，但多数文件的长远性指导能力不强，有些思路不能落地。作为物流市场主体组织，由于受所有制形式、行业的限制，市场竞争机会不同，导致了物流市场主体组织的发展状况的不同。例如，原中央物流企业，因具有国有企业的性质，某种程度上具有部分政府管理权限，在铁路、公路、航空、海洋、信息、金融等重要物流资源方面竞争优势较大。民营物流市场主体组织的竞争优势相对小一些，改革开放 30 多年来，我国还没有能够达到世界级物流企业的民营物流公司。我国的物流中介组织，由于没有法律性规定的职权范围，难以实现对物流业的中介服务。因此，政府与物流市场主体组织管理权限亟须分明。

（二）物流管理权限部门和条块分割现象应尽快理顺

我国物流业的管理权限，涉及多个部门、多个行业，涉及中央与地方各级政府，物流业管理权限部门分割、条块分割的现象极为突出。从国家层面看，物流业管理权限涉及国家发改委、商务部、交通部、公安部、国家质量监督检验检疫总局、工商总局、税务总局、海关总署、邮政局、工信部、民航总局、建设部等，在地方上还涉及公路、城管等部门。这些部门在推动物流业发展的同时，由于利益因素，对物流业发展也带来了滞后影响。

（三）物流法规政策政出多门的问题应尽快解决

利用法制管理，是推动物流业健康发展的唯一方向。目前，我国涉及各部门的专业法律虽然很多，但尚未有推动和保证物流业发展的综合性统一法律；不少部门从自身出发，发布各种类型的涉及物流业发展的政策，致使我国物流法规政策不利于执行，也不利于推进商业发展。对物流业的利益，有的地方出现部门均沾的情况；对物流业发展的问题，有的地方出现推诿扯皮的现象。这些问题应当逐步解决。

（四）管理部门不规范、不文明的执法行为应彻底消除

目前，许多物流管理部门在执法中存在很多不规范、不文明的现象，客观上损伤了党委政府与人民群众的关系，有的甚至成为影响社会稳定的因素。这些行为应当彻底清除。

二、关于物流管理体制改革任务的建议

鉴于上述问题，我国物流管理体制的改革非常必要。为此，建议按照党的十八届三中全会提出的改革精神，将物流体制改革纳入国家政府改革任务。

（一）建立国家物流管理体制

在国务院机构改革方案中，明确物流业管理体制。包括，国家物流业政府管理体系、国家物流业运行政府监督监管体系、国家物流业科学服务体系三大部分。

1. 国家物流业政府管理体系

明确国家物流业综合主管部门、专业物流主管部门、物流业管理协调部门的组成，明确上述各部门的职责范围。在此基础上，对政府现有物流业管理法规进行全面清理，修改完善现有管理法规文件，包括物流运行管理的细则性文件中的不合理成分，使之统一，能够为物流业从业人员认可，并能够科学落实、实地操作。

2. 国家物流业运行政府监督监管体系

政府要确立行使物流业运行监管主管部门，或建立国家物流业运行监督监管体系，将物流业运行监督监管的职能纳入国家政府公务员监督监管体系之中。物流运行监督监管体系要与行政管理体系分开，独立运行，形成对物流业发展的有效监督与管理。

3. 国家物流科学服务体系

包括物流产业科学规划、科学研究、科学成果转化、物流产业教育与培训等国家主管部门、协调部门，建立由国家指导的、与世界物流科学体系接轨的国家物流科学体系。建立由各类物流行业中介组织为主导的国家层面的物流产业服务体系。

（二）建议全国人大加强对物流业发展的关注

物流业发展涉及国计民生。建议在全国人大常委会的管理机构中，明确物流业发展的监督部门，制定物流业发展运行的监督、监管实施办法，定期科学性地行使人大常委会对物流业发展的监督职能。全国人大法制部门在国家经济法律体系建设中，规划建设国家统一的物流法律、法规体系，通过物流法律、法规体系的建设，加大监督政府物流管理体制的运行，保证我国物流业的健康发展。

（三）建议政府加强对物流资源市场配置改革的研究

建议政府组织专业人员，借鉴世界先进国家物流产业发展的经验，对我国物流资源市场配置的改革进行研究与探索。

1. 对国家物流基础设施资源的综合运行的可行性研究

将全国不同所有制的物流基础设施，包括国有铁路、地方铁路与企业铁路，国有公路、城市道路、乡村道路，国有港口、地方港口与民营港口，国有航空等物流基础设施，实现由国家指导、市场主体组织联合运行的统一经营模式，实现全国物流市场的统一，实施由现代信息技术控制下的多式联运物流技术，以实现我国物流业与国际物流业的无缝对接。

2. 建设全国性的物流节点网络体系

根据我国城市布局、产业布局、交通布局等因素，规划建设全国性的物流节点网络体系。目前，我国有关部门制定的全国物流节点城市规划，照顾了城市发展的因素，对产业布局、交通布局因素考虑得不够，一些重要市场集群城市、重要交通枢纽没有进入国家物流节点城市行列，对陆路物流与海洋物流的接轨，通过边境城市实现与境外物流的对接因素考虑不足。因此，建立更高层次的全国物流节点网络体系规划极为重要。

3. 建立全国性的物流信息服务体系

要建设国家层面的物流大数据中心，整合全国乃至国际物流数据资源，为我国物流企业服务；加强对北斗卫星服务功能的开发，建立我国独立的北斗物流服务体系。

4. 实施物流产业的分级制度

建设国际物流、全国境内物流、城市共同配送物流、农村服务物流等不同级别的物流产业体系，在各类不同级别的物流体系独立运行的基础上，实现综合性物流业的运行，以便行使不同的物流服务功能，减少物流资源浪费。

5. 加强物流科学的研究

建立全国物流科学研究体系，对物流经济、物流科学、物流技术、物流管理等方面进行国家级的规划；特别要加强对物流基础设施的标准化建设，加强对物流工具，包括车辆、轮船、飞行器、装载工具、仓储设施等方面的标准化建设，加强对现代化物流队伍、物流从业人员的素质提升。这些都应该制定国家级的发展规划，以便指导全国物流业的发展。

2014 年

关于加快城市商业网点规划建设法制化进程的建议

建议提要：城市商业是商贸产业的重要组成部分，城市商业网点建设是城市建设的主导工程。因此，城市商业网点规划是城市规划中的重中之重。10多年来，我国城市商业网点规划的编制取得了很大成就，但总体上说，规划编制专业化程度不高，编制技术要求不规范，规划执行随意性强，导致了城市商业网点建设标准不一，城市网点设施品质不高，商业服务功能不完善，一定程度上浪费了城市资源。建议国家高度重视这一问题，以法制化的高度，规范城市商业网点规划的编制，强化城市商业网点建设的系统性，保证城市建设健康发展，不留后遗症，让城市商业真正为城市居民服务，真正成为城市文明的支撑和载体。

一、我国城市商业网点规划与建设的基本情况

为推进城市商业网点的建设，多年来，国务院和主管部门都做了很大努力，取得了良好成效。从 2001 年起，原国家经贸委先后制定下发了《关于城市商业网点规划工作的指导意见》《关于进一步做好大中城市商业网点规划的通知》。2004 年，商务部和建设部联合发布了《关于做好地级城市商业网点规划的通知》，商务部还颁布了《城市商业网点规划编制规范》《全国商品市场体系建设纲要》。2005 年，国务院发布了《关于促进流通业发展的若干意见》。2008 年，商务部发布了《关于加快我国流通领域现代物流发展的指导意见》。2011 年，国务院办公厅发布了《关于促进物流业健康发展政策措施的意见》。2012 年，国务院发布了《关于深化流

通体制改革，加快流通产业发展的意见》。这些文件，推动了我国流通体制改革，提出了加快流通产业发展的指导思想、基本原则和主要目标，提出了我国流通产业发展的主要任务，对城市商业网点的规划和建设也提出了要求，成为我国城市网点规划和建设的政策体系。

根据国务院和相关部门的部署，10多年来，各省、市、自治区都开展了城市商业网点的规划和建设工作。目前，全国省会级城市、大部分地级城市和部分县级市都已经完成了商业网点规划编制工作，有的城市进行了多次修编，这些工作都推动了城市商业网点的建设；多数省级市和部分地级市已经建成了较为系统、较为规范的城市商业网点格局。但是，城市商业网点的规划和建设仍然存在很多问题，主要是：

1. 商业网点规划编制不规范，落实不到位

许多城市商业网点规划编制专业性差，技术不规范，随意性强。一些城市政府对于已颁布的商业网点规划执行不力，落实不到位，随意更改。

2. 商业网点建设混乱，造成了资源浪费

由于缺少规划的指导，许多城市商业网点建设混乱。一些市政府让投资商牵着鼻子走，按照投资商的意愿任意改变规划，商业设施建设无序，导致许多大型商业设施、大型市场设施和服务设施闲置，造成了投资和城市土地资源的浪费。

3. 利益驱动致使商业流通终端设施建设薄弱

一些城市政府为照顾房地产投资商的利益，对城市社区、小区和街区的商业设施建设抓得不够好，不少地方放弃了社区商业、社区市场等基础设施建设，给市民生活服务带来了不便。

4. 重建设、轻流通，城市商业体系不够完善

许多城市只重视商业网点的硬件建设，对流通体系的建设思考很少；一些城市只注重品牌大型商业的引入，对专业性、中小型商业企业引进和培育重视不足，任其无序发展，使城市中低层收入的消费者得不到安全、便捷的服务，造成了城市商业体系不够完善。

二、建议加快城市商业网点规划的法制化进程

为进一步搞好城市商业网点规划，推进城市商业网点建设有序、健康地进行，建议加快推进城市商业网点规划的法制化进程：

1. 科学编制《城市商业网点发展规划》

城市商业网点发展规划的编制，已经有10多年的时间，形成了较为规范的编制规范，推动了城市建设的发展。但是，纵观全国城市商业网点发展规划的全貌，许多城市的规划编制不尽规范，随意性强，甚至概念不清，这些规划非但对城市商业发展指导意义不强，反而有损于城市商业的发展。建议国家政府指定有关部门，对商业网点规划编制的经验进行总结，重新修订、编制新的规范，指导各个城市科学编制城市商业网点发展规划，要坚持由专业单位编制，资深专家评审的方式。城市党政领导要尊重专业编制单位和专家的意见，不能自行其是，为了政绩或吸引投资，任意违反规划编制规范。

2.《城市商业网点发展规划》要成为地方法规

城市商业网点发展规划一经专家评审，即可成为政府规范性文件，若经同级人大通过，即成为区域地方法规。同级党委、人大和政府都要按照城市商业网点发展规划的要求，指导城市商业网点的建设与运营。任何人都不能随意修改法定性文件。如果确实需要修编，要经同级政府或人大通过。只有如此，城市商业网点的布局才会合理，城市发展和建设才不会留有遗憾。

3. 要确保社区等基础商业设施的落实

城市基础商业设施，如社区商业、小区商业、街区商业和郊区镇乡商业，是城市商业发展的重要基础，是城市商业服务终端，更是与城市居民生活息息相关的服务事业。因此，要确保社区等基础商业设施建设的落实。城市社区房地产建设项目规划的审批，要吸收商务主管部门的意见，社区居民代表要参与，重要的大型社区房地产建设项目规划的审批，要举

行听证会议，在开发商统一商业主管部门的意见和社区居民代表意见后，项目才能够进行开发、销售和验收。

4. 坚决杜绝大型商贸设施的无序发展

由于大型商贸设施建设能够为地方政府提供政绩形象，能使投资商获取巨额利润，许多城市政府支持开发商无序开发大型商业设施，包括大型商业中心、大型城市综合体、大型购物广场、大型专业市场集群等，造成了许多城市的大型商贸设施的空壳运行。建议国家商务主管部门和城市建设主管部门，要对这一现象进行调研，制定全国商业设施发展的基础框架，同国土部门一道，编制全国大型商贸设施的发展用地计划，从根本上遏制商贸设施建设的无序发展。

5. 要推动中小商贸流通业的转型升级

我国城市社区、小区、街区的流通服务业，城市专业市场的经商主体，整体人员素质不高，商业运行不规范，影响了城市商业品质的提升。因此，今后一个时期内，商业主管部门及其他流通主管单位，要将推动城市中小商贸流通业的转型升级作为重要任务，编制城市基层商业发展规范，制定城市基层商业转型升级措施，在全国范围内推行中小商贸流通业的转型升级，实现城市传统商业向现代商业的接轨，以支撑城市现代化发展。

6. 商业主管部门管理要深入商业服务基层

我国涉及城市商业管理部门较多，牵扯到商务、工商行政管理、技术监督、食品卫生、城市建设、城市管理等多个部门，但是对城市基层商业的管理程度不够，有死角，造成了城市基层商业的无序，也引发了许多社会问题。国家政府要对这一问题进行研究，责成一个部门主管，或数个部门联合主管，制定城市基层商业发展的产业技术标准，采取措施，用5年至10年的时间，对城市基层商业进行整顿和提升，逐步达到世界先进国家的商业管理标准，以实现城市现代化建设和管理的要求。

2014 年

关于管好工业污水排放保护土壤安全的建议

事由分析：

随着国家对污染治理力度不断加大，对污染严重的企业进行停、转、改，取得一定成效。但是，就目前来看工业污水乱排乱放，对土壤、饮用水源的污染依然突出，仍需要进一步加大整顿力度。

近年来，从新闻媒体亦可获知，厂矿企业的环境污染事件频发，对环境安全的破坏程度日益加深，如化学污染、重金属污染对土地和水源的危害，有些几十年、数百年也降解不了，给人类社会和谐发展带来灾难性影响。医学研究证明，工业污水随意排放，危害极大，特别是含有重金属的污水污染土壤后，会依附于农作物、畜牧家禽对人体肝脾肾等脏器以及造血系统影响极大，也导致气管炎、慢性支气管炎、肺气肿、肺心病、血液疾病、肝病等疾病多发，给社会经济发展、健康水平提高带来极大影响。如因污水排放对土壤、水源造成严重污染导致出现一系列"死亡村""癌症村"就是典型的案例。

欠发达地区依靠资源开发，快速提升 GDP，在注重厂矿企业开发的同时，环境保护却失去笼头，重大环境污染事件屡屡发生，为此，要坚决反对此类只要 GDP、不要环境保护的现象。

办法和建议：

1. 政府高度重视，进一步转变观念，杜绝 GDP 数字至上，从根本上建立起防污治污的长效机制，对环境污染实行一票否决制，加强对工业污水排放的监督和管理。特别是地方政府对矿山和工厂环境污染问题切实重视起来，对环境污染事件严格进行责任追究。

2. 制定并完善环境保护应急机制，避免因对环境污染事件反应滞后酿成大事故。

3. 环保部门加大专项检查力度，坚决关停取缔高耗能、高排放和产能过剩行业，淘汰落后的水泥、炼铁、焦炭等产业，防止污水对土壤和水源的破坏。

4. 继续加大宣传教育力度，让人民群众了解工业污水对土壤和水源造成污染后对人体健康带来的重大危害。工厂企业更要强化自律和社会公德，自觉行动杜绝污染。

2014 年

关于取缔活禽市场减少传染病发生的建议

事由分析：

2013 年初，随着首例人感染 H7N9 禽流感病例确诊后，全国各地立即采取相关措施，取缔了一大批各类有形无形的活禽市场。这一做法得到了广大人民群众的理解和支持。长期以来，国人消费偏好不一，许多人喜欢鲜活的禽类，看到屠宰过程会比较放心。诚然，活禽交易确实在一定程度上方便了人民生活需求，活禽市场现场购买屠宰较好满足了市民对健康、新鲜禽肉安全感的肯定。但是，我们更要看到其危害的严重性：一是科学证明活禽市场是各类禽流感疫情的主要传染源，对人们的生命和健康安全带来极大危害。尤其城市活禽交易市场禽类来源复杂，每天都有禽类活动，禽类聚集密度高，是禽流感等禽类病原的集中地，各种禽类病原极易交叉感染，病毒变异风险加大。二是销售与活禽屠宰混在一起，污水、血水、羽毛到处泄溢，造成严重环境污染，也成为各类传染病发生的诱因。三是屠宰、销售、运输环节的混乱，家禽的安全无法保证，很容易发生食品安全事故。因此，取缔活禽市场减少传染病发生势在必行，越早、越彻底实行越好。

办法建议：

1. 政府发挥主导作用，以强力措施坚决推行，可以从大城市开始，逐步推广到二、三线城市，直至彻底全面地取消活禽交易和屠宰市场。

2. 强化宣传教育，改变群众偏爱活禽的消费习惯。要进一步做好健康教育宣传工作，让群众认识到活禽市场是禽流感等诸多传染性疾病的主要源头，对环境卫生和城市形象带来很大负面影响，让群众从心里接受取消活禽市场的做法。

3. 政府要强化禽类产品的质量监管，让市民在不消费活禽的情况下，也能放心地买到新鲜的畜禽产品。

2014 年

关于切实做好农村垃圾治理的建议

事由分析：

近年来，全国各地开展新农村建设，农村环境综合治理取得新的成效。但是，随着城镇化水平的快速提高和工业化进程加快，农村垃圾化的趋势正在加剧。这些垃圾长期堆积在公路边、河边、村边、田边、池塘边，垃圾"围村、围路、围河"的现象十分普遍。农村垃圾的无序管理和随意处置已严重危及农村生态环境，影响群众生活，已成为当前农村突出的环境、经济和社会问题。特别是在一些偏远农村，卫生死角很多，垃圾、污水还随处可见，厕所脏臭不堪、气味难闻，狗、猫、鸡、鹅、鸭随意散养现象十分普遍，病死家禽随处乱扔、乱放，造成严重的环境污染，给防疫和疾病控制带来很大的困扰。有关部门应该高度重视、认真加以解决。

办法与建议：

1. 加强领导。各级党政主要领导要充分认识科学管理农村垃圾的重要性、紧迫性和必要性，把农村垃圾综合治理长期列入各级党政领导的政绩考核内容，纳入城乡社会事业的总体安排上来，摆上各级政府相关职能部门的工作日程。

2. 进一步加大统筹规划力度。在全国开展农村厕所改建、垃圾统一回收的工作。由国家、地方、个人共同出资，科学规划、因地制宜，逐步改建农村土厕，建立农村、社区垃圾统一存放站，统一管理、处置。杜绝农村脏乱差现象。

3. 加大宣传力度，提高农民环保意识。政府有关部门应当加人宣传和教育力度，就农村垃圾问题长期地对广大农民进行环保知识教育，在观念上改变他们对自己生存环境的认知，改变根深蒂固的生活卫生陋习。同时要订立村民卫生保洁公约，动员更多群众自发地做好村庄的卫生保洁工作。

4. 开展村域多样化保洁。借鉴城市小区垃圾管理办法，根据不同村镇经济实力，以财政投入为主，与社会力量参与、农民自愿投工投劳结合起来。选择自觉收集、义务清扫、有偿包干和物业管理等多样化保洁形式。

5. 实行梯次网络化运送。农村垃圾运送关键是深化完善"户集、村收、镇（乡）运、中心镇和县（市）区处理"的梯次网络。对确实无法集中处理的偏远自然村，以及农户居住分散的自然村，可鼓励推行农家堆肥方式，就地处理垃圾。

6. 强化垃圾全程管理意识，制定垃圾分类规划方案。按照垃圾分类标准和投放办法，分别制定农村建筑垃圾、工业垃圾、生活垃圾、医疗垃圾、农业垃圾分类处理的规划目标和实施方案，建立新的农村生活垃圾分类收集处理机制，实现垃圾就地分类，区别处理，努力做到农村垃圾40%不出村，55%不出镇，只有5%左右需要镇集中送出去处理，这样不仅能有效利用资源，也能节约有限的环卫资源。

2014 年

关于降低营改增后物流企业税负的建议

事由分析：

为了促进国民经济健康协调发展，国家先后在上海等后续 10 个城市开展了交通运输业和部分现代服务业营业税改征增值税（以下简称"营改增"）试点，2013 年 8 月 1 日在全国推行。"营改增"后，商贸服务行业受益最大，将交通运输业整个行业链条上的商家都纳入正规的纳税体系中来，形成链条式管理。刺激企业更新生产设备，提高生产效率。从总体结构上来看国家是减少了税负水平，但还有一部分企业增加了税负，最为突出的就是中大型物流企业。通过调查，这一部分企业增加税负在 120%~150% 之间，给这部分企业的生存和发展带来了压力。

其主要原因：一是增值税税率偏高。营改增后交通运输业的税率比例由原先的 3% 上调至 11%，税率增加了 8 个点。很多企业根据试点情况测算，增值税抵扣完实际税负在 7%~8%，比原税率高了 4~5 个百分点，如能按 6% 的税率征收就能和原 3% 的营业税税负相当。二是抵扣范围过小。物流行业成本占比较高的项目大多无法抵扣，如人工成本、路桥费、房屋租金、异地加油费用等，能抵扣增值税的成本一般不超过 30%。（1）物流行业是劳动密集型产业，劳务用工比较多，一般占到总体成本的 30%~40% 而劳务成本是不能进行抵扣的。（2）物流行业的特点就是流动作业，在移动服务以及异地服务中，占整个自营成本 35% 以上的路桥费、修理修配费用不能进行抵扣，其中路桥费用全部不可以进行抵扣。（3）物流企业中占比较大的燃油费也不能全部取得税务允许的增值税发票，因为各高速路段的加油站不能当时取得增值税发票。（4）目前房屋租赁还是提供营业税的发票，无法抵扣增值税，而物流行业大部分都是靠租赁房屋经营，房租一般占企业总成本的15%左右。

上述分析我们不难发现，"营改增"实施后导致货物运输行业税负大幅度增长，面临新的困境，这与"营改增"政策初衷不符。物流行业作为国家十大振兴行业之一，在降低税负问题上要给予重点扶持。

办法和建议：

1. 降低税率将货物运输服务纳入物流辅助服务。在不改变《"营改增"试点方案》基本框架的前提下，将"货物运输服务"从"交通运输服务"中剥离，纳入"物流辅助服务"，采用6%的税率。这样统一了物流业务各环节税率，支持了物流业一体化运作，也能够解决试点中货物运输业务税负大幅增加的问题。同时，建议在今后改革中，明确设立"物流综合服务"统一税目，与物流相关的各环节业务执行统一的税目和税率，以适应物流业一体化运作的需要。

2. 适当增加进项税抵扣项目。对于占物流企业较大成本比例的过路过桥费、保险费、房屋租金等纳入进项税抵扣范围。比如将过路过桥费和房租改增值税可以抵扣进项税额，对于一些相对固定而实务中难以取得增值税专用发票的支出，按照行业平均水平测算应抵减比例计算销项税额。这样，不仅照顾到物流业全天候、全国范围运营，不易取得增值税发票的实际情况，也可大大减轻税收监管工作的难度。

3. 设计使用物流业专用增值税发票。可以借鉴以往定额发票的经验设计出物流行业增值税专用定额发票。以适应物流企业经营网点多，发票额度小、用量大的特点，设计增值税专用定额发票（撕本），并允许作为增值税抵扣凭证。

4. 对企业超税负部分给予退税或补贴。可否考虑给予物流企业一定的税收优惠或者税收返还，保持物流企业总体上能维持现有的税负水平。

2014年

关于实施国际城市发展战略的建议

事由分析：

近 20 年来，全球国际城市成为世界政治、经济、文化等高端资源平台，对世界事务发挥着重大影响。2000 年以来，我国国际城市建设与发展开始起步并进入快速发展期。北京、上海、广州等一批城市提出了建设国际大都市的发展目标；哈尔滨、大连、南京等一批城市已出现了区域性国际城市的雏形。绍兴、临沂、义乌等一批特色国际城市崭露头角。但是，目前我国城市在世界上知名度普遍不高，对国际经济运行和国际事务的组织能力较低；很多城市近年规模拓展迅速，但整个经济体制尚在国内经济系统中运行。

我国要实现"中国梦"伟大构想，成为世界强国，必须通过一批国际城市承担其功能。为此，实施国际城市发展战略，对我国实现世界大国、强国的发展目标，具有重要意义。

办法与建议：

1. 将建设国际城市集群上升为国家战略。建议编制我国国际城市发展战略规划，将 100 座左右的城市纳入国际城市发展战略和"十三五"规划，通过 20 年左右的发展，这些国际城市的经济总量能够占到全国经济总量的 60% 以上，其中 3～5 座城市在世界经济与国际事务中具有重大影响力，有 20 座左右的国际城市进入世界国际城市前列，并能在国际大区域经济与国际事务中发挥中心城市作用。

2. 组织开展建设国际城市集群的战略研究。建议由国务院组织中国社会科学院、国务院发展研究中心等国家研究单位，北京大学等高等院校，并吸收世界城市发展研究部门，共同参与对我国发展国际城市集群的战略研究，向全国人大、国务院提出发展咨询报告。

3. 组织制定全国国际城市建设规划。建议国务院组织专业部门编制全国国际城市建设规划。建议将北京、上海、广州等城市列入国际大都市发展范围，将青岛、哈尔滨、大连等城市纳入国际大区域中心城市的发展范围，具备海上和陆上丝绸之路、金砖国家、上合组织、中拉合作、中非合作等经济与国际事务的组织功能，并分别给予发展定位。建议将一批边境城市、内陆地县级市规划为国际商贸城市、文化城市、科学城市、旅游城市等专业特色城市，分别规划发展。

4. 制定实施国际城市战略政策体系。建议国务院组织各有关部门制定实施国际城市战略政策体系，包括国际化城市的类别划分、城市功能、发展方向、规划审批程序、建设规范、监督规范等。国际城市发展战略已经确定，杜绝各城市自行命名、强占资源、混乱发展，在国内和国际上造成不良影响，建议将由中央政府和省政府组织实施，由全国和省人大常委会监督发展。

2015 年

关于进一步推进见义勇为事业健康发展的建议

事由分析：

见义勇为是中华民族的传统美德，也是社会主义精神文明建设的重要内容。在全国各地，每年都涌现出大批见义勇为的英雄，他们有的为保护国家、集体利益和他人的人身、财产安全，不顾个人安危，同违法犯罪行为做斗争；有的遇见险情，挺身而出，加入抢险救灾的行列；有的协助公安司法机关抓获违法犯罪分子，匡扶正义、惩恶扬善。这些行为引起了社会高度关注，向人们传递了正能量。

虽然见义勇为事迹层出不穷，但见义勇为方面的法律制度还不健全，我国各地虽然多数制定或正在制定见义勇为法规条例，但只是地方性立法；中华全国见义勇为基金会虽然在全国各级推广建立了见义勇为基金会、理事会，但覆盖面、资金来源、人员力量等各方面还有局限。由于没有健全的法制保障和社会保障，各地出现了一些见义勇为者因保护他人利益，自己受到伤害却得不到应有的保护与奖励的情况，致使英雄"流血又流泪"。这种情况不仅影响了见义勇为者个人利益，也使得社会安全感缺失，进而影响了整个社会秩序。

为实现中华民族伟大复兴的中国梦，全面推进依法治国，全力打造"平安中国"，建议有关部门高度重视，采取得力措施推进见义勇为事业健康发展。

办法与建议：

1. 国家组织有关部门，对见义勇为进行立法，由全国人大常委会审议通过后实施。立法包括见义勇为行为的认定，见义勇为者的保障、奖励，设立见义勇为基金及资金的来源和相关的责任等。要重点突出加强对见义勇为者的保障，维护见义勇为者最基本的合法权益，保障其基本生活、医疗、抚养、赡养等；同时给予精神奖励与物质奖励。

2. 在全国立法出台之前，各省市要进一步制定和完善见义勇为地方保护法规，由同级人大研究审议后实施。

3. 各级党政主要领导要高度重视见义勇为工作，支持政法机关普遍建立见义勇为基金会、理事会，配备人员、工作场所，为见义勇为事业的开展提供保障。

4. 鼓励和支持有条件的企业、社区整合资源，在基层成立见义勇为工作站，通过自愿服务的形式，配合开展见义勇为事业的宣传、申报等，实现服务工作的全覆盖。

5. 加强见义勇为事业经费保障。拓宽募资渠道，采取财政拨款、企业捐助、社会捐助等相结合的方式，壮大和发展见义勇为基金，保障见义勇为事业健康有序开展。

6. 广泛宣传见义勇为英雄义举。对涌现出的见义勇为英雄事迹的宣传和推广，要纳入各地宣传部门的重要工作日程，通过隆重表彰和广泛宣传，在全社会形成"弘扬见义勇为精神，维护社会公平正义"的良好风尚。

2015 年

关于加强对口援建项目科学规划的建议

事由分析：

对口援建是我国经济全面发展的根本需要。近年来，针对国内发生地震等重大自然灾害的省市，西部欠发达省份，都采取了由全国各省、市、自治区、央企等对口支援建设的办法。例如，2008 年汶川地震之后，党中央、国务院立即做出决策，决定按照"一省帮一重灾县"的原则对口支援灾区恢复重建，全国 18 个省市承担了援建任务。2010 年，中央主持召开新疆经济工作会议，明确提出了"对口援疆"的新模式，由内地 19 省市分别结对新疆不同地区和建设兵团不同师团，开展"一对一"的全方位援建。以上措施取得了显著成效，推动了被援助地区的经济建设项目、民生工程、基础设施建设，提高了区域经济、医疗卫生、教育事业等方面的质量和效益，向世界展现了中华民族的凝聚力。

但是，在全方位对口援建的过程中，有的经济建设项目的前期调研主要由援建方完成，缺乏当地政府和企业、专家的参与，出现了项目规划不科学、不接地气、对当地税收贡献不高、拉动就业不强的情况；例如一些对新疆援建的商贸城、物流城等项目，有的建成之后就长期闲置，造成了资源、人力、财力、物力的浪费。对于这些问题，有关部门应该高度重视、认真加以解决。

办法与建议：

1. 对口援建项目要加强科学统一规划。对于全国多省市共同参与的援建任务，建议由国务院有关部门建立联席会议制度，邀请援建方和被援建方党政负责人、相关专家共同参与，对整个援建地区研究制定《区域经济发展规划》，做到科学定位、科学规划、科学布局，发展规划通过后由各援建省市梯次推进实施。

2. 对口援建项目要实现当地产业的转型升级。无论是工业项目、农业项目，还是现代服务业项目，都要结合当地的产业基础和资源情况，通过引入新理念、新业态，进行逐步升级改造，把原有的产业链做大做强。

3. 对口援建项目要更多吸收当地群众就业。对于经济欠发达地区的援建工作，应尽量多安排劳动密集型产业，更多地拉动人民群众的就业再就业。对于商贸物流等现代服务业项目，要找准切入点，接地气、重实际，根据情况进行合理布局。要加强被援建地区的人力资源技能培训，引导更多的群众依托援建项目创业。

4. 对于没有经过充分论证，盲目上马、重复建设、已经完工闲置的项目，要探索引导民间资本和社会力量参与，通过推进产业结构调整和转型升级，最大限度进行盘活和整合，努力减少产能浪费。

2015 年

关于加强政策创新提升城管
执法队伍待遇保障水平的建议

事由分析:

随着我国新型城镇化的快速推进,城市管理和城管执法在城市建设发展过程中发挥的作用日益突出,城管执法队伍成为维护城市秩序、提高城市运行质量不可或缺的重要力量。然而,城管执法队伍待遇保障缺失与城管执法任务日益繁重之间的矛盾日益突出,已严重影响城管执法队伍的稳定性和积极性,甚至引发了一系列突出问题。在此情况下,推进政策和制度创新,提升城管执法队伍待遇保障水平已成为当务之急。

一、现阶段城管执法队伍待遇保障困境

我国城镇化经历了一个起点低、速度快的发展过程。从 1978 年到 2014 年,城镇常住人口从 1.7 亿人增加到 7.49 亿人,城镇化率从 17.9% 提升到 54.77%,城市数量从 193 个增加到 660 个。据中央编办的数据显示,全国在编的城管执法人员已达 150 余万人。基层城管执法队伍既面临人员编制严重不足、执法强度巨大的压力,又面临部门定位缺失、执法车辆没有专项编制,保障政策缺失、执法人员没有津贴补贴等突出问题。

(一)城管执法队伍工作强度大,待遇保障低

全国各地城市建成区面积和城区人口成倍增加,但城管执法人员配备没有明确标准,数量基本没有增加。一线城管执法人员不得不经常性超负荷工作,加班加点,平均每天工作十几个小时,而且越到法定节假日任务

越重，但却不能享受必要的岗位津贴和加班补贴等待遇。待遇低下、工作环境艰苦、多年重复性劳动、缺乏应有的尊严等问题长期困扰着基层城管队伍，使部分执法人员产生厌倦情绪，甚至患上抑郁症，严重影响了城管执法队伍的稳定。

（二）城管执法部门定位缺失，车辆装备保障水平低

城管执法部门没有正式列入行政执法部门，城管执法车辆没有专项编制，城管执法装备配备没有明确标准，导致城管执法执勤车辆采购、更新受到严格限制，城管执法装备配备难度较大，严重影响了城管执法的效能。

（三）城管执法队伍政治进步慢，年龄结构性矛盾突出

由于我国推行城市管理相对集中，行政处罚权制度的时间较为集中，城管执法部门大多为新组建的政府部门，城管执法人员往往成批密集考录，造成了干部年龄拥堵的结构性矛盾。由于大多为参照公务员管理事业编制，加上领导职数的限制，城管执法人员往往面临优秀人才职务长期得不到晋升的问题。在参照公务员管理模式下，众多政治进步无望的干部失去工作动力和对前途的信心，消极怠工现象越来越多。

二、国内行政执法队伍职级管理和津贴待遇的探索

深圳市从 2010 年起试行行政机关"行政执法类公务员"管理模式，即将主要履行监管、处罚、稽查等执法职责的职位上工作的非领导职务公务员划分为 7 个职级（根据需要还可下设助理执法员、见习执法员职级），每一职级对应若干薪级，每一薪级确定一个工资标准。各职级间没有上下级隶属关系，职级晋升与个人年功积累、工作业绩挂钩。这样，既疏通了执法人员晋升渠道，又保证了执法队伍的相对稳定。

在改善福利待遇方面，苏州市早在 2002 年就明确发文参照政法干警享受特殊岗位津贴，大连市政府规定城管执法人员每人每月发放特殊岗位津贴 800 元，重庆市参照交巡警补贴标准给城管执法人员每人每月发放特岗津贴 950 元，温州市参照当地公安交警标准，给城管执法人员每人每月发

放岗位津贴 350 元、误餐补助和风险金 140 元。这些探索在一定程度上暂时缓解了困扰基层城管执法队伍的待遇缺失问题。

办法和建议：

一、设立城管执法人员岗位津贴和加班补贴。借鉴人民警察岗位津贴和加班补贴政策，创新出台城管执法人员岗位津贴和加班补贴政策，解决城管执法人员的待遇问题。在现阶段，可参照《关于执行人民警察值勤岗位津贴有关问题的通知》（国人部发〔2006〕81 号）和《关于人民警察法定工作日之外发放加班补贴的通知》（人社部发〔2009〕184 号）规定的标准，岗位津贴每人每天 8 元，加班补贴每人每天 80 元、每月不超过 6 天。

二、加强城管执法经费和装备保障。国务院相关部门出台指导性文件，明确城管执法经费标准，将城管执法经费纳入各级财政预算，予以足额保障，并随着当地经济发展水平逐年提高。编制专门的城管执法车辆、城管执法装备专项编制，明确城管执法车辆、装备配备标准，为各级政府提供科学依据，提高城管执法队伍正规化水平。

三、建立城管执法人员身份过渡机制。在政府职能转变和机构改革过程中，建立身份过渡机制，将参照公务员管理的城管执法人员身份过渡为公务员，所需编制在本级公务员编制限额内调剂解决，数量不够的，可从其他空闲公务员编制中调剂，逐步取消参照公务员管理事业人员编制。针对城管执法人员数量不足问题，可设立城市管理公共服务岗位，承担辅助性管理工作。

四、探索建立城管执法人员职级津贴制度。借鉴深圳市经验，在现行公务员职务职级工资制度的基础上，设立城管执法岗位职级，将城管执法人员划分为数个职级，每个职级对应若干薪级，每一薪级对应不同的津贴标准，津贴标准可参照人民警察警衔津贴标准制定。城管执法人员按照工作年限和实绩考核，逐步晋升薪级职级，从而达到在行政职务无法晋升的情况下逐步提高津贴待遇的目的。

2015 年

关于建立保障机制提升城管综合执法水平的建议

事由分析：

随着城管执法工作的深入开展，城市建设、管理领域的许多矛盾大量集中到了城市管理部门，妨碍执行公务和暴力抗法问题日益严重，并呈现出数量日益增多、暴力程度上不断上升等趋势，从个人突发性抗法向有组织集体性抗法发展，从口头谩骂、侮辱向人身伤害发展，不但侵害了城市管理行政执法人员的身体健康和人身权利，更干扰和破坏了正常的城市管理秩序。建立科学高效的城管执法公安保障机制已经成为当务之急。

目前，我国城管执法部门普遍面临以下突出问题：一是城市管理公安保障机制缺失。城管执法公安保障机构和队伍缺失，前些年成立的城管执法公安保障机构和队伍被撤销或转岗，基层公安部门对城管执法的治安保障力度明显不够。二是对暴力抗法行为打击力度不够。基层公安部门往往将妨碍执行公务和暴力抗法行为作为普通民事纠纷来处理，存在"各打五十大板"现象，现场处理效果不理想，打击违法行为力度不够，容易挫伤城管执法人员积极性，助长暴力抗法者的嚣张气焰，这在全国各个城市中都比较普遍。三是暴力抗法呈逐年上升趋势。从基层城管执法部门的统计来看，近年来，城管执法领域妨碍执行公务和暴力抗法事件呈逐年上升趋势，在查处流动商贩占道经营、违法建设和违法停车时尤为突出，无数城管执法人员付出了血的代价，2008年更是发生了北京城管执法队长李志强被刺死的惨剧。

目前，国内城管执法公安保障主要采取两种形式：一是公安机关临时派员联合执法模式。公安机关临时性派出警员参与城管执法活动，维持城管执法治安秩序。二是公安机关组建专职队伍随行保障模式。公安机关设立专门机构，组建专门队伍，采取随行执法方式，承担城管执法公安保障职责。例如，湖南省长沙市公安局成立公共交通分局，在6个主城区设立大队，每个大队配备15~23名民警，主要配合保障城管执法工作。山东省德州市公安局设立了公安直属支队，编制30人，主要配合、保障城管执法工作。另外，西安市、银川市、长春市、郑州市、南昌市、株洲市、常州市等均组建了专门的城管执法公安保障队伍。

在发达国家，城管执法职权分散于各个职能部门，许多依靠警察来实施，妨碍执行公务和暴力抗法行为均属于重罪，打击力度非常大。即便是我们生活中十分常见的排队加塞、随地吐痰等不文明行为，在日本和中国香港等地都属于轻微犯罪，一旦违犯，在处以罚款的同时，还需追究刑事责任。

办法和建议：

中国的城市管理因其面临群体的众多性和复杂性，是全世界各国包括发达国家所没有经历过的，公安保障无疑是极为迫切而又必不可少的。同时，妨碍城管执法人员执行公务和暴力抗法事件具有侵害执法者人身安全、妨害社会管理、扰乱治安秩序的本质属性，有的属于治安案件，有的属于刑事案件，有的甚至可能引发群体性事件，公安机关在预防、查处、处置此类案件和事件上负有不可推卸的法定职责。因此，建议：

（一）建立城管执法公安保障队伍。基层公安机关应通过公共治安分局、直属支队等形式，设立专门的城管执法公安保障机构和队伍，赋予其治安管理权限，承担城管执法公安保障职责，条件成熟时也可扩大到保障其他行政执法活动。在日常管理中，应实行公安、城管双重管理、交叉任职，公共治安分局局长兼任城市管理局副局长。

（二）健全城管执法公安联勤联动机制。探索城管公安联勤联动执法模式，通过在各公安派出所设立城警联勤办公室等形式，建立健全信息共享、快速反应、联勤联动、监督制约等工作机制，城管执法人员充当社会治安联防员，公安干警及时处置妨碍城管执法行为，共同维护社会管理秩序，形成优势互补、协调配合、全联全动的"大防控"格局。

（三）严厉打击暴力抗法行为。对妨碍执行公务和暴力抗法行为，公安机关应加大查处打击力度，及时依法做出处理，直至依法追究刑事责任，不得作为民事纠纷进行处理，维护法律权威和执法人员的合法权益，为城管执法工作创造良好的外部环境。

2015 年

关于健全城市规划倒逼机制
提高城市规划科学化水平的建议

事由分析：

　　城市规划是城市建设和管理的龙头和依据，是实现城市经济社会发展目标的综合手段。2014 年 2 月，习近平总书记在北京市考察工作时强调，城市规划在城市发展中起着重要引领作用，规划科学是最大的效益，规划失误是最大的浪费，规划折腾是最大的忌讳。2014 年 12 月，张高丽副总理在主持召开全国城市规划建设工作座谈会时强调，要提高城市规划的科学性、权威性、严肃性，更好地发挥对城市建设的调控、引领和约束作用。

　　长期以来，我国的城市规划存在"重规划、轻落实""重总规、轻详规""重项目、轻设施""重建筑、轻文化"等问题，城市规划的科学性、引领性没有得到很好的体现。例如，在旧城改造和新区开发过程中，城市总体规划与城市基础设施专项规划结合不到位，落实不同步，导致城市基础设施建设远远滞后于项目开发建设，不仅没有做到城市基础设施先行，就连同步建设、同步验收、同步运行都无法达到。这一点在许多城市新区环卫、排水、集贸市场等基础设施严重欠缺等方面得到了集中反映。又如，商业和住宅开发项目规划编制和实施过程中，缺少对公共基础设施、便民服务设施的硬性规定，项目建成后立即陷入公共服务能力差、运行管理受制约的困境之中，公共厕所、公共停车场、垃圾收集站、便民菜市场等公共服务设施严重缺失，变电箱、通信端子箱、公安监控设施箱、公共宣传栏等设施设置混乱。这一点在城市老城区较为突出，特别是随着旧城改造的快速推进，公共服务能力不足的问题日益突出，市民正面临日益突出的停车难、如厕难、垃圾清理难等问题。再如，城市规划编制的群众参与度差，重大基础设施建设、重点公共服务项目缺乏公众和专家参与机制，广大市民的意见建议得不到表达和尊重，导致城市的建筑风格单一，文化特色不鲜明。这一点在旧城改造和新区开发两个领域都多有体现，不论是对公共建筑设计还是片区文化特色打造，市民满意度都不高。

2012 年，政协临沂市委员会将"用城市管理现代化推进城市建设现代化"作为重点调研课题，并向市政府提交了建议案。"用城市管理现代化推进城市建设现代化"的核心，就是要形成城市管理倒逼机制，从当前的城市管理现象着手，采取倒逼的方法，研究城市的长远、可持续发展问题，找出制约城市发展的规划、建设因素，并抓住旧城改造和新区开发的历史机遇，推动城市基础设施的规划建设，完善城市服务功能。

办法与建议：

一、建立城市基础设施规划建设评估预警制度。建立城市基础设施规划建设评估预警制度是实现城市基础设施规划到位、建设到位的重要保障。建立评估预警机制，可以使城市管理者在城市规划的前端就发现城市基础设施的缺陷和不足，实现源头治理，避免因规划、建设的缺陷制约城市承载能力和服务效能。具体而言，就是运用系统动力学原理，建立城市基础设施系统及其子系统的系统模型，构建城市基础设施可持续发展指标体系，并利用科学的分析方法进行实证研究，做出定量评价和预测，并建立日常评估预警信息发布机制。通过定期的评估预警，为城市管理者提供决策依据。同时，建立城市规划委员会与城市管理委员会的联席会议机制，实现评估预警信息的科学运用，即通过城市管理信息的反馈来修正城市规划信息的缺失和不对称，做到城市基础设施规划建设的"一提前、三同时"。"一提前"即一个规划区域内应提前确定城市基础设施的配套程度及承载能力，然后合理确定主体工程的规模，避免各种"城市病"的出现。"三同时"即对城市基础设施与主体工程同时设计、同时施工、同时投入使用情况进行监督，以确保设施合理配置和及时到位。

二、探索建立城市建设项目规划会商制度。建立部门间的项目规划会商制度是城市管理部门参与城市规划工作的重要方式。城市规划部门在编制、审批建设项目规划的同时，听取城市建设、城市管理部门的专业意见，并通过对城市建设、城市管理相关技术指标的调控来实现科学规划。具体而言，一是在城市规划委员会制度框架内，建立与住建、城管、卫生、教育、商务等部门间的城市规划部门会商机制，城市规划部门在对建设项目规划做出初步审查后，提交相关部门征询专业意见，审查城市管理相关专业规划落实情况，从而为进一步修正、完善建设项目规划提供依据。二是完善城市规划委员会决策机制，建立"城市规划咨询委员会"制度。咨询委员会作为城市规划委员会的内设工作平台，可聘请市内外城市规划、建设、管理等方面的专家和社会各界代表，就城市规划建设中的重大问题提供咨询论证意见。城市规划委员会的审议（查）意见必须经参加会议的三分之二以上的咨询委员会委员通过方可形成。未经城市规划咨询委员会审议（查）的重大城市规划项目，政府不予审批。

三、探索建立工程建设综合验收制度。实行工程建设综合验收制度是确保城市基础设施与主体工程"三同时"的关键，也是预防基础设施缺失、违法建设等"城市病"的重要手段。城市管理部门通过工程建设综合验收机制参与工程建设综合验收，对配套基础设施建设情况提出部门专业意见，对工程建设对城市管理和城市运行的整体影响做出评价，并作为工程建设是否达标的重要指标。具体而言，就是在现有工程建设验收制度的基础上，建立部门联动管理机制，在工程建设验收环节，引入城市管理等相关部门，设立城市基础设施、城市容貌等相关指标，实行联合验收，实现对工程项目规划实施、建筑质量、基础设施配套、城市容貌评价等方面的综合审查。通过综合验收制度既能提前发现问题，提前介入干预，减少违反工程项目规划、擅自变更工程项目规划、擅自降低基础设施配建标准、违规改变建筑风貌等违法、违规行为的发生，又能降低城市管理行政执法的难度，减少当事人的损失和城市管理成本。

2015 年

关于理顺城市管理体制
提高城市管理规范化水平的建议

事由分析：

从 1978 年 3 月，国务院第三次全国城市工作会议算起，我国真正意义上的城市管理已经走过了 38 年历程。从 1997 年 5 月，北京市宣武区作为全国第一个试点开展城市管理相对集中行政处罚权工作算起，也已经走过了 19 年历程。据中央编办的数据显示，全国在编的城管执法人员已达 150 余万人。然而，时至今日，全国范围内城市管理仍没有明确的主管部门，各地体制不统一，呈现出各自为政的混乱局面。在没有主管部门引导和顶层政策指导的情况下，城管人员的酸甜苦辣反映不上去，有针对性的制度措施难以出台。全国各地上演了许多城管与商贩、城管与市民之间不应有的冲突，甚至付出了鲜血和生命的代价，城管体制到了不得不改革的地步。

科学的体制是城市管理工作健康发展的基础。目前，我国的城市管理处于"国家无部委、省里无厅局"主管部门的状态，在地方上，各城市管理部门设置混乱、职能混乱、属性混乱、执法队伍编制混乱，表现为多个不统一的阶段性特征。一是联体式体制，即两块牌子、一套人马，表现为城市管理局加挂城管执法局牌子，如江苏省各个地级市均采用这种体制。二是分体式体制，即在一个城市中既有独立的城市管理局，又设独立的城管执法局，把城市管理权和城管处罚权完全分开，如山东省济南市。三是从属制，即将城市管理局设置在住建局名下，作为住建局所属的二级局，如山东省寿光市。四是大部制，即将若干个局合并为一个城管局，如广东省佛山市就将城市管理局、交通局、环境保护局合并为环境运输和城市管理局。

近年来，针对城市管理体制混乱状态，各地城市政府纷纷探索"管理＋执法"的城市管理体制，山东省潍坊、德州、东营、烟台、菏泽，江苏省南京、苏州、徐州、扬州，河南省郑州、南阳、周口、商丘，湖南省长沙、株洲、湘潭、岳阳，湖北省武汉、十堰、宜昌，浙江省宁波、温州，广东省梅州、汕头、肇庆等大中城市将市容环卫、市政公用、园林绿化、城市风景区管理等相关职责整合到城市管理部门，管理效能不断提高。经过几年探索，服务、管理、执法"三位一体"的城市管理观念深入人心，成为全国城市管理者的共识。广州市、南昌市、武汉市将城市管理局升格为城市管理委员会，城市管理职能更加多元化，业务指导、部门协调、监督考核力度进一步加强。

办法与建议：

（一）明确城市管理和城管执法职责。从行政法理论和城管执法实践来看，在目前的条件下，城市管理实施跨行业综合执法的条件并不具备，只能在城市管理系统内实行综合执法。因此，应将城市管理职责限定在住房和城乡建设领域，赋予城市管理部门城乡规划、城市公共空间、市容景观、环境卫生、园林绿化、市政设施、公用事业、建筑业、房地产、城市风景区与公园、城市道路、城市河道和社区管理等方面的城市管理和相应的城市管理行政执法职责。全国各级城市管理部门职责应统一规范，明确规定，实现上下一致，以便于实现全国范围内城市管理和城管执法工作的规范化，提高城市管理部门和队伍形象，提升城市管理效能。

（二）加强城市管理机构建设。在国家部委层面，国家住房和城乡建设部加挂国家城市管理总局牌子，住房和城乡建设部部长兼任城市管理总局局长，并设置城市管理司，具体负责全国城市管理工作的行业管理和业务指导。在省级层面，省（自治区）住房和城乡建设厅加挂省（自治区）城市管理局牌子，并设置城市管理处。在设区的市层面，撤销现有的城市管理局加挂城管执法局牌子的城市管理和城市管理行政执法体制，撤销现有的园林管理局、市容环境卫生管理局、市政公用管理局等城市管理专业部门，统一组建城市管理局。在县（县级市）及镇（街）层面，可对应设区的市城市管理和城市管理行政执法体制，设置相应的县（县级市）及镇（街）城市管理部门。在省会城市和副省级市，可根据需要撤销市城市管理局、城管行政执法局、园林绿化管理局、市容环境卫生管理局及市政公用管理局等专业部门，组建城市管理委员会。

2015 年

关于建设全国公益性商贸物流体系的建议

事由分析：

商贸物流是指为主要商贸产业服务的物流活动，它是整个全国物流行业的重要组成部分，对人民生活和流通业的发展具有重大作用。经过 30 多年的发展，我国商贸物流业取得了很大发展，通过连接生产和消费，对各地区域经济的发展起到了拉动和助推作用。但是，我国商贸物流行业仍然滞后于国民经济的发展速度，与世界同行业相比，有着巨大差距。存在的主要问题是：

1. 物流园区呈小、散、乱现象，不能支撑现代商贸产业的发展。大部分城市缺乏对商贸物流体系的规划，商贸物流园区规模小、布局散、运营管理不规范，商贸物流产业存在盲目发展、无序竞争的情况。

2. 投资、管理体制不统一，组织化程度较低，与国民经济的发展速度很不适应。改革开放以来，我国工业化、城市化程度飞速发展，与其相比，商贸物流产业的投资、建设、运营和管理，仍处在传统经济时代，导致组织化程度低，至今未出现能够支撑全国商贸物流体系发展的大型企业集群。

3. 专业化、社会化、标准化、国际化程度不高，无序竞争现象较突出。由于商贸物流专业化程度低，生产效率低下，时常出现安全事故；由于社会化程度低，导致大量仓储、运力浪费，物流成本居高不下；由于标准化程度低，园区建设、仓储设备、运输工具、信息平台等产业必需设施，仍然处于传统运输阶段，商贸物流产业转型升级存在困难；由于国际化程度低，国内商贸物流产业与国际同行不能接轨，在短期内难以跟上国际商贸物流发展步伐。

4. 物流资源区域分割，配置效率低，全国性现代化商贸物流网络尚未形成。我国已经建成举世著名的交通网络，但由于物流资源的区域分割，商贸物流大市场尚未形成，政府对商贸物流资源的配置效率不高，整合不足，商贸物流企业缺乏对全国性物流资源的整合能力，致使我国现代化商贸物流网络尚未形成。

5. 商贸物流发展速度低于城市发展，导致商贸物流现代化进程滞后。许多特大型城市，由于商贸物流产业对城市经济贡献率不高，将商贸物流产业迁出城市行政区；由于土地价格因素，许多大型、特大型城市的商贸物流园区建设成本增高，使商贸物流企业只能租用空闲土地和闲置厂房，商贸物流产业在城市经济中的地位越来越低。

以上问题在短期内难以得到快速解决，加上社会各种复杂因素，直接影响了这一行业的转型升级和快速发展，制约了这一产业在国民经济中基础性、先导性作用的发挥。

办法建议：

鉴于商贸物流产业在人民生活和经济发展中的重要地位和产业的特殊性，建议国家制定统一规划，由中央与各级政府配置商贸物流资源，引导企业建立全国公益性、半公益性商贸物流体系，尽快完成我国现代商贸物流网络的形成。

一、公益性商贸物流体系的构成

1. 配载物流。配载物流即传统的零单物流，主要是为各类专业市场、工农业生产、城镇居民生活服务的物流体系，物流对象主要是消费资料和部分生产资料。

2. 快递物流。快递物流是近几年随着电子商务的发展而兴起的快速物流服务活动，物流对象主要是消费资料和部分生产资料的小包装物品。

3. 冷链物流。冷链物流是以农产品、冷冻产品为对象的物流服务体系，主要是指从生产物流到达消费者的一系列物流环节。

4. 城市共同配送物流。城市共同配送物流是指经过统一采购，为城市各类零售业态和居民生活进行配送服务的物流体系，包括工业消费品配送和农产品、冷冻产品的配送。

5. 绿色物流。绿色物流包括再生资源回收体系，生产和消费的逆向物流、促进资源循环的物流体系。

二、建设公益性商贸物流体系的政策建议

1. 编制全国公益性商贸物流体系发展规划。将以上5种商贸物流形态作为规划对象，编制全国性的发展规划，利用5~10年的时间，建设以超大型城市、特大型城市为中心，以大型城市为基础，辐射县级城市的公益性商贸物流网络体系，形成我国商贸物流产业基础。将这一体系与我国流通、交通、城市经济发展规划相衔接，成为我国国民经济和社会发展的流通网络基础。

2. 制定全国公益性商贸物流体系建设标准。全国公益性商贸物流体系的建设标准，要依照城市规模、产业发展规模和流通业态的构成制定。参考数据如下：

公益性商贸物流园配置数量　　　　城市：万人

园区类型＼城市规模	2000	1000	500	300	100	50	30
配载物流园	4	4	4	2	2	1	1
快递物流园	4	4	4	2	2	1	1
冷链物流园	4	4	2	1	1		
共同配送物流园	20	20	10	10	2	1	1
绿色物流园	4	2	2	2	2	1	1

说明：

①配载园区规模，300万、500万、1000万、2000万人口以上城市，配载物流园一般以500亩为宜，300万人口以下城市可根据物流量适当规划；在商贸集群、市场集群、工业集群规模较大的城市，可建设与产业相匹配的配载物流园区，一般不超过3000亩。

②快递物流、城市共同配送物流、规模一般以50亩为宜。

③冷链物流，包括中央厨房设施，规模一般以 300 亩为宜。

④绿色物流，视绿色产业发展规模确定。

⑤经济不发达地区，可降低规划标准。

3. 公益性商贸物流体系投资体系建设的政策安排

（1）土地价格政策。凡纳入全国公益性商贸物流体系的项目，土地价格按照全额免除划拨使用的政策，或者按照工业土地价格减半执行，按照国有土地政策，长期使用，并免除土地使用税费。根据城市规划调整，公益性商贸物流项目需搬迁时，应另行划拨土地，予以搬迁建设。

（2）网络衔接政策。公益性商贸物流园区要根据全国一盘棋的布局，实现省际区域性、全国性网络衔接，不允许各地政府自行制定政策，限制、阻碍各园区物流渠道的衔接。

（3）技术支持政策。要学习世界先进国家商贸物流技术，包括园区建设技术、仓储技术、运载工具技术、运行管理技术、智能平台建设技术等，鼓励技术创新，政府制定相应支持政策，建设一批国际先进商贸物流园区，通过实验，总结经验，在全国进行克隆，利用 10 年时间，将全国商贸物流技术提高到国际先进水平。

（4）运行管理政策。探索全国公益性商贸物流体系运行管理的体制，实现我国商贸物流体系的创新。鼓励一批具有现代物流管理能力的企业，成为我国公益性商贸物流体系运行管理的主体，并探索社会化、公益化商贸物流管理主体的建设，例如，规范性上市公司、专业行业协会组织的管理主体等。

（5）智慧物流政策。我国已经出现像阿里巴巴等举世著名的商品交易平台，政府应当采取措施，支持一批智慧物流平台建设企业尽快成长为全国性、世界性品牌智慧物流企业，以引领全国商贸物流业的发展，主导全国公益性商贸物流系统的健康运行。

（6）公共服务政策。政府对商贸物流产业要采取特定的公共服务政策，从税收、工商管理、交通管理等各方面制定优惠政策，从专业化、社会化、标准化和国际化等方面制定部分强制性政策，推动我国商贸物流产业的快速发展。对未纳入全国公益性商贸物流体系的项目和企业，实施政府购买服务、产业重组、资源整合等政策，使其在市场竞争中寻求发展道路，淘汰落后产能，支持现代商贸物流产业的发展。

在全国推进建设公益性商贸物流体系的重要意义：

1. 能充分发挥政府对商贸物流体系资源的配置能力。随着经济的发展和人民生活水平的提高，我国商贸物流资源日趋丰富，这一资源，单纯依靠市场进行整合竞争实现现代化的目标，甚为久远。通过充分发挥政府对商贸物流资源的配置能力，由政府作为主导，引领市场主体建设全国公益性商贸物流体系，对我国国民经济和社会发展具有重大意义。

2. 能全面提升我国商贸物流产业品质。我国商贸物流产业，从市场主体、产业资源、网络布局、运营管理、智慧化建设到政策安排，都处于传统经济阶段，如通过市场自由竞争得到全面发展，道路艰难，也不利于该行业的发展。如果全国公益性商贸物流体系得到发展，能全面、迅速提升我国商贸物流产业品质，在短期内实现与国际同行业的链接。

3. 能保证我国商贸物流体系的常态化发展。世界上很多国家，商贸物流体系是公益、半公益性产业，这些国家的商贸物流业处在健康、永续、稳定的发展状态之中。我国商贸物流的发展，长期处在恶性竞争、浮躁运行、秩序混乱状态，全国公益性商贸物流体系的建设，将实现我国商贸物流产业的常态化发展，成为全国基础性的重要产业。

2016 年

关于建设"中国改革开放博物馆"的建议

事由分析：

党的十八届三中全会通过的《中共中央全面深化改革若干重大问题的决定》指出："改革开放是党在新的时代条件下带领全国各族人民进行的新的伟大革命，是当代中国最鲜明的特色。党的十一届三中全会召开35年来，我们党以巨大的政治勇气，锐意推进经济体制、政治体制、文化体制、社会体制、生态文明体制和党的建设制度改革，不断扩大开放，决心之大、变革之深、影响之广前所未有，成就举世瞩目。"为将这段光辉历史留存于世，鼓舞现今，激励后人，建议在北京择址建设"中国改革开放博物馆"（以下简称"博物馆"）。主要意义：

1. "博物馆"展现我国对人类做出的重大贡献

毛主席和习总书记都说过，中国要不断为人类做出新的更大的贡献。我国改革开放伟大事业，将一个一穷二白的中国建设成为世界第二大经济体，在短短几十年的时间内，解决了世界近三分之一人口的贫困问题，并成为世界经济发展的巨大动力，这是人类发展史上的奇迹。"博物馆"的建设，将向世人记录并展现这一伟大奇迹。

2. "博物馆"展现中华民族独特的奋斗历程

自1840年以来，我国人民在寻求民族独立、民族解放和民族振兴的道路上，进行了艰苦卓绝的努力和探索，付出了巨大牺牲，我们终于在改革开放的道路上找到了正确的途径，取得了辉煌成就，中华民族振兴事业蓬勃辉煌。"博物馆"的建设，将向世人展示我们的奋斗历程。

3. "博物馆"展现中国共产党不断创新的先进性质

中国共产党在马列主义、毛泽东思想旗帜指引下，完成了新中国成立和中国社会主义制度建设的伟大业绩；以邓小平理论、"三个代表"重要思想、科学发展观为指导，开创了中国特色社会主义的建设历程；目前，正在以"四个全面"战略布局，协调推进全面建成小康社会、全面深化改革、全面推进依法治国、全面从严治党。改革开放所取得的巨大成就，是中国共产党对马克思主义、毛泽东思想成功的理论创新和理论实践。"博物馆"将展现中国共产党不断创新的先进性质。改革开放永无止境，在中国共产党的领导下，中华民族一定会立于世界民族之林。

4. "博物馆"展现新一代中国公民的奋斗成果

从 1979 年进行的改革开放事业，是在中国共产党的带领下，主要由新中国成立后成长起来的亿万新一代中国公民参与的伟大革命历程。新一代中国公民继承了中国近代历史、中国革命历史的志士仁人和革命先烈的优良传统，这一代中国公民没有辜负他们的期望，经过几十年的艰苦努力，实现了他们振兴中华的崇高愿望。"博物馆"将展现新一代中国公民的奋斗成果。

5. "博物馆"展现当代中国最鲜明的特色

改革开放是党在新的时代条件下带领全国各族人民进行的新的伟大革命，是当代中国最鲜明的特色。到 2020 年，中国将全面建成小康社会，进而建成富强民主文明和谐的社会主义现代化国家、实现中华民族伟大复兴的中国梦。"博物馆"将展现当代中国最鲜明的特色，成为国人的教育基地，成为世界正义人们和发展中国家友人的学习基地。

办法建议：

一、"博物馆"选址、规模与功能

1. 项目选址

鉴于项目的重大意义，选址建议在北京近郊地区。

2. 建设规模

建设规模以 200 万 m^2 为宜，其中，主展区 50 万 m^2，配套服务区 150 万 m^2。

3. 主要功能

本项目为大型文化产业项目，主要功能建议：

（1）博览功能。本项目的主要功能，对改革开放的辉煌成就进行分类展览，为永久性博览功能区。

（2）展览功能。短期性专业展览区。主要是为国内外与改革开放相关联的展会提供展览服务。

（3）会议功能。国际会议中心，提供国内外会议服务。

（4）国家智库功能。集聚哲学、人文科学、社会科学及相关学科研究组织，开展理论与实践研究、创新研究，形成国家智慧库集聚区，承担国家智库功能。

（5）文化交流功能。集聚国内、国际与改革开放相关联的文化组织，开展国内国际文化交流，形成世界文化交流中心。

（6）教育基地功能。以"博物馆"为基础，整合其他思想文化资源，建设国家社会教育基地，成为我国以改革开放理论与实践为主体的思想教育中心。

（7）国际传播功能。以"博物馆"为基础，整合其他思想文化资源，建设国际性社会教育基地，开展国际传播业务，为世界发展，特别是为发展中国家人员提供传播活动。

（8）国际组织总部功能。集聚国际政治、文化、传播、社会各类组织，形成国际组织总部基地，开展对中国改革开放理论与实践的研究、学习和传播，形成我国国际组织总部基地。

（9）改革开放文物保护功能。改革开放理论与实践，创造了大量的改革开放文物，并产生大量非物质文化遗产，要组织对这些文物和非物质文化遗产的认证与保护，创造改革开放文化新经济。

（10）运行管理功能。本项目规模巨大，内容丰富，资源宝贵，需要建立有效的运行管理体制，保证项目的健康永续发展。

二、"博物馆"展示的主要内容

"博物馆"展示内容的选择，要坚持高举中国特色社会主义伟大旗帜，以马克思列宁主义、毛泽东思想、邓小平理论、"三个代表"重要思想、科学发展观为指导，坚持社会主义市场经济改革方向，以促进社会公平正义、增进人民福祉为出发点和落脚点，坚持解放思想、解放和发展社会生产力、解放和增强社会活力，为努力开拓中国特色社会主义事业更加广阔的前景服务。

"博物馆"展示主要内容，建议包含以下几类：

1. 中华振兴艰难的探索历程

我国改革开放实践，是中华民族解放、独立和新中国建设的继续，应当把中华振兴艰难的探索历程作为基础予以展示。分为两个阶段，1840—1949 年为中华民族解放、独立期；1949—1979 年，为新中国建设初期。集中展示每个革命时期，中华民族志士仁人、中国共产党为中华民族的振兴打下良好基础的奋斗历程。

2. 中国共产党改革创新探索

集中展示中国共产党在对马列主义、毛泽东思想理论的创新进程，展示中国共产党对发展、建设中国特色社会主义的实践探索，展示中国共产党在改革开放事业中的领导作用和中坚力量。

3. 改革开放的辉煌成就

不同层面展示我国改革开放的辉煌成就，主要包括：

（1）经济体制改革成就；

（2）政治体制改革成就；

（3）文化体制改革成就；

（4）社会发展成就，包括教育、医疗、科技、人民生活、城镇化等发展成就；

（5）生态文明建设成就；

（6）军队与军事科学发展成就；

（7）民族发展成就；

（8）港澳特别行政区发展成就；

（9）海峡两岸发展与国家统一；

（10）其他重要成果。

4. 中国对人类的伟大贡献

外交成就，对外经济与技术合作成就，国际交流成就，国际新秩序建设，国际援助成就，国际组织成就，中国国际地位的提高。

5. 中国梦的光辉前景

中国改革开放的新任务；中国发展前景展望；国家统一；中国在全球的大国地位；中国对人类的新贡献，中国人民生活品质的提高，美丽中国建设等。

三、"博物馆"建设与运行

1. 建设技术建议

项目建筑以中国元素为基础，突出时尚风格，具有创新意识，引领建筑潮流。项目展示技术，保持传统博物馆展示方式，利用声光电现代技术、信息技术、智能技术，建设现代化博物展示设施。

2. 建设方式建议

由国家进行统一规划，组织社会力量进行建设。

3. 运行方式建议

主展区作为社会事业性质项目进行运行管理；其他配套设施，以市场行为组织运营管理。

四、"博物馆"开业时间

建议从以下4个时间选择正式开业，或在以下4个时间段中，选择适当日期正式开业：

1978 年 12 月 22 日，是中国共产党十一届三中全会闭幕时间，象征中国改革开放事业的起步。2018 年 12 月 22 日，为中国改革开放 40 周年。

2019 年 10 月 1 日，为中华人民共和国 70 周年纪念日。

2020 年 12 月 31 日，是中国共产党十八届三中全会通过的《中共中央全面深化改革若干重大问题的决定》为我国建成小康社会规划的实现期。

2021 年 7 月 1 日，为中国共产党成立 100 周年纪念日。

2016 年

关于搭建科技工作者创新创业及医养保健平台、为科技工作者双创发展保驾护航的建议

事由分析：

习近平总书记对科教兴国战略和人才强国战略高度重视，强调科技是国家强盛之基，创新是民族进步之魂。近年来，总书记多次专门看望慰问科技人才，多次出席重大科技活动。去年，我国科学家屠呦呦教授一举摘取诺贝尔医学奖更是我国科技进步和创新实力的集中体现，振奋了民族精神，也极大激励了科技工作者勇攀科学高峰的勇气和热忱。

在创新创业方面，李克强总理指出，大众创业、万众创新，"双创"是推动发展的强大动力。推动大众创业、万众创新，需要全面、可及性强的公共产品、公共服务供给。人的创造力是发展的最大本钱，越来越多的人投身到创业创新之中，催生了新供给、释放了新需求，成为稳增长的重要力量。

但是，当前我国双创平台和医养服务体系仍存在一些短板，主要是：

1. 双创平台建设滞后于科技进步需要。目前我国在各个高科技领域都占有一席之地，但是与世界主要发达国家相比，创新创业环境和双创平台建设水平还不能适应。主要表现在，一是缺乏专门的创新创业平台，大部分创新创业平台都是以开发区、高科技园区和新区的名义运行，政策扶持力度还有所欠缺；二是产学研结合的孵化机制滞后，科技成果转化为生产力的效率不高，不少好的科技成果找不到合适的企业转化生产力，一些高科技企业又由于缺乏平台支持导致找不到好的项目而缺乏核心竞争力，科

研团队和科技企业以及融资平台之间信息不对称的现象还相当明显。

2. 科研骨干和高科技专业人才医养保健水平不高。科研工作有别于一般劳动和普通行业，其成长期较长，成果高产期较晚，导致科研骨干和高科技专业人才的年龄普遍较大。根据有关数据显示，目前我国科研骨干人才的黄金年龄在 45~65 岁之间，科研成果的高产期年龄在 50~60 岁之间，一些基础学科和重大科技创新、理论突破的成果其主要承担者平均年龄还要推迟。这些科技工作者大多承接国家及企业的重要课题研究及科研生产的重任，是我国科技战线当之无愧的中坚力量，但是，长期高负荷工作和巨大的科研压力也对他们的生理及心理健康造成了影响，由于医养环境和保健水平的滞后，不少科技精英和科研骨干长期处于亚健康状态，甚至英年早逝，给我国的科技事业造成重大损失。

办法建议：

针对上述情况，为进一步改善科技工作者创新创业环境和医养保健水平，建议尽快搭建面向科技工作者，特别是中老年科技工作者的双创及医养综合示范平台，以孵化中心，研发中心，展示中心，推广及科技服务中心作为核心，以医疗服务和健康管理为支撑，建设以生产力促进中心，科技工作者成果创业孵化基地，咨询服务及科学技术转让交易平台为主要内容，涵盖医疗保健、养生养老服务功能结合的综合保障体系，全面为科技工作者双创发展保驾护航。主要有以下几个方面：

1. 尽快建设科研成果转化和科技产品孵化的大数据平台系统。大数据系统应当按照国家提出的"互联网＋"战略要求，着力解决目前科研团队和科技企业以及融资平台之间信息不对称的问题，通过数据集成和系统设计，打破科研成果转化的传统壁垒，实现资源的市场化配置和高效率转化。

2. 加强科研成果转化的金融和政策扶持力度。要为科技工作者提供优质研究环境，鼓励科研人员创新创业。加大政策的支持和金融助推，促进科研成果的转化。在市场开发推广及资本运作环节，提供资本运作的全链条和企业管理的全要素服务，根据科技工作者企业不同发展阶段提供针对性的阶梯式"管家"服务。对于创新程度高、创业前景好的高科技企业，要在资金、土地、税收、教育医疗保障等各个方面给予政策扶持和优惠，搭建政策平台。同时，科技工作者可通过"传帮带"的形式引领青年创新创业者实现双创的梦想。

3. 提高医养服务水平，搭建健康管理平台。针对中老年科技工作者的经济条件及身体状况，整合先进的医疗保健平台，建立完整的中老年科研工作者医疗保健保障体系。探索满足中老年科研骨干需求的医养服务供给体系，为我国应对老龄化社会和养老医疗体系建设提供先行先试的探索。

4. 全面发挥聚集效应，尽快建设和试点双创及医养综合平台示范项目。应当鼓励各地政府和社会力量，从政策和资金角度给予支持，尽快建设一批双创及医养综合平台示范项目并尽快投入试点。例如北京中旭集团发起敬老工程，倡导养老与其他产业协同发展，通过敬老工程的试点示范经验，出版了《敬老工程与老龄社会制度蓝皮报告》一书并拟在北京市通州区西集镇打造一个双创及医养综合平台示范园区，这种模式适应我国当前科研事业和养老事业的发展要求，是一个十分有意义的试点项目，希望各级政府给予更好的支持与帮助，同时建议在国内有条件的其他地区打造更多的科技工作者双创及医养综合平台，待时机成熟后推出适合我国国情和社会需要的供给体系，为我国科研事业和高科技产业的长远发展注入更大活力。

2016 年

关于提高城市管理服务民生水平的建议

事由分析：

当前，我国已处在城镇化快速发展阶段，城市管理在城市工作中的重要性日益提高。2015 年，我国城镇化率达到 56.1%，城镇常住人口达到 7.7 亿，每年有 1000 多万农村人口进入城市。随着城市居民的增加，城市基础设施、公共服务需求大量增长，给城市管理工作提出了全新的挑战。

在 2015 年 12 月召开的中央城市工作会议上，习近平总书记强调，抓城市工作，一定要抓住城市管理和服务这个重点，不断完善城市管理和服务，彻底改变粗放型管理方式，让人民群众在城市生活得更方便、更舒心、更美好。《中共中央国务院关于深入推进城市执法体制改革改进城市管理工作的指导意见》旗帜鲜明地提出，牢固树立为人民管理城市的理念，强化宗旨意识和服务意识，落实惠民和便民措施，以群众满意为标准，切实解决社会各界最关心、最直接、最现实的问题，努力消除各种"城市病"。

就城市管理而言，能否实现"城市让生活更美好"，关键在于能否牵住服务民生这个"牛鼻子"。牢固树立以人为本、服务为先的理念，提高城市管理服务民生水平，是改善城市管理工作的关键所在。近年来，山东省临沂市城市管理部门通过强化理论研究，深刻把握城市管理工作发展规律，树立"为人民管理城市"的工作理念，将保障和改善民生作为城市管理工作的出发点和落脚点，积极探索创新城市管理服务民生的新方式、新方法，在优化城市环境秩序的同时，满足市民城市生活需求，并搭建起多元化的民生服务平台，用实实在在的城市管理供给侧改革措施，将"以人民为中心"的发展思路落到了实处，并打造了以服务民生为本质的现代城市管理体系和"和谐管理、阳光执法"的城市管理品牌。

——一条"小吃街"做出市容秩序新文章。在城市中心区域、繁华商圈，引进社会组织和民间资本，打造定位高端的"奥斯卡特色小吃街""百味胡同特色小吃街"，疏导安置周边特色小吃流动摊点，引导经营户走特色经营、品牌经营、连锁经营之路。该小吃街先后有64家商户入驻，解决200余人就业，孵化了"章鱼小丸子""木子米粉""南菜北焖"等多个著名品牌，并有13户经营户成为百万富翁。这些特色小吃街在拉动商户创业、方便市民生活的同时，也大幅提升了周边区域的市容环境秩序。

——一排"小白屋"破解摊点治理大难题。在学校、医院、社区周边等流动摊点密集区域，采取市场化运作方式，选择合适地点统一连片设置"小白屋"，免费提供给流动摊点经营户使用，实行物业管理和经营户自治相结合，实现了标识、场所、防疫、工商、保洁、食用油、上下水、油烟净化"八统一"。针对困难经营户，免费提供新型便民流动餐车，设置便民服务摊点群，实行定时、定点经营，免收各种管理费用，帮助他们解决生计问题。这种管理模式有效化解了城管与小贩之间的"猫鼠矛盾"，实现了经营户、消费者、管理者的多赢。

——一个"小炉具"管住烧烤油烟大污染。积极推进烧烤炉具技术革新，联合烧烤业户、企业共同研发新型环保无烟烧烤炉具，将油烟污染关进了科技的"笼子"。2015年7月，山东省环保厅、山东省质监局以该炉具技术标准为基础，颁布了我国第一个《环境友好型产品技术要求无烟烧烤炉》地方标准。制定补贴政策，向按时更换环保无烟炉具的经营户提供每台3000元补贴。选择空闲工地、废弃院落设置"烧烤大院"，利用大型城市综合体楼顶空间打造"空中环保无烟烧烤城"，因地制宜在老城区部分区域推行"炉在内、人在外"烧烤模式，引导经营户进院、进市、进店规范经营，形成了烧烤特色经营、综合治理新模式。

——一次"小改装"解决渣土抛洒大问题。坚持创新驱动，组织研发

"渣土车帆布顶棚平滑式全密闭箱盖"改装技术，实现了侧边高挡板、顶棚全密闭。强化政策引导，市财政投入110余万元奖补资金，引导1200台渣土运输车辆进行了密闭改装，基本实现了市区渣土运输车辆全密闭改装运输全覆盖。

——一个"小设计"塑造户外广告新景观。遵循"减量、规范、美观"原则，聘请国内一流的清华大学美术学院编制了《临沂市户外广告专项规划》，设计了"沂水悦动""沂蒙秀毓"等独具特色的大中型落地景观，鼓励广告业主设置高品位、高档次、高标准的户外广告，全面清理存在安全隐患的楼顶广告，并由政府投资，统一改造提升重点道路沿街门店牌匾，并免收户外广告空间资源使用费，实现了城市特色培育、城市景观提升与户外广告行业发展的和谐统一。

与此同时，也面临一些亟待解决的突出问题。

一是思想认识不到位。部分领导干部仍然存在"重建设、轻管理""重处罚、轻服务"等倾向，在市容环境这个"面子"与民生服务这个"里子"的关系上把握不准。部分城市管理人员存在服务意识不强、管理方式简单、执法方式粗放等问题，无法满足城市发展和市民生产生活需要。

二是顶层设计不足。长期以来，部、省不设城市管理主管部门，导致城市管理工作缺乏科学的顶层设计，与城市管理相关的政策措施不到位，影响了城市管理工作的健康发展。特别是在城市管理服务民生方面，缺乏有效的业务指导和政策引导，各地大多各自为政，难以形成具有普遍性和推广价值的经验做法。

三是城市规划、建设、管理相互脱节。基层党委、政府对城市规划、建设、管理的整体性、系统性认识不到位，三者相互脱节的现象时有发生。特别是与服务民生息息相关的便民服务设施，在规划环节有缺项，在建设环节有甩项，到了管理环节，城市管理部门无权参与规划评审和项目竣工验收，无法形成对城市规划、建设的监督制约，导致规划、建设前端形成的矛盾在管理后端集中爆发，既增加了管理成本，更激化了执法矛盾。

四是部门协调难度大。城市管理部门在城市政府组成部门中地位相对弱势，缺乏足够的话语权，与相关部门之间难以形成有效的衔接、配合，难以形成齐抓共管的整体合力。

五是财政投入力度不够。长期以来，城市政府对于能够快速拉动 GDP 的大项目、大工程重视程度高，财政资金投入多，对于城市基础设施、公共服务设施及其相关的项目重视程度明显不足，财政资金投入力度也明显不够，使得城市管理部门面临"服务设施跟不上"与"服务手段达不到"的双重尴尬。

这些问题的存在，有思想观念的因素，有发展水平的不足，但更多地源于体制机制和政策制度的不完善、不健全，需要从顶层设计和宏观政策的层面加以规范和引导。

办法建议：

一、加强对城市管理工作的组织协调。建议国务院尽快建立全国城市管理工作部际联席会议制度，形成常态化的工作机制，定期召开专题会议，加强相关部门间的协调配合，统筹解决好城市管理领域重大问题。住房和城乡建设部、中央编办、国务院法制办加强对各省、自治区的指导，尽快确定省级城市管理主管部门，组建专门机构，加强对辖区内城市管理工作的组织领导、业务指导和监督检查。出台相关制度规定，将城市管理执法工作纳入经济社会发展综合评价体系和领导干部政绩考核体系，将城市管理效能考核结果作为城市党政领导班子和领导干部综合考核评价的重要参考。

二、加强对城市管理服务民生工作的业务指导。建议住房和城乡建设部加强顶层设计和业务指导，引导各地牢固树立"以人民为中心""为人民管理城市"的理念，正确处理服务、管理、执法之间的关系，将服务民生水平作为检验城市管理水平的根本标准。适时选择具有代表性的城市召开全国层面的城市管理服务民生工作现场会，总结推广各地城市管理工作的先进经验。

　　三、加强城市管理供给侧改革。建议住房和城乡建设部牵头，尽快修订、完善城市基础设施、公共服务设施特别是便民服务设施规划设计标准，出台城市管理服务民生方面的标准规范或指引导则，加大城市基础设施、公共服务设施建设推进力度，引导各地顺应历史沿革和群众需求，合理设置、有序管理方便生活的自由市场、摊点群、流动商贩疏导点等经营场所和服务网点，满足城市发展和市民生产生活需要。加强对各地智慧城市、数字化城市管理等信息化管理系统建设的指导，加快推进城市管理数字化、精细化、智慧化。

　　四、建立城市基础设施规划建设评估反馈制度。建议住房和城乡建设部尽快建立城市基础设施规划建设评估反馈制度，通过城市管理部门参与规划编制审批和项目竣工验收，监督城市基础设施的规划、建设落实情况，通过及时的评估反馈来修正城市规划的缺项、城市建设的甩项，实现城市基础设施与主体工程"三同步"（同步规划、同步建设、同步投入使用），确保城市基础设施合理配置、及时到位。

　　五、加强城市管理服务民生工作的财政投入。建议住房和城乡建设部联合发改、财政等相关部门，研究制定相关政策措施，充分发挥财政资金的引导和支撑作用，加大对城市基础设施、公共服务设施特别是便民服务设施建设、管理等方面的投入力度，加强城市管理民生服务能力建设。出台优惠政策，吸引社会力量和社会资本参与城市管理，通过政府和社会资本合作等方式，推进城市市政基础设施、市政公用事业、公共交通、便民服务设施等的市场化运营，形成安全、高效的城市基础设施和公共服务设施运行管理体系。

2016 年

关于对沂蒙革命老区发展现代业态
给予重点扶持的建议

事由分析：

山东省临沂市是革命老区。抗日战争和解放战争时期，我党在这里建立了著名的沂蒙山区革命根据地。沂蒙人民"一粒米做军粮、一块布做军装、最后一个儿子送战场"，为夺取革命战争胜利，为新中国的建立做出了巨大贡献，10 多万优秀儿女为革命献出了生命。

社会主义建设时期特别是改革开放以来，沂蒙老区发生了翻天覆地的变化，已经发展成为现代化的全国文明城市和"中国市场名城""中国物流之都"。2013 年 11 月 25 日，习近平总书记来临沂视察时指出，沂蒙精神与延安精神、井冈山精神、西柏坡精神一样，是党和国家的宝贵精神财富，要不断结合新的时代条件发扬光大。

商贸物流是临沂的优势产业和城市名片。近年来，在国家和省委、省政府的关心支持下，在沂蒙精神的推动下，随着多项便利化政策的落地，商城国际化、市场电商化发展措施的落实，以及综合保税区、临沂港、航空口岸的相继落户，临沂商贸物流在新常态下迈入了发展新阶段。2015年，临沂商城实现交易额 3203 亿元，出口总额 60 亿美元，物流总额 5026亿元。

目前，临沂在发展国际贸易、现代物流、电子商务等现代业态方面步子较大，也取得了一些成绩，但由于起步较晚，还需要国家给予重点扶持，为沂蒙人民创新创业搭建现代化的发展平台。

办法建议：

1. 将临沂列为国家级国际贸易综合改革试点城市

近年来，国家加快推进开放发展，大力培育对外经济新优势。作为临沂商城，通过实施省级改革综合试点，积极融入国家"一带一路"倡议，国际化步伐明显加快。为推动临沂国际贸易实现更高层次的发展，建议将临沂列为国家级国际贸易综合改革试点城市。

2. 将临沂列为国家级物流标准化试点城市

国家对商贸流通一直给予高度重视，2013 年总书记在视察山东兰田集团物流园区时，明确要求我们加快向现代物流迈进。目前，临沂已被确定为全国区域级流通节点城市和国家公路运输枢纽城市，具备了开展国家级物流标准化试点的基础。为扶持和推动临沂物流全面提升标准化水平，更好地发挥临沂 40 家物流园区和数千家物流企业在全国流通体系中的作用，建议将临沂列为国家级物流标准化试点城市。

3. 将临沂列为国家级电子商务示范基地

国家"十三五"规划突出强调了现代服务业要实施"互联网＋"行动计划，拓展网络经济空间。近年来，临沂商城依托商贸物流产业优势，电子商务发展实现了中高速增长，2015 年全市电商交易额 1100 亿元，同比增长 40％，对市场交易和国际贸易起到了积极拉动作用。为进一步提升全市电商应用水平，打造具备临沂特色的电商产业体系，建议将临沂列为国家级电子商务示范基地。

2016 年

关于设立中国（山东）自由贸易区的建议

事由分析：

我国在境内设立自由贸易试验区（自贸区），是政府全力打造经济升级版的最重要的举动，它营造了符合国际惯例、对内外投资都具有国际竞争力的国际商业环境。自贸区以优惠税收和海关特殊监管政策为主要手段，以贸易自由化、便利化为主要目的，形成多功能的经济性特区。

2013 年，中国（上海）自由贸易试验区开始运行。2014 年，设立了广东、天津、福建等 3 个自贸区。2016 年，设立了辽宁、浙江、河南、湖北、重庆、四川、陕西等 7 个自贸区。截至目前，我国沿海省、市当中，尚有河北、山东、江苏和广西未设立自贸区。其中，河北、江苏、广西三省可分别参与天津、上海与浙江、广东自贸区的运营。山东位于天津、上海之间，建议设立中国（山东）自贸区，很有必要。

1. 山东是经济大省，具有完整经济体系和长远发展规划。2016 年，山东省 GDP 达到 6.7 万亿元，地方一般公共预算收入达到 5860 亿元。多年来，山东农业、工业和服务业在我国经济中都占据重要位置。山东半岛城市群发展规划强调，到 2030 年，全面建成发展活力足、一体化程度高、核心竞争力强的现代化国家级城市群，建成我国北方重要开放门户、京津冀和长三角重点联动区、国家蓝色经济示范区和高效生态经济区、环渤海地区重要增长极。发挥青岛龙头带动作用，把山东半岛蓝色经济区建成具有国际竞争力的高端产业、海洋经济集聚区。海洋经济占 GDP 比重达到 20% 以上。

2. 山东是改革开放前沿省份，与世界联系密切。20 世纪 80 年代，青岛和烟台被列为国家对外经济开发区，日照等 5 个港口批准为对外口岸。目前，山东省各市与近 180 个国家和地区建立了经贸技术合作，在全世界建立 200 余个友好城市。2016 年，全省完成货物进出口总额 15467 亿元，实际利用外资 1111 亿元，对外投资 862 亿元；全省已有济南、青岛、烟台、临沂、日照、威海等多个国际机场，洲际直航已实现零的突破。山东与世界各国都建立了交流关系，国际经济、文化、人文等交流活动频繁，国际影响力日益增强，已具备了建立自由贸易区，进一步对外开放的经济基础。

3. 山东物流规模庞大，通达全国，连接世界。山东铁路、公路、航空、海洋运输通达全国，陆路运输干线直达所有地级市和 80% 以上县级市。2016 年，全省完成国内物流总量 26.48 亿吨。根据英国劳氏日报《2016 世界集装箱港口 100 强》，中国有 22 个港口上榜。其中，青岛港以 1762 万标箱名列第 8，日照港第 53 位，烟台港第 65 位。山东黄岛石油港、石臼所煤炭港、岚山矿石港，也是世界排名前列的著名专业港口。目前在建并运行的青岛董家口港口，设计吞吐量年 5 亿吨。上述港口，已与国内大多数中型以上港口和世界主要港口具有通航关系。近几年，山东与俄罗斯等东欧国家、哈萨克斯坦等中亚国家、巴基斯坦等南亚国家、越南等东南亚国家，建立形成了欧亚陆路物流网络。建立自贸区，与世界建立各种交流，山东已经具备了基本条件。

4. 山东腹地广阔，对内陆省份辐射力强，带动力大。山东为东部沿海省份，对我国内陆省份的辐射力很强。向北，可辐射冀、蒙等华北、西北地区；向南，可辐射苏、皖等华东、中南地区；向西，可辐射河南及中原地带，川、陕、甘、宁、青、新等中西部地区。山东籍人及后裔超过亿人，遍布全球，人文文化辐射力和产业带动力更为广泛。在山东设立自贸区，对山东和内陆省份的发展，都具有重大现实意义。

办法和建议

为扩大对外开放合作，进一步推动山东经济与世界经济深度融合，建议国家设立中国（山东）自由贸易试验区。

一、中国（山东）自贸区的功能与特色

1. 中国（山东）自贸区的地域构成。中国（山东）自贸区的地域，建议由黄海沿岸城市和商贸流通业发展基础较好的青岛市、威海市、烟台市、日照市、临沂市等5座城市组成。

5市具有3210.8万常住人口，其中城市人口1950万人，经济总量24181.72亿元，财政收入2200亿元，为山东省和全国最活跃的经济区。5市具有青岛前湾港、董家口港、烟台港、烟台龙口港、威海港、日照石臼所港、日照岚山港7个对外开放港口，这7个对外开放港口组成了我国黄海沿岸对外港口集群，同时也是我国对外开放港口最集中的沿海地区；具有青岛保税港区、烟台保税港区、威海保税港区、日照保税港区、临沂综合保税区、临沂临港经济开发区、临沂国际商贸区等对外经济开放区，这些对外开放区面积广、规模大、经济实力强，也是我国最活跃的经济集中区之一。

在中国（山东）自贸区运行初期，可以上述对外开放港口和对外开放区为主要构成区域，或包括上述对外开放港口和对外开放区所在行政区。通过一段时间的运行，逐步发展到上述各市相关行政区。

2. 中国（山东）自贸区的功能。建议中国（山东）自贸区的功能定位为：（1）连接"一带一路"国家的自由贸易示范区；（2）我国国际港口集群与全球港口经济合作实验区；（3）我国海洋产业与全球海洋产业合作实验区；（4）我国传统产业向"一带一路"国家产业转移交易区；（5）全球大宗商品现货自由贸易区；（6）国际金融交流与合作实验区。

二、加快中国（山东）自贸区的建设步伐

1. 组织论证。根据以上设想，建议山东省政府组织青岛市、烟台市、威海市、日照市和临沂市政府，派员共同组成中国（山东）自贸区建设领导小组，在国务院及相关部门的指导下，召开专业会议，研究部署该项工

作的基础工作。在过去有关工作的基础上，通过调查研究，结合实际，按照全国统一部署，拟定中国（山东）自贸区的论证材料，把这一论证搞好。通过省委、省政府相关领导的同意后，启动中国（山东）自贸区的设立批准程序。

2. 加强领导。建议国务院及相关部门对中国（山东）自贸区建设事宜加强领导，参与工作调查研究，并指导山东省及相关城市政府做好前期有关工作。在此基础上，指导并帮助山东省及相关城市政府进入自贸区设立的批准程序。

3. 先行先试。建议山东省及相关市政府全面开展自贸区设立的有关工作，包括加强对我国开展自贸区工作的相关理论、产业政策的学习，学习兄弟省市建设自贸区的先进经验；根据本省、市经济发展基础和对外开放能力，拟定自贸区发展定位、发展规划和运行模式方案；开展自贸区运行发展的实践调研，寻找突破口，先行先试，大胆创新，争取自贸区运行取得圆满成功。

2017 年

关于支持向民营实体经济投资、壮大
民营实体经济的建议

事由分析：

经过多年发展，民营经济已成为我国经济的重要基础。民营经济创造了 60% 左右的国内生产总值、80% 左右的社会就业，民间投资已占到全社会固定资产投资的 60% 以上。促进民间投资发展，对稳增长、保就业、推进供给侧结构性改革，具有重大意义。

为促进民间投资，近年来，国务院先后发出《关于鼓励支持和引导个体私营等非公有制经济发展的若干意见》（国发〔2005〕3 号）、《关于鼓励和引导民间投资健康发展的若干意见》（国发〔2010〕13 号）、《关于创新重点领域投融资机制鼓励社会投资的指导意见》（国发〔2014〕60 号）。去年，国务院办公厅又下发了《关于进一步做好民间投资有关工作的通知》（国办发明电〔2016〕12 号）。这些文件，对民营实体经济投资都发挥了很大的作用。

目前，影响我国向民营实体经济投资的主要问题是：

1. 投资门槛准入问题一直存在

国务院放宽了民营经济投资领域，降低了许多产业投资的门槛，但实际执行中，投资门槛准入问题仍客观存在。全国性、区域性、行业性、效益好的项目多数在国有企业，这些企业并不缺乏资金。由于项目大、效益好，民间资金特别是民间闲散资金，民营企业特别是中小型民营企业，很难找到这些产业的投资渠道。投资门槛准入问题，仍然是影响民间资金投资的重要因素。

2. 房地产库存及部分虚拟经济占比过大

房地产库存大，在社会上占用了大量资金。有些产业打着高科技、文化创意、环境保护等名义，虚拟项目、制造概念、融资上市，也占去了不少社会资金。这些现象，淡化了民间资金对实体经济的投资愿望。

3. 民营实体经济中长期投资效益欠佳

改革开放以来，我国发展起来的民营实体经济大部分为传统产业，科技含量不高。近几年，这些传统产业遇到了产能过剩、内需发展缓慢、外贸效益降低等问题，企业中长期投资效益不高，导致部分民营实体经济企业家投资愿望降低。

4. 民营实体经济投资渠道不畅

我国民间资金充裕，中小企业、个体经济和民间个人，蕴藏着数十万亿元的投资能力。但由于投资渠道不畅，投资效益不高，投资风险较大，影响了投资行为，导致数十万亿元的资金流转缓慢，降低了人民币的流通效益。

办法和建议：

一、规划好民间实体经济投资方向

发展、壮大实体经济，应当是我国经济发展的重要基础。我国具有13亿多人口，地域广泛，市场需求多样化，就必须走各类产业都要发展的道路，建立独具特色的实体经济体系。因此，落实好民间实体经济投资政策，非常重要。

1. 抓好民营实体经济投资重点

从近期、中期来看，民营实体经济投资的重点包括：传统制造业、消费品加工业、科技含量较高的产业、商贸物流业和具有一定规模的农业等项目。各省市政府、各行业协会，应当站在全国角度，对民营实体投资重点进行调研，制订方向型的发展规划，引导民营实体经济投资方向，避免投资失误。

2. 继续落实好国务院文件

根据国务院的4个文件，制定一定的实施细则，继续落实好文件精神。最重要的是解决门槛准入问题。政府要在能源、交通、通信、军工、信息、文化、高科技等产业项目中，选择具体项目，制定具体方案，引导民间资金进入，把民间投资真正落到实处。

二、建议调整部分民间投资法规政策

投资法规影响了投资的方向、投资方式和投资效果。我国民间投资法规在不断发展中进行微调，起到了重要作用。建议下一步，对部分民间投资法规做一些微调。

1. 土地征用政策

近几年，我国各类土地价格上涨很快，特别是工业用地、物流用地、文化产业用地、旅游产业用地，上涨幅度很大。有的城市，工业用地已达到每亩百万元以上。其他产业用地，由于征用土地的方式不同，价格上涨幅度也不一样，但上涨是总体趋势。实体经济土地价格的飞升，已严重影响了民间投资热情。建议各级政府将实体经济用地（不含房地产和商业性项目用地）政策进行调整。大型企业可按照牌价征用土地；中小型企业，可进入政府建设的园区发展，可廉价租用土地和设施。从中长期发展例如20~30年，来保证实体经济发展的成本具有稳定性。

2. 固定设施使用政策

对专业化实体项目、中小微实体项目使用的固定设施，包括厂区、车间、货场、办公等设施，可采用政府供应、租赁的方式进行，或政府委托专业企业开展租赁业务，以减少固定资产投资的负担，帮助他们集中精力做好本职工作。待项目结束时，停止供应和租赁。这项政策可以常态化，几十年不变，形成独具特色的实体经济发展模式。

3. 股权、股份政策

推行契约经济的发展，鼓励民间投资企业股份化、股权化，这样可以使资金所有者与企业管理运营分离，可以吸纳大规模的民间资金进入实体经济。目前，我国这项工作虽然有很大发展，但社会信用体系脆弱，影响了民间资金与实体经济的关系。国家政策要下大气力解决社会信用问题，推广契约经济，推广企业股权股份的社会化。

4. 企业债券政策

企业不论规模大小，都有发行企业债券的权利，这是市场经济发展的重要元素之一。要选择部分民营实体经济企业，在当地试行企业债券的发行，逐步建立企业债券发行的常态机制，发挥企业家、企业信用价值，提高社会资金的利用效率。

5. 地方、行业融资政策

建议在政府管辖范围内，试行建设区域经济或行业经济融资机构，例如，企业债券公司、信托公司、行业发展基金等，在地方范围内筹集资金，支持区域实体经济的发展。提高本土企业信用，保证资金的安全，提高资金效率。

6. 投资常态化机制

建议从全国范围内，宣传、推广常态化投资机制，推进社会信用体系建设。要严禁国内外热钱炒作、破坏各种金融市场。建议全国上市公司按照世界通行规则，坚持每年分红制度，不得利用配股、增股等方式，稀释股金，欺骗股民。民营实体经济企业的股份化、股权化、债权化要成为常态，每个社会投资者都可以自由进入企业投资领域。企业信用和个人信用评估常态化，逐步达到不需要抵押、质押，利用企业信用和个人信用在社会上融得资金。

2017 年

关于推进产业向"一带一路"国家转移，进一步 壮大我国海外经济规模的建议

事由分析：

传统产业随着生产成本、社会成本的增加，根据市场需求在全世界进行转移。一般规律是，在人均 GDP 达到 8000～10000 美元时，中低端传统产业将向新的地区转移。到"十三五"末，我国人均 GDP 将超过 10000 美元。因此，从现在开始，我国传统产业向海外的转移已势在必行。

十八大以来，党中央做出了推进"一带一路"建设的重大战略决策。目前，已有 100 多个国家和国际组织参与其中，已与 30 多个沿线国家签署了共建"一带一路"合作协议，同 20 多个国家开展国际产能合作，以亚投行、丝路基金为代表的金融合作不断深入，一批标志性项目已经落地，有力推动了沿线各国的经济繁荣和区域经济合作。全国各省、市、自治区也积极搭建平台，主动融入"一带一路"倡议，促进了与世界各地的互联互通和经济共同发展。

目前，我国正在加快推进供给侧结构性改革，着力化解过剩产能，坚决淘汰落后产能。对此，建议把我国现有的传统产能、过剩产能和部分优势产能向"一带一路"沿线国家转移。一方面，实现优势互补、互利共赢，造福沿线国家和人民。另一方面，利用 10～20 年的时间，通过传统产业的转移，带动产业、投资、技术和人员的全面输出，为我国打造巨大的海外经济体系。

办法和建议：

一、明确我国产业转移的方向、内容和目标

1. 转移方向

"一带一路"沿线国家，大多具有沿海港口交通便利、人口密集、资源密集型、市场需求性、外贸出口依赖性等条件，是理想的产业转移方向。

2. 转移内容

从我国产业结构状况来看，除少数科技含量较高的产业，部分有我国控制的原材料产业，大部分农业、工业和第三产业的产能过剩部分都可以向海外转移。近期，产业转移的重点建议为：

（1）农业及相关行业。包括种植业、养殖业、种子业、农药业、饲料业、林业、农业水利、农业机械、农产品加工、农产品物流等。

（2）工业及相关产业。包括地质勘查、冶金、建材、化工、机械、轻工业、电子数码业、能源工业、海洋工业、建筑业（房地产）等。

（3）第三产业。金融业、商贸业、物流业、旅游业、文化创意业、生产生活科技服务业等。

3. 发展目标

我国传统产业转移，可采用复合型方式。在产业选择上，农业、工业和第三产业可全面展开。在转移方法上，可采用项目输出、项目投资、技术输出、资金输出、市场输出、服务输出、人员输出、服务外包、资产收购、股权收购等多种方式，根据所在国和地区的需要和条件的许可，选择不同方式全面开展。

近年来，我国传统产业转移早已开始，并获得巨大成绩。据不完全统计，我国在世界各地工作的公民已达 6000 余万人，海外各类投资及资产已超万亿美元。要通过市场力量，发挥我国企业优势，再经过 10 年以上的努力，我国传统产业在世界各地苗壮成长，新增 5000 万人以上的国际化产业从业人员，建立年生产总值数万亿美元的庞大海外经济体系。

二、研究制定推进传统产业转移的产业政策

1. 制定传统产业转移资金支持政策。传统产业向海外转移是一件规模宏大、时间长远的事业，这些产业的转移及在境外的成长，都需要庞大的资金来支持。这些资金的来源，除了从所在国金融机构获取外，建议国家政府给予适当支持。一是建立产业转移投资银行，利用长期、低利的贷款政策，给予政策性支持。二是鼓励民间建立产业转移行业性投资基金，或其他金融机构，参与产业机构转移的经济活动，并以此为基础，在世界各国发展民间金融机构。

2. 创造传统产业转移的经济环境。所在国的经济社会环境，是传统产业转移成功的关键。我国政府要加大在"一带一路"国家的影响力，利用国际法律、民族文化、国际契约等影响力，为我国传统产业转移的企业和个人创造良好的政治环境、社会环境和经济环境。

3. 推动传统转移中的移民政策。传统产业的转移，必将推动更多企业家、企业管理人员、企业技术人员和产业工人向"一带一路"国家的大量输出，有一些可能变成长期移民。国家政府要对此进行论证，根据我国社会制度，结合国际通行规则，制定具有我国特色的国际移民政策，以推动传统产业转移事业的顺利发展。

4. 适应国内外经济共同运行管理的新常态。今后，随着我国境外经济的运行，加上今后一个时期传统产业的大规模转移，我国的经济运行管理模式将发生巨大的变化，从国内经济管理向国内外经济共同管理转化。这将成为我国政府对经济管理的新常态，要研究这一管理模式变化带来的新理论、新法律、新政策、新体制，为我国国民经济和境外经济共同发展而服务。

三、加快传统产业转移的实践探索

1. 做好传统产业转移的行业规划。传统产业转移，牵扯到各行各业，政府要指导各有关部门、各行业协会做好产业转移的行业规划。特别对目

前在供给侧改革中确定的关、停、并、转的企业，对限制产能的行业和企业，进行评估，能向海外转移的产业和企业，要支持它们走出去，将在国内的不良资产、僵尸企业、濒临破产企业，通过向海外转移，在世界市场上实现命运转化，找到新的生路。

2. 做好传统产业转移的国际布局。要对"一带一路"国家进行资源分析，根据产业转移的必要条件，例如，沿海港口交通、自然资源禀赋、人口密度、人口素质、法律基础、产业链组成、市场需求性、外贸出口依赖等条件，进行分析，结合我国各行业的转移能力，做好传统产业转移的国际化布局，以指导该项工作的顺利进行。

3. 发挥政府对传统产业转移的主导作用。传统产业向海外的转移，是一项复杂的系统工作，牵扯到国内外法律、经济、外交等各种因素，政府的主导作用极其重要。建议国务院及相关部门，认真研究这一问题，确定部门分管责任，领导并保证好这一事业的成功。

2017 年

关于进一步深化全国各级村居干部
经济责任审计的建议

事由分析：

村居干部是我国基层干部队伍的重要组成部分，是党的各项路线、方针、政策在农村的贯彻者和实施者。当前，我国社会主义新农村建设、扶贫攻坚等各项工作任务艰巨，各级村居干部经济责任审计工作亟待进一步深化和加强。

第一，党的十八大以来，以习近平同志为核心的党中央，立足治国理政全局，从坚持和发展中国特色社会主义全局出发，提出并形成了"四个全面"的战略布局。全面建成小康社会的短板在农村，全面从严治党要向基层延伸，也必须关注农村。党的十八届四中全会明确提出了进一步强化审计监督、实行审计监督全覆盖的要求。审计监督是国家治理体系的重要组成部分。农村基层作为国家政权的根基，其治理体系和治理能力的现代化，审计监督同样不可或缺。去年以来，党中央推进全面从严治党向基层延伸，严查群众身边的不正之风和腐败问题。在推进基层党风廉政建设和反腐败中，发挥审计监督的作用十分必要，这也是人民群众所期盼的。

第二，从当前农村干部监督管理的现状来看，村居干部长期处于监督的"薄弱地带"，违法违纪问题多发，群众反映强烈，严重影响干群关系和社会稳定，影响党和政府的形象和公信力。由于各种原因，对村级干部的管理监督手段缺乏、失之于软的问题客观存在，特别是随着经济社会发展和改革的不断深化，由农村利益关系调整及个别村居干部自身素质问题，基层群众针对农村干部的信访呈上升趋势，其中涉及经济问题的约占70%以上，这些问题虽然表现在极少数干部身上，但已成为伤害群众感情的"疙瘩"，严重影响农村社会稳定。按照现行法规和管理体制，乡镇农经管理部门负责对村居财务收支进行审计，但由于农经部门同时又负责对村居财务进行指导、审核、记账，实行账务、资金、合同、公章"四监管"，这种既当运动员又当裁判员的尴尬身份，很难得到群众信服，其审计监督职责也往往流于形式。

第三，从社会需求来说，各级党政领导、社会各界和广大农民群众期望审计"进村"的呼声不绝于耳。近年来，由于审计工作的不断深化，审计监督的地位和作用日益凸显，正是由于农村经济和财务管理混乱与监督长期缺位的矛盾十分突出，各级党政领导和广大人民群众对审计寄予厚望，希望审计监督介入村居。但限于政策法规和管理体制，国家审计很难突破这下乡进村的"最后一公里"。近年来，各地审计机关面对这种强烈的现实需求，也做了许多不同形式的探索，积累了一定的经验。

第四，从法律和体制的层面来说，以经济责任审计切入实践证明是一条有效途径。2010年10月28日，十一届全国人大常委会第十七次会议审议通过的《中华人民共和国村民委员会组织法》第三十五条，对"村民委员会成员实行任期和离任经济责任审计"做了明确规定。《党政领导干部和国有企业领导人员经济责任审计规定实施细则》第五十六条规定："根据地方党委、政府的要求，审计机关可以对村党组织和村民委员会、社区党组织和社区居民委员会的主要负责人进行经济责任审计。"

依照以上规定，临沂市委、市政府出台了《临沂市经济责任审计实施办法》，创新设计了村居干部经济责任审计的体制：在乡镇政府设立独立的审计机构和审计人员，在乡镇党委、政府领导下，对村居主要负责人进行经济责任审计，县级审计机关负责业务指导。2014年7月部署开展村居干部经济责任审计工作以来，全市共计完成对3990个行政村9081个项目10134名村居干部的经济责任审计，覆盖率达到100%。在第一轮审计中，全市共审计资金总额707亿元，查出各类问题资金104亿元，移送处理村居干部1405名，移送处理非村居干部人员248人，已有1209名村居干部处理到位，成功化解信访问题661个。通过推进村居干部审计全覆盖，解决了审计联系服务群众"最后一公里"问题，强化了村居干部的规矩意识，促进提高了农村治理水平，在加强农村党风廉政建设，维护农村社会稳定，推动全面从严治党向基层延伸等方面发挥了重要作用。

上述做法，一是有法可依，二是不冲击现有的审计法规、管理体制和正常审计工作，三是不影响农业部门依法依规履行相关对村居财务的监管职责，四是有利于完善基层治理（监管分离）。为此，建议国家有关部门高度重视，对这一做法进行总结推广。

办法和建议：

1. 加强组织领导。村居干部经济责任审计工作作为加强农村基层组织建设的一项系统工程，需要组织、审计部门主动作为，更需要各级各有关部门的积极参与和大力支持。各县区要进一步加强组织领导，以落实联席会议制度为切入点，着力在凝聚工作合力上抓突破，积极协调和督促纪检、政法、检察、公安、农业等相关部门单位发挥好职能作用，切实形成党委政府领导、组织部门指导协调、审计部门具体牵头、相关部门密切配合的工作格局。乡镇党委政府主要负责同志要积极为审计部门撑腰壮胆、排忧解难，帮助解决工作中遇到的困难和阻力，旗帜鲜明地支持依法审计。

2. 完善顶层设计。各乡镇成立的审计机构未在编制部门备案，人员身份和职务备案上存在"两张皮"现象。由于没有明确的文件规定，乡镇审计人员也不能参照国家审计机关工作人员享受审计补贴。需要中央和省出台文件解决审计人员身份和职务备案及审计人员待遇等相关问题。

3. 进一步提升审计质量。要牢固树立质量第一的理念，严格遵循审计程序，严把质量关口，科学界定村居干部经济责任，确保审计工作依法进行、规范操作，审计结果实事求是、客观公正，真正经得起检验，让干部群众信服。要强化审计结果运用，对村居干部违法违纪案件线索，要及时移交、及时受理、及时查办；对没有问题的村居干部，要及时用审计结果澄清事实，消除群众猜疑，还干部清白；对审计发现的问题，要加强跟踪督查，限期抓好整改。要加强分析研判，及时梳理审计发现的问题，全面客观分析原因，对一些共性问题要有针对性地提出对策建议，为领导决策提供科学依据。

4. 加强审计队伍建设。及时把那些政治素质高、审计业务精、工作作风好的干部充实到审计队伍中来，及时补充新鲜血液。对那些经考核考察确实不胜任、不适合继续从事审计工作的人员，也要及时调整出审计队伍。要加强审计人员培训，提高其综合素质和业务工作能力。

2017 年

关于建设我国城市智慧物流体系的建议

摘要：

随着信息技术的深入发展，我国物流产业已进入与互联网、物联网、人工智能深度融合发展的智慧物流新阶段。

习近平总书记 2013 年 11 月 25 日视察山东省临沂市兰田集团金兰物流基地时做出重要指示，"要加快物流标准化信息化建设，提高流通效率，推动物流业健康发展。"党的十九大提出，要加强"物流等基础设施网络建设"，为智慧物流建设指明了方向。

城市是物流运行的节点，是大部分物流的终端。建设城市智慧物流体系，实现城市物流资源共享，培育新的增长点，形成新动能，是智慧物流产业发展的重中之重。

城市智慧物流体系建设的主要内容是：建设城市智慧物流体系综合信息平台，构筑城市物流资源的共享模式，探索城市物流设施布局和建筑形态的科学性，实现多式联运方式的协调和链接。

城市智慧物流体系建设的建议是：政府应主导或参与城市智慧物流发展过程，协调各主管单位、物流主体参与城市智慧物流的建设，要抓好物流智慧化发展这项中心工作，支持城市智慧物流龙头企业的建设和发展。

一、我国进入智慧物流产业发展时期

在党中央领导下，经过全国各行各业共同努力，我国物流产业发展迅速。2016 年全国社会物流总额 229.7 万亿元，其中，工业品物流总额

214.0 万亿元，进口货物物流总额 10.5 万亿元；农产品物流总额 3.6 万亿元，再生资源物流总额 0.9 万亿元；单位与居民物品物流总额 0.7 万亿元。伴随社会物流总额增加，我国社会物流总费用（包括运输费用、保管费用和管理费用）也保持增长趋势。2016 年社会物流总费用 11.1 万亿元。我国物流总费用占 GDP 的比例呈下降趋势，从 2010 年 17.8% 下降至 2016 年 14.9%，物流效率逐渐提高。2017 年，全国社会物流总额 252.8 万亿元，社会物流总费用 21.1 万亿元，物流总费用占 GDP 的比例下降至 14.6%。

习近平总书记 2013 年 11 月 25 日视察山东省临沂市金兰物流产业园时说："要加快物流标准化信息化建设，提高流通效率，推动物流业健康发展。"把物流信息化作为第一要素提出来，为智慧物流发展指出了方向。党的十九大提出，加强"物流等基础设施网络建设"；在"现代供应链等领域培育新增长点、形成新动能"。这表明，智慧物流成为今后一个时期的发展重点。

近几年，国家及相关部门多次下发文件，指导我国物流业的发展。2017 年，国务院办公厅先后发出《关于加快发展冷链物流保障食品安全、促进消费升级的意见》（国办发〔2017〕29 号）；《关于进一步推进物流降本增效、促进实体经济发展的意见》（国办发〔2017〕73 号）；《关于积极推进供应链创新与应用的指导意见》（国办发〔2017〕84 号）。国家发展和改革委员会、工业和信息化部、财政部、国土资源部、住房和城乡建设部、交通运输部、商务部、海关总署、国家税务总局、国家工商行政管理总局、国家质量监督检验检疫总局、国家统计局、国家铁路局、中国民用航空局、国家邮政局等有关部门，密集出台支持、促进、引导和规范物流业发展的政策文件。在这些文件中，提出了发展智慧物流一系列方法和产业政策。

总之，我国物流已从传统运输阶段转向综合式物流服务发展，随着信息技术和物流技术标准化的推广，物流产业已进入与互联网、物联网、人工智能深度融合发展的智慧物流新阶段，我国物流产业已经进入黄金发展期。

二、建设城市智慧物流体系是物流业发展的重中之重

城市是物流运行的节点，是大部分物流的终端。社会物流总额和社会物流总费用等主要物流指标，大都体现在城市物流产业之中。因此，整合城市物流资源，建设城市智慧物流体系，全面提升城市物流产业的品质，培育新的增长点，形成新动能，是我国智慧物流产业发展的重中之重。

城市物流主要包括：

各类综合性和专业性供应链物流，包括生产性供应链和消费品供应链。

各类专业物流，包括工业物流，各类专业品物流；

商贸物流，包括农产品物流，城市共同配送物流，冷链物流，市场配载物流，快递物流等。

各类服务业物流，包括城市内各种短驳物流等。

多式联运物流，在具有铁路、航空、港口和公路枢纽的城市，还包括与国内市际省际干线物流、国际物流相连接的多式联运物流等各类业态。

城市物流业，支撑着城市工业、商业、文化等现代服务业的运行，为城市居民提供全面服务，也是城市经济的主要组成部分。

以山东省临沂市为例。该市辖五区九县，人口1028万人。改革开放以来，该市坚持以商兴市战略，物流业得到长足发展。2011年，国家工商总局授予该市"中国物流之都"称号。

该市的主要物流构成是：2016年，全市生产总值（GDP）4026.75亿元，物流总额26523.5亿元。其中，农产品物流总额577.7亿元，占总额的2.18%；工业品物流总额11122.9亿元，占总额的41.94%；进出口物流总额178.3亿元，占总额的0.67%；外地货物流入总额13015.0亿元，占总额的49.07%；再生资源物流总额1286.0亿元，占总额的4.85%；单位与居民物品物流总额343.6亿元，占总额的1.3%。市区专业市场实现市场交易额3783.5亿元、物流总额5825.6亿元、电子商务交易额942.3亿元，分别增长18.1%、16%和63.2%。2017年，全市生产总值（GDP）

4500 亿元，全市物流总额 2.8 万亿元，分别增长 8% 和 7%。

从临沂市物流产业的构成看，建设城市智慧物流体系势在必行。

三、城市智慧物流体系建设的主要问题与内容

1. 城市智慧物流建设的主要问题

城市智慧物流建设的主要问题，一是物流资源分散，各自为战，需要通过整合才能够实现资源共享。二是物流主体规模不一，专业性差，经营管理模式落后，传统物流业仍为我国物流基本产业。三是物流市场分散，市场秩序和市场监管能力不高，市场运行不规范。四是物流标准化程度很低，物流各项技术现代化程度很低。五是物流主管部门分散，政府缺少统一管理部门。从国家看，国家发展和改革委员会、工业和信息化部、交通运输部、商务部、国家工商行政管理总局、国家铁路局、中国民用航空局、国家邮政局等部门都具有专业物流管理功能，海关总署、国家税务总局、国家质量监督检验检疫总局、国家统计局、财政部、国土资源部、住房和城乡建设部等有关部门，也与物流产业有一定管理关系。地方政府也存在同类问题。

2. 城市智慧物流体系建设的主要内容

城市智慧物流体系建设的主要内容是：

（1）建设城市智慧物流体系综合信息平台

临沂市共有综合性园区 23 个，各类专业园区 170 余处，物流企业 2000 余个，建有各类物流电商平台 2000 余个，手机 App 数千种。国内其他大中型城市，也具备这些物流资源。要通过建立城市智慧物流综合信息平台，将这些各自为战，互不连接的平台进行串联，使之互联互通，达到城市物流产业的智能化、智慧化，促进互联网＋物流模式的全面落地。

（2）构筑城市物流资源的共享模式

临沂市各类物流产业园区占地（包括租用土地）近万亩，各类仓库 500 余万平方米，各类大型运输车辆和其他设备 15 万余辆（台），各类小型短驳运输车辆，含机动三轮货车，逾万辆，各类快递运输车辆（主要为

小货车和电动车）数千辆。同时。临沂建有国际机场，具备国际航空货运能力，建有临港经济区和综合国际物流保税区，具有无水港国际海运物流功能。临沂分别开通了至喀什、莫斯科的货运列车，具备国际陆路货运能力。通过智能化智慧化平台建设，将这些分属不同行业、不同企业的国内外物流资源，实现资源共享，提高综合利用效能。全国各大中城市，都应探索国内外物流资源的共享模式，以此提高物流智慧化，促进物流产业效能的提高。

（3）探索城市物流设施布局和建筑形态的科学性

目前，我国各大中城市的主要物流设施，大都是自发建设起来的，规划缺乏科学性。工业供应链物流，各类专业供应链物流，城市冷链物流，城市共同配送物流，市场配载物流，快递物流，城市短驳物流，各类仓储，上述主要物流设施在城域内的布局和建筑形态的选择，决定了物流节点的合理性，决定了物流车辆运输的科学性，决定了智慧物流的发展基础，同时也决定了城市物流的成本和经济效益。探索城市主要物流设施布局和建筑形态的科学性，建立城市智慧物流的科学模型，极为重要。

（4）实现多式联运方式的协调和链接

实现多式联运，是城市智慧物流发展的主要目标之一。城市各类物流业态，通过多式联运方式实现互联互通，这是一项重要的跨界、跨行业资源共享工程，需要经过政府的协调、指导才能够实现。

四、城市智慧物流体系建设的有关建议

1. 政府应主导或参与城市智慧物流发展过程

物流产业是社会产业，是经济发展的命脉产业。长期以来，传统物流以专业化为标志，形成了不同特色的商业体系。物流产业的智慧化，实质上是物流产业通过智慧化实现跨界资源共享，进一步提高物流产业的社会功能。这种本质变化，单纯依靠市场化、企业主导的方式是难以实现的。政府必须主导或参与城市智慧物流发展的全过程。

建议各级政府，根据智慧物流产业发展的这一新特点，确定政府在智

慧物流产业发展的定位和担当，制定相应产业政策，尽快推动城市智慧物流产业的发展。

2. 协调各主管单位、物流主体参与城市智慧物流的建设

物流产业牵扯到各个主管单位，牵扯到各类物流主体，各个类物流行业协会及相关中介单位，建议各级政府，要协调相关主管单位，共同研究推动城市智慧物流体系的建设，实现城市传统物流向智慧物流的转型升级，培育城市物流新的增长点，形成新动能。

要发挥政府对经济的指导作用，动员和支持各类物流企业积极参与城市智慧物流的建设，自觉进入城市智慧物流系统，拓展新的跨界物流市场，实现传统物流企业向现代化、智慧化物流企业的转变。

3. 抓好物流智慧化发展这项中心工作

第一步，是每个城市智慧物流体系的建立，其中心工作是要抓好智慧物流平台的建设，实现本城市区域中各类物流资源的互联互通，从而达到物流资源的跨界共享。

第二步，每个城市的智慧物流体系，都是全国智慧物流总布局的一个节点，通过实现这些节点的互联互通，最终形成全国智慧物流系统的运营体系。

4. 支持城市智慧物流龙头企业的发展

要支持城市智慧物流龙头企业的建立和发展。支持现有大中型物流企业，自觉参与城市智慧物流平台的建设，以实现企业的智能智慧化运行。要支持现有各类互联网、物联网平台企业，在城市智慧物流的建设中发挥技术先导作用，创新物流共享经济，创新物流智慧技术，打造世界知名物流企业。建议各级政府制定城市智慧物流发展优惠政策，制定城市智慧物流发展蓝图，按照国家智慧产业发展的要求，尽快实现全国智慧物流产业的形成。

2018 年

关于建设"中国改革开放博物馆"的建议

事由分析：

今年是我国改革开放 40 周年，在这一重要历史节点，建议在北京建设"中国改革开放博物馆"，作为重大活动之一，以记录 40 年的光辉历程，鼓舞当今，激励后人。

"博物馆"建设的目的，是彰显在中国共产党的领导下，我国各族人民对实现"中国梦"的不断追求和实践过程，中国特色社会主义的成功模式。内容是展现中国共产党不断创新的先进性质，展现当代中国鲜明的社会主义特色，反映中华民族独特的奋斗历程，展现我国对人类做出的重大贡献，展现我国人民 40 年来的奋斗成果。

建议将建设"中国改革开放博物馆"作为国家纪念改革开放 40 周年重大活动予以宣布。开馆时间，建议于 2020 年 12 月 31 日，中国共产党十八届三中全会通过的《中共中央全面深化改革若干重大问题的决定》纪念日，为我国全面建成小康社会实现日，或 2021 年 7 月 1 日，中国共产党成立 100 周年纪念日。

党的十八届三中全会通过的《中共中央全面深化改革若干重大问题的决定》指出："改革开放是党在新的时代条件下带领全国各族人民进行的新的伟大革命，是当代中国最鲜明的特色。党的十一届三中全会召开 35 年来，我们党以巨大的政治勇气，锐意推进经济体制、政治体制、文化体制、社会体制、生态文明体制和党的建设制度改革，不断扩大开放，决心之大、变革之深、影响之广前所未有，成就举世瞩目。"为将这段光辉历史留存于世，鼓舞当今，激励后人，建议在北京择址建设"中国改革开放博物馆"（以下简称"博物馆"）。

办法与建议：

一、深刻认识建设"中国改革开放博物馆"的意义

1. "博物馆"展现中国共产党不断创新的先进性质

中国共产党在马列主义、毛泽东思想旗帜指引下，完成了新中国成立和中国社会主义制度建设的伟大业绩；以邓小平理论、"三个代表"重要思想、科学发展观、习近平新时代中国特色社会主义思想为指导，开创了中国特色社会主义的建设历程。改革开放所取得的巨大成就，是中国共产党的理论创新和理论实践。"博物馆"将展现中国共产党不断创新的先进性质。改革开放永无止境，在中国共产党的领导下，中华民族一定会立于世界民族之林。

2. "博物馆"展现当代中国最鲜明特色的社会主义成就

改革开放是党在新的时代条件下带领全国各族人民进行的新的伟大革命，是当代中国最鲜明的特色。2020 年，中国将全面建成小康社会，进而建成富强民主文明和谐的社会主义现代化国家、实现中华民族伟大复兴的中国梦。"博物馆"将展现中国最鲜明的特色社会主义，成为国人的思想教育基地，成为世界正义人们和发展中国家友人的学习基地。

3. "博物馆"展现中华民族独特的奋斗历程

自 1840 年以来，我国人民在寻求民族独立、民族解放和民族振兴的道路上，进行了艰苦卓绝的努力和探索，付出了巨大牺牲和汗水，我们终于在改革开放的道路上找到了正确的途径，取得了辉煌成就，中华民族振兴事业蓬勃辉煌。"博物馆"的建设，将向世人展示我们的奋斗历程。

4. "博物馆"展现我国对人类做出的重大贡献

毛主席和习总书记都说过，中国要不断为人类做出新的更大的贡献。我国改革开放伟大事业，将一个一穷二白的中国建设成为世界第二大经济

体，在短短几十年的时间内，解决了世界近三分之一人口的贫困问题，并成为世界经济发展的巨大动力，这是人类发展史上的奇迹。"博物馆"的建设，将向世人记录并展现这一伟大奇迹。

5. "博物馆"展现新一代中国人民的奋斗成果

从 1979 年进行的改革开放事业，是在我国第二代及数届领导人带领下，主要由新中国成立后成长起来的亿万新一代中国人民参与的伟大革命历程。新一代中国人民继承了中国近代历史、中国革命历史的志士仁人和革命先烈的优良传统，这一代中国人民没有辜负他们的期望，经过几十年的艰苦努力，实现了他们振兴中华的崇高愿望。"博物馆"将展现新一代中国人民的奋斗成果。

二、"博物馆"选址与功能

1. 项目选址

鉴于项目的重大意义，建议"博物馆"在北京地区选址建设。

2. 主要功能

（1）博览功能。本项目的主要功能，对改革开放的辉煌成就进行分类展览，为永久性博览功能区。

（2）展览功能。短期性专业展览区。主要是为国内外与改革开放相关联的展会提供展览服务。

（3）会议功能。国际会议中心，提供国内外会议服务。

（4）国家智库功能。集聚哲学、人文科学、社会科学及相关学科研究组织，开展理论与实践研究、创新研究，形成国家智慧库集聚区，承担国家智库功能。

（5）文化交流功能。集聚国内、国际与改革开放相关联的文化组织，开展国内国际文化交流，形成世界文化交流中心。

（6）教育基地功能。以"博物馆"为基础，整合项目其他思想文化资源，建设国家社会教育基地，成为我国以改革开放理论与实践为主体的思想教育中心。

（7）国际传播功能。以"博物馆"为基础，整合项目其他思想文化资源，建设国际性社会教育基地，开展国际传播业务，为世界发展，特别是为发展中国家人员提供传播活动。

（8）国际组织总部功能。集聚国际政治、文化、传播、社会各类组织，形成国际组织总部基地，开展对中国改革开放理论与实践的研究、学习和传播，形成我国国际组织总部基地。

（9）改革开放文物保护功能。改革开放理论与实践，创造了大量的改革开放文物，并产生大量非物质文化遗产，要组织对这些文物和非物质文化遗产的认证与保护，创造改革开放文化新经济。

（10）运行管理功能。本项目规模巨大，内容丰富，资源宝贵，需要建立有效的运行管理体制，保证项目的健康永续发展。

三、"博物馆"展示的主要内容

"博物馆"展示内容的选择，要坚持高举中国特色社会主义伟大旗帜，以马克思列宁主义、毛泽东思想、邓小平理论、"三个代表"重要思想、科学发展观、习近平新时代中国特色社会主义思想为指导，坚持社会主义市场经济改革方向，以促进社会公平正义、增进人民福祉为出发点和落脚点，坚持解放思想、解放和发展社会生产力、解放和增强社会活力，为努力开拓中国特色社会主义事业更加广阔的前景服务。

"博物馆"展示主要内容，建议包含以下几类：

1. 中华振兴艰难的探索历程

我国改革开放实践，是中华民族解放、独立和新中国建设的继续，应当把中华振兴艰难的探索历程作为基础予以展示。分为两个阶段，1840—1949 年为中华民族解放、独立期；1949—1979 年，为新中国建设初期。集中展示每个革命时期，中华民族志士仁人、中国共产党为中华民族的振兴打下良好基础的奋斗历程。

2. 中国共产党改革创新探索

集中展示中国共产党在对马列主义、毛泽东思想理论的创新进程，展示中国共产党对发展、建设中国特色社会主义的实践探索，展示中国共产党在改革开放事业中的领导作用和中坚力量。

3. 改革开放的辉煌成就

不同层面展示我国改革开放的辉煌成就，主要包括：

（1）经济体制改革成就；

（2）政治体制改革成就；

（3）文化体制改革成就；

（4）社会发展成就，包括教育、医疗、科技、人民生活、城镇化等发展成就；

（5）生态文明建设成就；

（6）军队与军事科学发展成就；

（7）民族发展成就；

（8）港澳特别行政区发展成就；

（9）海峡两岸发展与国家统一；

（10）其他重要成果。

4. 中国对人类的伟大贡献

外交成就，对外经济与技术合作成就，国际交流成就，国际新秩序建设，国际援助成就，国际组织成就，中国国际地位的提高。

5. 中国梦的光辉前景

中国改革开放的新任务；中国发展前景展望；国家统一；中国在全球的大国地位；中国对人类的新贡献，中国人民生活品质的提高，美丽中国建设，等等。

四、"博物馆"开业时间

建议将建设"中国改革开放博物馆"项目，作为国家纪念改革开放40

周年重大活动予以宣布。建设时间 2~3 年。

开馆时间，建议 2020 年 12 月 31 日，中国共产党十八届三中全会通过的《中共中央全面深化改革若干重大问题的决定》为我国全面建成小康社会实现日，或 2021 年 7 月 1 日中国共产党成立 100 周年纪念日。

2018 年

关于在全民中开展国际公德教育的建议

事由分析：

近年来，随着我国对外开放不断深入，我国国际交往事务日益增多。政府之间的外交、外事活动频繁，民间境外经贸业务、境外学习、文化交流、移民等各种国际活动增长迅速。调查显示，2016 年，我国出境旅游人数 1.2 亿人次，外国人入境 2814 万人次。2017 年，我国出境旅游 1.27 亿人次，外国人入境 2910 万人次。增长势头迅猛。

在习近平总书记提出"打造人类命运共同体"的倡导和"一带一路"战略方针鼓舞下，未来很长时期内，我国政府与民间的国际活动将有更大幅度的增长。

我国从事国际活动的人员，总体表现是好的，但也发生了不少问题。主要是个别人不遵守国际公德，违反所在国法律，道德、文明修养不够，外事礼仪不规范，极少数人甚至出现泄露国家秘密和出现人身安全等问题。

上述问题，影响了政府之间的交往，影响了民间活动的开展，损害了中华民族的国际形象，甚至给政府处理国际事务增加了不必要的麻烦。同时，其个人也蒙受了不必要的损失。因此，今后数十年内，在全民中开展国际公德常态化教育，很有必要。

办法和建议:

一、开展全民国际公德教育的主要内容

1. 法律意识教育

根据不同人群,进行国际法律意识教育。包括:政府及相关公务人员,应懂得主要国际法,所在国的主要法律;外经外贸和国际活动交流人员,要学习所在国主要经济法律及民事法律;旅游人员,要明了所在国必知的相关民事法律和刑事法律知识等,避免在国际交往中因触犯法律,引起不必要的麻烦。

2. 道德品质教育

参与国际活动的各类人员,都要具备通行的、常规的国际道德品质要求,尊重所在国民风民俗;在国际活动中,要发扬谦虚、谨慎的优良品质,不骄不傲,不媚不谄,彰显中华民族的优秀道德文化。

3. 民族团结教育

要教育国际活动参与人员,要坚持中华民族的内部团结,避免因国人内斗,让外国人看不起,更不能给外国坏人可乘之机,通过离间国人,获取无德利益。

4. 外事礼仪教育

国际活动参与人员,要能够按照国际通行的礼仪程式开展活动。这些外事礼仪程式,要成为国际活动参与人员的常备知识和基本行为准则。

5. 保密安全教育

按照国家《保密法》的要求,要对每一个参与国际交往活动的人进行严格教育,对违反《保密法》的行为要进行相应的处理。要进行人身安全教育,在国际活动中,保证团体和个人的人身安全,尽量减少不必要的人身安全事故的发生。

6. 紧急事态处理程序教育

国际活动参与人员,要懂得我国国外紧急事态处理的有关程序,在国

外遇到紧急事态时，按照国家要求，接受我国驻所在国大使馆或其他政府机构的统一安排，妥善处理相关事态，以避免个人采取不适当的处理措施出现不良后果。

二、开展全民国际公德教育的主要措施

1. 明确主管单位，建立领导体制

要在党组织的统一领导下建立领导体制，明确政府国际公德教育的主管单位，同时，建议外交、国台办、港澳办、商务、司法、教育、文化、科学、旅游、海关、食品检验检疫等部门和国家各大宣传媒体参与，建立全民国际公德教育宣传工作的领导体制，共同参与具体组织工作。

2. 编制各类专业教材，开展全民常态化教育

按照各部门业务性质，编制各类专业教材和宣传材料。主要内容包括，国际交往基本知识，国际法律知识，外交外事礼仪，国际旅游知识，个人道德品质修养，国家保密要求、个人安全知识，紧急事态处理办法，等等。

教材可分为，干部教材、大学中专通用教材、外经外贸人员手册、国际文化体育交流手册、国际旅游手册等。有的教材可纳入党、政学校教材体系，有的可纳入普通大中专教材体系，有的可纳入国际交往人员培训教材，等等。

3. 各部门各负其责，实施追责制度

国家主管部门，各负其责，利用各种方式，在全国开展国际公德教育和宣传活动。近期内，要作为社会主义文明重要内容进行大力宣传。国际公德教育工作要常态化，长期坚持。建议在未来两三代人的成长时期，都要接受这一教育，逐步使国际公德成为全民的自觉行为。

要制定违反国际公德事件追责制度，哪个系统出了问题，按发生问题的性质和严重程度，对主管部门、责任人和当事人进行追责。

4. 利用大数据，建立个人国际公德信用档案

利用各类大数据，对参与国际活动的人员建立国际公德信用档案，对

国际公德信用不良人员，及时进行教育，对屡教不改的人员给予适当惩处，以全面提高国人在国际交往中的素质，为中华民族立于世界民族之林奠定良好的道德基础，为我国国民未来广泛参与世界各类事务打好基础。

2018 年

关于进一步加强全民爱党爱国主义教育、助推"中国梦"早日实现的建议

事由分析：

近年来，全国各族人民在习近平新时代中国特色社会主义思想的正确指引下，高举中国特色社会主义制度伟大旗帜，大力发展社会主义市场经济，在加快全面建成小康社会、实现中国梦的伟大征程中奋勇前进，取得了举世瞩目的成就。

随着我国经济快速发展，各项事业日新月异，人民安居乐业，生活水平有了非常大的提升，但全民的思想意识形态和思想道德建设也呈现出新的变化，还存有一些不和谐的问题，例如，部分小学生的志愿是，长大后当演员、歌星，挣钱多；部分大学生的志愿是，"升官发财"，向往地位和权力；部分企业家把资产转移到国外，"境外投资发展"；部分群众崇洋媚外，购买马桶盖都要到国外。这些现象，反映出某些群体爱党爱国热情减退，注重财富、追求物质、追求地位、追求享受的思想还客观存在。

国富才能民强，国强人民才能安康。为此，建议在新的历史条件下，要进一步加强爱党爱国主义教育，大力弘扬社会主义核心价值观，振奋民族精神，凝聚中国力量，团结全国各族人民，自力更生，艰苦创业，为早日实现习总书记提出的"中国梦"而努力奋斗。

办法与建议：

一、爱党爱国主义教育的目的

1. 党员和公务员

不论职务高低，都要把爱党爱国心放在第一位，牢记宗旨，全心全意为人民服务，带领人民群众加快发展和建设，为国家繁荣昌盛而奋斗，为人民幸福而努力。

2. 军队

不论是将军还是士兵，都要把爱党爱国心放在第一位，深入贯彻落实习近平强军思想，推进政治建军、改革强军、科技兴军、从严治军，练好本领、提升战斗力，努力打造世界一流的精兵劲旅，为保家卫国贡献终生。

3. 人民群众

不论生活多么富裕，任何时候都不能忘本，要把爱党爱国心放在第一位。人民有信仰，国家有力量，民族有希望。凝聚全国人民群众的力量，为国富民强做贡献。

4. 学生

不论学历高低，爱党爱国心放在第一位，从小做起，忠于党、忠于国家、忠于人民，时刻准备为共产主义事业奋斗终生。

二、开展全民爱党爱国主义教育的主要措施

1. 进一步加强全民爱党爱国主义教育。从中央到地方，要高度重视，坚持爱党爱国主义教育与经济发展两手抓、两手都要硬。要在党组织的统一领导下建立领导体制，设立工作机构，明确各级党委、政府、部队、宣传、精神文明建设、教育、文化部门和国家各大宣传媒体参与，共同组织全民爱党爱国主义教育，任务明确，考核到位。

2. 成立爱党爱国主义教育基金会，为工作开展强化保障。坚持典型引导，编制专业教材，开展全民常态化教育。要坚持党员干部和解放军带头，从每个家庭做起，从每个娃娃抓起，全民参与、全民行动。

3. 要把全民爱党爱国主义教育作为国家长期的重点任务，结合社会主义核心价值观教育和思想道德建设，全面抓、重点抓、深入基层抓，不能仅以文件、口号的形式抓，必须抓出成效。要做好宣传工作，逐步使爱党爱国成为全民的自觉行为。

4. 充分利用互联网＋的信息优势，建立公民爱党爱国主义教育档案。利用各类大数据，对一切损害党的形象、损害国家安全、影响国家经济繁荣发展的人和事，要及时教育、坚决斗争，并根据情况进行追责。通过强有力的措施，凝聚党心、军心、民心，为实现中华民族伟大复兴的中国梦而努力奋斗。

2018 年

关于实施乡村振兴战略，采取优先发展政策，推动我国农产品冷链物流跨越式发展的建议

摘要：

我国农产品冷链物流滞后于全国经济发展水平，成为农业经济发展的瓶颈，成为人民日益增长的美好生活需要的障碍。

十九大报告为农产品冷链物流发展指出了方向，建议将农产品冷链物流发展纳入乡村振兴战略，作为公益性产业、民生产业、全民生活质量产业，优先发展。

建议政府参与全国农产品冷链物流商业模式的选择，中央、省属国有大型企业主动参与农产品冷链物流工程的建设，制定优惠政策，对工程占地予以划拨，或低价转让，建立农产品冷链物流发展基金，实行低利率或零利率政策，强化保护农产品冷链物流市场，形成合理的价格体系，建立公益性农产品冷链物流智慧平台，建立强制性企业资信制度和商品追溯系统，学习国外先进经验，完善我国农产品冷链物流产业政策体系和技术体系。

一、我国农产品冷链物流产业发展严重滞后

农产品冷链物流，是农产品在生产、贮藏运输、销售，到消费前的各个环节中，以制冷技术为手段的低温物流过程，以保证农产品质量、减少损耗的系统工程。

农产品冷链物流，世界已有 150 多年发展历史，我国只有 50 余年的发

展期。近年来，我国农产品冷链物流发展迅速，每年增长在15%以上，有的年份超过20%，但由于基础薄弱，我国农产品冷链物流发展严重滞后。

据有关研究部门提供的数字，农产品预冷保鲜率，欧美国家80%~100%，我国30%；冷藏仓储能力，美国7000多万立方米，我国2000多万立方米。冷藏运输能力，美国有冷藏保温车22万辆，日本12万辆，我国不足10万辆。冷藏运输率，欧美国家80%~90%，我国约20%左右。物流损耗率，欧美国家不到5%，我国超过30%。据估计，我国每年在物流过程中损耗1200万吨水果和1.3亿吨蔬菜，总值超过600亿元。

从国内看，我国农产品冷链物流，滞后于全国经济发展水平，也滞后于农产品生产发展水平，这与我国世界第二大经济体地位，很不相称。

十九大报告指出，"我国社会主要矛盾已经转化为人民日益增长的美好生活需要和不平衡不充分的发展之间的矛盾。"可以说，我国农产品冷链物流，已经成为农业经济发展的瓶颈，成为人民日益增长的美好生活需要的障碍。

二、我国农产品冷链物流产业发展滞后的原因

农产品冷链物流，并不是高科技技术。我国冷链物流科学技术水平与发达国家相比，差距不大。改革开放40年来，我国不少产业已达到世界先进水平，而科技水平要求并不高的农产品冷链物流，却没有跟上全国经济发展步伐，主要原因是：

1. 对农产品冷链物流的产业性质认识偏差

几十年来，我们对农产品冷链物流产业的市场性质，认识较为深刻，但对该产业的民生性质、全民食品安全性质，认识却不够深刻。政府应当将农产品冷链物流，当作公益性产业、民生产业、全民生活质量产业，优先发展。

2. 在商业发展模式上形不成共识

40年来，我国也产生了不少商业模式，例如，农产品批发市场＋冷链物流模式，产地农产品＋冷链物流模式，中央厨房＋配送模式，冷链物流

基地＋第三方冷链物流模式，等等。这些模式各有所长，各有所短，但没有得到官方认可和推广。理论界和业界人士形不成共识，导致行业投资犹豫不决，发展步伐缓慢。

3. 产业规划落实不利，失去快速发展的时机

各级政府做过不少冷链物流发展规划，由于产业投资大，回收期长，发展模式不清晰，很多规划落地状况不良。而随着城市规模的扩大，土地价格飙升，冷链物流投资失去了多次发展机遇。而今城市建设用地，价格已经让冷链物流企业不堪承受。

4. 大型冷链物流企业集群成长缓慢

多年来，民营冷链物流企业发展缓慢。目前，虽然出现了一批发展势头很好的冷链物流企业，与世界先进企业相比，这些企业规模弱小，科技水平不高，管理能力低下，远远不能承担全国性、特大型城市、大城市的冷链运行业务，更不能承担国际性农产品冷链配送能力。目前看，我国要出现世界级的冷链企业，还需相当长的时间。

5. 低价竞争妨碍了冷链物流市场的发育

我国是小农经济国家，农产品流通也靠小流通企业集群支撑，造成了农产品流通的畸形价格体系，低价位竞争充斥农产品流通市场，严重影响冷链物流市场的发育。

三、我国农产品冷链物流产业面临良好发展机遇

1. 党中央为农产品冷链物流产业发展指出方向

十九大报告中指出，要在中高端消费、现代供应链等领域培育新的增长点，形成新动能，加强物流基础设施网络建设。这为农产品冷链物流产业发展指出方向。

2. 农产品冷链物流发展纳入乡村振兴战略

中共中央、国务院《关于实施乡村振兴战略的意见》（2018年1月2日）指出，"坚持农业农村优先发展，把实现乡村振兴作为全党的共同意

志、共同行动。""在要素配置上优先满足，在资金投入上优先保障，在公共服务上优先安排，加快补齐农村农业短板。""实施食品安全战略，完善农产品质量和食品安全标准体系，加强农业投入品和农产品质量安全追溯体系建设，健全农产品质量和食品安全监管体系，重点提高基层监管能力。""重点解决从产品销售中的突出问题，加强农产品产后分级、包装、营销，建设现代化农产品冷链仓储物流体系，打造农产品销售公共服务平台。"这些指示，农产品冷链物流发展将纳入乡村振兴战略，得到快速发展。

3. 国家出台一系列产业发展优惠政策

2017 年 4 月 13 日，国务院办公厅印发《关于加快发展冷链物流保障食品安全促进消费升级的意见》，立足于推动冷链物流发展，构建"全链条、网络化、严标准、可追溯、新模式、高效率"的现代化冷链物流体系，聚焦于发掘和培育经济增长新动能这一目标。2017 年 10 月 13 日，国务院办公厅印发《关于积极推进供应链创新与应用的指导意见》，提出构建农业供应链体系，推动建设信息平台，建立质量安全追溯机制，针对肉类、蔬菜、水产品、中药材等，食用农产品等将供应链上下游企业全部纳入追溯体系，推进一二三产业融合发展。这些产业政策，将有利于推动农产品冷链物流的实际运行。

四、对农产品冷链物流产业跨越式发展的建议

1. 政府参与全国冷链物流商业模式的选择

冷链物流商业模式，决定冷链物流产业的运行模式、管理模式和盈利模式。我国应吸收外国先进经验，选择多元化发展模式，避免业界和理论界的争议。建议政府组织相关部门和业界人士，共同选择确定适合我国冷链物流的主导商业模式，或选择数种商业模式，在全国业界进行推广实践，不断探索修正，尽快形成我国现代化农产品冷链物流体系，结束落后局面。

2. 全国、省和地级市要做好或修编冷链物流发展规划，并将规划落地

20多年来，我国及省和地级市都做过一些冷链物流发展规划，并取得了很多成绩。但规划落地并不理想。应把冷链物流工程作为政府项目、民生项目、全民生命健康安全项目和农业转型升级项目，进行规划，落到实处。规划立意要高，布局要合理，工程要落地，效果要良好。要本着为党、为人民高度负责的态度，编制和落实好规划。

3. 建议中央、省属国有大型企业参与冷链物流工程的建设

冷链物流工程，犹如铁路、公路、航运、空运等交通工程，是涉及各省市行政区、各行各业及各类人员的社会工程。从发达国家经验来看，它需要特大型企业参与运营，才能够实现全国性和大区域性的良性运行。从可预见的未来来看，我国民营冷链物流产业界在十几年内难以产生出特大型企业。因此，建议中央、省属特大型企业参与全国和省域冷链物流工程的建设和运营。通过整合社会民营冷链物流资源，形成所有制多元化的冷链物流企业集群，尽快、尽早、尽好地形成我国冷链物流体系。

4. 冷链物流工程占地予以划拨，或底价转让

在城市建设用地价格低廉时期，我国冷链物流工程建设速度很慢。随着城市建设土地价格的攀升，冷链物流工程已经失去了良好时机。为保证城市必需的大型、综合性和专业性冷链物流工程的发展，建议特别制定冷链物流工程用地政策，可以作为民生工程用地，实行划拨政策，或底价转让政策，保证冷链物流工程的用地供应。若干年后，待这些工程需要搬迁时，仍用以上政策，供应土地，实现土地的转换。

5. 建立冷链物流发展基金，实行低利率或零利率政策

冷链物流涉及冷库、低温配送处理、冷链运输车辆及制冷设备、监控与追溯系统、肉类和水产品专业、果蔬专业、监管与查验系统等多个工程。这些工程投资大，回收期长，为低利产业。建议国家制定政策建立专项发展基金，实行低利率或零利率政策，长期支持这一领域的发展，坚持

10—20 年，推动我国冷链物流实现跨越式发展，达到世界领先水平。

6. 强化保护冷链物流市场，形成合理价格体系

冷链物流成本高，利润空间少，风险大。传统农产品流通成本低，市场占有率高，严重妨碍了冷链物流的发展。因此，政府要采取措施，强化农产品流通企业和社会相关单位，采购、销售和使用冷链物流商品，支持拓展和保护冷链物流商品市场，使市场接受冷链物流商品价格，逐步形成合理的商品价格体系，逐步改变我国传统农产品流通造成的低成本、低价位竞争局面。

7. 建立公益性冷链物流智慧平台

冷链物流智慧平台的建设决定了冷链物流发展的速度，是冷链物流发展的生命线。冷链物流牵扯到多区域，多行业，多企业，主管部门甚多。由市场竞争出现的智慧平台，难以实现对冷链物流的全覆盖。因此，应该由政府主导或参与，支持建设公益性冷链物流智慧平台，使与冷链物流相关的行业、企业、部门都受益，并为广大消费者提供便捷服务。

8. 强制性建立冷链物流企业资信制度

要强制性建立与冷链物流相关的企业资信制度，包括产品种植、养殖，加工制造，包装运输，仓储分拨，流通销售，监理监测等当事单位。这种资信制度，作为政府强制性制度实施，并接受第三方机构的评估，接受社会监督。对资信不良单位，给予行政或法律制裁，并退出冷链物流相关行业。

9. 强制性建立商品流通追溯系统

商品追溯系统是冷链物流重要环节，要强制推广，并逐步对冷链物流涉及的所有商品，从生产到消费过程进行全覆盖。这项技术已经成熟，使用成本不高，推广条件具备。建议各级政府在冷链物流的建设过程中强制执行。近期，可在超市、批发市场、菜市场、各类社区商店进行推广，予以试行。

10. 学习国外先进经验，建立我国冷链物流产业政策体系和技术体系

冷链物流技术产生于国外，已有成功经验。我们要虚心学习国外适合我国的产业政策，通过实践，逐步形成我国特色的政策体系。虚心学习国外先进冷链物流技术，引进消化，创新发展，逐步形成我国特色的技术体系。要培育一批具有世界先进水平的冷链物流企业家和技术队伍，推动我国冷链物流产业在短期内达到世界先进水平。

2018 年

关于在更大范围内推广实施
执行工作"第三方监督评价机制"的建议

事由分析：

执行公信力是公众对法院执行活动接受和信任的程度，是司法公信力的重要组成因素。法院执行不了的案件怎样终结、程序如何启动？是否已经穷尽了执行措施，操作过程是否做到了公开公正、具有可信度？当事人是否同意和接受？在这种情况下，如果法院邀请中立、权威、客观公正的第三方来参与监督，做出实事求是、不偏不倚的评价，那么就会打消当事人的合理怀疑，法院的执行工作就能赢得群众和社会的理解、信赖与支持。

一、当前影响执行工作的突出问题

司法执行难问题不仅是我国法院普遍存在的共性难题，也是一个日益突出的社会问题。从蒙阴县人民法院执行工作看，2012—2016 年，该院执行机关共执结案件 12462 件。其中，实际执结 3766 件，终本案件 8696 件，因"执行不能"被终结本次执行程序的案件占全部执结案件的 70%，且该类案件案情复杂，执行难度大，无法执结。权利人因权利无法实现，心生不满情绪，对法院执行工作表示质疑，甚至引发了一些上访及群体性事件。因此，在当前深化改革的关键时期，加强和创新执行工作监督评价机制，改变长期以来法院"一家说了算"的局面，增强执行终本程序的信服力，推动"执行难"问题解决，不仅能有力提升司法公信力，也能让群众在改革中有更多"获得感"。

二、蒙阴法院执行工作"第三方评价机制"实践探索

2017年3月，蒙阴法院在实行长达十年执行对话机制基础上，聚焦和破解执行案件终结本次程序这一难题，在全国创新探索了执行工作"第三方监督评价机制"，努力探索出具有山区法院特色的执行工作新方式。

该机制由县委政法委统一领导，县人大监督实施，人大代表、政协委员、执法执纪监督员、人民陪审员、有关单位人员、律师等组成大、小两种评审团。大评审团重点对执行总体工作进行阶段性评审评议，小评审团重点对执行案件是否符合终结本次执行程序进行票决。去年3月份以来，共召开四次小评审会和一次大评审会，对64件案件进行评审票决，其中56件票决建议转入"终本"程序，8件案件票决建议继续执行，实现了执行终本案件全程监督，规范了执行行为，促进了司法公开，得到当事人和社会各界的一致好评，最高院江必新副院长及市委政法委、市中院和县委主要领导给予批示肯定，省法院、市司改办、县委以简报形式刊发该做法，县委常委会研究通过支持该项工作"两办文件"，最高院、省政协、省法院、市政法委、市中院以及驻鲁全国人大代表相继到该院视察调研该项工作。去年10月20日，《人民法院报》以《打赢基本解决执行难的新战役》为题，专门报道了蒙阴县党委政府支持解决执行难工作纪实。

该机制实践探索以来，取得显著效果。2017年1—12月，该院共受理执行实施类案件2342件，结案2297件，其中实际执结1712件，实际执结率为73.10%，比2016年同期上升38.26个百分点，始终位居全市前茅；终本585件，终本率24.98%，比2016年同期下降40.18个百分点，终本案件全市最少，执行综合指标考核位居全市前茅，人民群众司法满意度位居全市第一，无任何一起涉执信访案件发生，被山东省高级人民法院荣记为"集体二等功"，被中共临沂市委、市政府授予全市"十佳政法单位"等荣誉称号。

办法与建议：

蒙阴法院实践探索的执行工作"第三方监督评价机制"，在县委的领导推动下，在蒙阴县全县范围内已经推广实施，还取得了很好的效果，对

化解县域信访维稳、促进社会稳定起到了很好的作用，创出了很好的经验。如在全国予以推广，必将在更大范围内发挥应有作用。为此建议：

（一）党的领导是推进该项工作的根本保障。该项工作推进以来之所以能够取得成效，根本上来讲是坚持和依靠党的领导。为此，建议由上级党委政法委进一步强化组织领导，从全局和宏观上加强对执行"第三方监督评价机制"工作的领导，重点加强对该项工作推进情况的督导、协调和检查，并将各单位、部门参与、支持该项工作情况纳入年度社会治安综合治理和平安建设目标责任考核，统筹协调该项工作中遇到的重大疑难问题，协调推进重大疑难复杂、涉党政机关、涉执信访等案件评审评议工作。

（二）人大监督、各方参与是推进该项工作的重要保证。建议把该项工作纳入各级人大监督职能范围，并由人大法制委员会具体负责对该项工作进行监督实施。各相关单位作为该项工作的参与主体，要明确职责任务，做好协助配合工作，实事求是地对相关评审事项提出意见和建议。

（三）人民群众的信任是推进该项工作的力量源泉。建议进一步加大对该项工作的宣传力度，在全社会营造浓厚的宣传氛围，让广大人民群众广泛认同、充分了解该项工作，赢得信任，从而主动拥护和支持该项工作。

（四）建立和完善工作机制是推进该项工作的关键举措。一方面，建议各级法院承担培训职能的部门，将"第三方"参审人员培训纳入年度培训计划中，制定针对性培训方案，配备相应师资力量，不断提升广大评审人员的评审能力。另一方面，建议根据评审人员身份的不同，建立差别化激励机制。对于具有公职身份的评审人员，如政法委、人大、政协、司法局、检察院等公职人员，可以将其参与评审的情况作为各单位本职工作纳入考核；对于另一部分社会组织、团队和个人，如律师、记者、部分代表等，可以按照参与评审的次数、效果等给予一定的评审补助，从而提升参与积极性。

2018 年

关于创新电商业态，利用5G发展机遇，大力推进现代服务业电商产业的建议

事由分析：

在"互联网＋"战略思想的指导下，我国电商新的业态不断涌现，货物交易电商一家独秀的格局正在改变。随着5G时代的到来，将为电商业态创新提供更加广阔的天地。未来10年，发展领域最为广阔的，是现代服务业电商。

为此，建议国家政府及相关部门，组织人员对未来电商发展前景进行攻关研究，将发展现代服务业电商作为我国电子商务产业发展的新的主攻方向，尽早部署，尽早起步，利用好5G技术推广普及的发展机遇，争取利用3~5年时间，培育出一批在国内外有一定规模、有一定知名度的现代服务业电商平台和电商企业。

一、现代服务业电商的发展领域

现代服务业，是指以现代科学技术特别是信息网络技术为主要支撑，建立在新的商业模式、服务方式和管理方法基础上的服务产业。相对于传统服务业而言，是适应现代城市发展的需求而发展起来的具有高技术含量和高文化含量的服务业。将现代服务业划分为四个层次：

第一层次是流通部门，包括交通运输业、邮电通信业、商业饮食业、物资供销、物流仓储业；第二个层次是为生产和生活服务的部门，包括金融业、保险业、公用事业、居民服务业、旅游业、咨询信息服务业和各类

技术服务业等；第三个层次是为提高科学文化水平和居民素质服务的部门，包括教育、文化、广播电视事业，科研事业，生活福利事业等；第四个层次是为社会公共需要服务的部门，包括国家机关、社会团体以及军队和警察等。

按照服务对象可分为三类：一是生产流通服务业，二是生活（消费）服务业，三是公益服务业。也有将现代服务业分为生产性服务业、科技教育服务业和生活（消费）服务业三类的。

二、我国发展现代服务业电商的优势行业

1. 生产服务业，是指为保持工业生产过程的连续性、促进工业技术进步、产业升级和提高生产效率提供保障服务的服务行业。如交通运输、商业批发、信息传输、金融、租赁和商务服务、科研等，生产性服务业具有较高的人力资本和技术知识含量。

我国要在企业电子商务、智慧市场、智慧物流、工业大数据开发、互联网金融、生产资料租赁、物流标准化（托盘）、绿色物流、物流交易所、工业设计等方面开展研究，提出课题，寻找突破点，及早起步。

2. 生活服务业，指直接向居民提供物质和精神生活消费产品及服务，其产品、服务用于解决购买者生活中（非生产中）的各种需求。

可从如下行业选择突破：如智慧医疗、健康管理、智慧养老、社会关爱、家政服务、文化服务、旅游服务、餐饮业、演艺文化传播、社区服务业等业态。

3. 科技服务业及其他

围绕企业技术创新和公共科技服务需求，重点发展研发设计、成果转移转化、创新创业、科技金融、科技咨询、教育培训与就业、产权代理、信息咨询、会计事务、法律事务、投资管理咨询等服务业态，等等。

办法与建议：

一、统一认识，实施全面创新战略

发展现代服务业电商，是实施新旧动能转化，推进我国产业结构转型

升级的重要措施。需要国家相关部门、相关产业从业人员的观念创新。现代服务产业面广，涉及的部门多，建议国家政府要对各产业、各部门进行提高认识、统一认识工作。前 20 年，我国为货物交易电商、网游电商、共享经济大力发展时期，全国很少出现叱咤风云的现代服务业电商平台和企业家。要抓住 5G 发展机遇，尽早对现代服务业电商发展进行部署，尽早起步。

二、编制《全国现代服务业电商业态创新发展规划》

组织专业队伍，对我国现代服务业现状做一次较全面的调研，特别是对某些重点企业、重点领域进行细致调研，提高相关企业、相关产业领域人的认识和积极性，在此基础上，编制专业发展规划，提出现代服务业电商业态创新发展的新理念、新业态、新模式、新政策。要制定三至五年的发展目标，发展任务和发展重点领域、重点产业、重点项目，制定可行的发展措施等。规划要具有前瞻性，指导性，可操作性，能够落地。

三、找好突破口，支持创新项目起步发展

2019 年上半年，对现有项目进行分析，找出一批具有突破能力、具有发展前景的项目，支持它们尽快发展。例如，文化传播项目，智慧物流项目，绿色物流项目，智慧商业项目，智慧城市共同配送项目，健康管理项目，智慧养老项目，大数据开发利用项目，工业企业电商项目，网上教育培训项目，等等。可选择部分企业、平台、产业园、商业市场、物流园等，先行先试，提早起步发展。

四、做好协调，齐抓共管，统一部署，统一政策

建议此项工作由发改委作总协，园区奖励等政策。这些新业态除了享受电商优惠政策外，也享受各所属产业发展的优惠政策。

2019 年

关于在全社会大力弘扬见义勇为精神的建议

事由分析：

见义勇为是中华民族的传统美德，是社会文明程度的重要标志，更是构建和谐社会的基本要求。见义勇为行为体现了广大人民群众团结友善、无私无畏、忘我奉献的高尚品格。见义勇为精神是民族精神、民族文化的重要组成部分，关乎社会价值取向和国民素质整体提升。

山东省临沂市是著名的革命老区，在长期的革命和建设实践中形成了"爱党爱军、开拓奋进、艰苦创业、无私奉献"的沂蒙精神。2013年11月25日，习近平总书记视察临沂时强调，沂蒙精神与延安精神、井冈山精神、西柏坡精神一样，是党和国家的宝贵精神财富，要不断结合新的时代条件发扬光大。

见义勇为，作为新时代沂蒙精神的传承，在临沂具有深远的历史基础和广泛的群众基础。近年来，临沂市委、市政府坚持以习近平新时代中国特色社会主义思想为指引，认真贯彻中央、省委和上级有关部门关于见义勇为工作的一系列部署要求，立足临沂实际，把倡导见义勇为与弘扬沂蒙精神有机结合起来，不断完善见义勇为工作体系，推动见义勇为工作实现新发展。临沂市分别于2011年12月、2014年12月两次被评为全国见义勇为好司机评选活动"城市奖"；2014年10月，全国见义勇为工作现场会在临沂召开，向全国推广临沂"六抓六建"工作经验。临沂的做法是：

一是抓部署建合力，构建齐抓共管工作格局。临沂市委、市政府高度关注，市委书记、市长对市委政法委、市见义勇为基金会每次呈报的见义勇为工作报告都做出明确批示，出席见义勇为英雄颁奖典礼；市长对涉及见义勇为的重大事项亲自过问，对相关政策问题及时给予协调、批示。市委政法委把见义勇为工作作为一项重要的专项工作，纳入综治和平安建设年度工作计划和责任考评体系，与其他政法综治工作同部署、同检查、同考核。市委宣传部、市公安局、市财政局、市民政局等有关部门，认真履行职责，积极参与见义勇为认定、宣传、帮扶等各项工作。全市各级思想统一、认识到位，为见义勇为工作顺利开展奠定了坚实的领导基础。

二是抓基础建网络，完善见义勇为组织体系。着力构筑以市基金会为龙头、县区协会为骨干、乡镇街道工作站和村居社区信息员为基础的组织网络体系，确保了见义勇为工作有人管、有人干。市级层面，在市委政法委设立市见义勇为工作办公室，成立市见义勇为基金会，共同负责全市见义勇为工作开展；县区层面，全部设立见义勇为协会，部分县区在党委政法委设立见义勇为办公室；在乡镇街道，全部设立见义勇为工作站；在村居社区、企事业单位，广泛吸纳基层网格员、志愿者，布建了4630名信息员，进一步壮大了见义勇为工作力量。

三是抓基金建保障，保证见义勇为事业可持续发展。始终把建强基金作为推动见义勇为事业发展的根本保障。一方面，多渠道募集资金。采取社会捐赠为主、财政拨款为辅的方式，积极募集见义勇为资金，不断扩大基金规模，保障见义勇为工作可持续、健康发展。在全市各大企业集团中开展了募捐活动，深入发动，得到了社会各界特别是广大企业家、各级人大代表和政协委员的积极响应。另一方面，加强对基金的规范管理。制定完善了各项规章制度，坚持专款专用，确保了基金会、协会日常工作制度化、规范化。

四是抓表彰建机制，激发见义勇为"正能量"。临沂市人大常委会颁布《关于奖励和保护见义勇为公民的意见》，市政府颁布《临沂市见义勇为人员奖励和保护实施办法》，统一规范了全市见义勇为行为认定、荣誉称号授予、奖励标准和保护措施。按照《实施办法》规定，对见义勇为牺牲人员，由县区人民政府发放上年度全市城镇居民人均可支配收入30倍奖励（抚恤）；对因见义勇为丧失劳动能力和部分丧失劳动能力的人员，由行为发生地县级人民政府分别发给上一年度全市城镇居民人均可支配收入20倍、10倍奖励；其他受到表彰的人员，由市见义勇为基金会发放1万到2万元奖金。《临沂市见义勇为人员奖励和保护实施办法》的实施，不仅为全国、全省研究制定见义勇为人员奖励保护的条例、文件提供了参考，而且奖励力度大、执行措施得力，有力促进了全市见义勇为工作走向法制化、规范化的轨道。自2011年《办法》实施以来，全市各级共表彰见义勇为英雄模范人物689名，其中牺牲29名，评为烈士的8名，受全国表彰的9名，受省级以上表彰的63名，被授予"临沂市见义勇为英雄"荣誉称号的有210名。各级人民政府和见义勇为组织共向见义勇为人员发放奖金1400余万元，有力激发了群众见义勇为热情。

五是抓帮扶建档案，解除见义勇为者后顾之忧。将见义勇为人员全部纳入服务范围，每年至少组织一次调查摸底活动，全面摸清见义勇为人员家庭成员、工作及生活情况，并实行动态管理，为有效开展精准帮困服务提供依据。全市于中秋、春节前统一组织走访慰问活动，由市、县领导和见义勇为机构负责同志逐户走访，了解见义勇为家庭的生活工作情况，帮助解决困难诉求，使他们感受到党委政府的关爱和社会各界的关心。对事迹突出、社会影响大的见义勇为行为，基金会第一时间走访慰问，送上慰问金、慰问品，对他们的行为给予充分肯定和大力褒扬。2014年以来，临沂市见义勇为基金会走访慰问见义勇为人员230人次，发放慰问金70余万元。

六是抓宣传建氛围，大力弘扬见义勇为精神。临沂市委政法委、市见义勇为基金会在市广播电视台开办了《大义沂蒙》电视栏目，专门宣传见义勇为英模先进事迹，在市电视台各频道黄金时段滚动播出，在各网站、微信公众号等新媒体同期播出。目前，《大义沂蒙》栏目已播出320期，成为全市弘扬见义勇为精神的重要宣传平台和品牌工程，提升了见义勇为工作的影响力。重点推进城区公益宣传，在遍布全市的户外电子显示屏、公交车显示屏上反复播放见义勇为公益宣传标语。在市区人民广场、沂蒙精神广场等人员密集公共场所规划设立 5 块专用大型固定宣传栏，展示见义勇为英模人物和事迹。连续举办了八届临沂市见义勇为颁奖典礼，通过市广播电视台、爱临沂网站及微信公众号等媒体进行现场直播，累计观看直播的人数达 170 万人，互动留言达 13 万余条，有力倡导了社会正能量。2012 年，对近年来各级表彰的见义勇为人员逐一调查核实、采访撰写，编纂了全国首部正式出版的见义勇为专著《临沂市见义勇为英模谱》，首版发行 10 万册，免费发放到全市各基层单位和干部群众，得到社会广泛关注。

多年来，由于全社会协力推动，临沂市见义勇为事业快速发展，见义勇为精神深入人心，见义勇为事迹层出不穷，见义勇为英雄不断涌现，全市社会正气进一步树立，治安环境不断优化，社会大局持续和谐稳定，有力保障和促进了经济社会持续健康发展。

从全国范围看，见义勇为工作也面临一些情况和问题：一是各级对见义勇为工作的重要性认识不够。个别地方存在见义勇为工作说起来重要、做起来不重要的思想，认为不是党委、政府的中心工作，简单抓就可以，不影响大局。二是各级财政对见义勇为经费投入不足。除见义勇为牺牲、伤残人员奖金由县区政府保障，见义勇为工作经费没有列入财政预算予以保障，市、县见义勇为表彰、走访慰问、舆论宣传等工作费用，大多是利用募集的社会资金开展，经费投入不足，一定程度上影响了工作开展。三是基层见义勇为工作力量不足。各级见义勇为工作开展主要依靠县区委政法委、见义勇为协会。县区政法委虽明确了分管负责同志和一名工作人员，但是工作人员大多是兼职，负责多项工作，一定程度上影响了见义勇为工作落实；有由于经费等原因，市、县区见义勇为协会没有配备专职工作人员，造成了工作被动。四是见义勇工作机构建设需进一步强化。市、县见义勇为专门机构虽然已设立，由于有关部门将见义勇为协会当作普通社会组织对待，对退休领导担任社会组织负责人的情况从严掌握，造成县区见义勇为协会负责人难找的情形。这些问题，有的是思想观念的因素，更多的是体制机制上的不完善导致，需要各级各部门共同制定政策措施加以解决。

办法与建议：

在 2019 年 1 月 15 日至 16 日召开的中央政法工作会议上，习近平总书记出席会议并明确指出，要大力弘扬社会主义核心价值观，加强思想教育、道德教化，改进见义勇为英雄模范评选表彰工作，让全社会充满正气、正义。各级各部门应以习近平总书记的指示精神为指引，完善落实见义勇为各项政策措施，大力弘扬见义勇为精神，营造公平正义、友爱互助的社会氛围。

一是提高各级各部门、人民群众对见义勇为重要性的认识。见义勇为工作是加强社会治理、维护公平正义，建设平安中国的一项重要举措。建议中央有关部门下发关于在全社会大力弘扬见义勇为精神的意见，进一步明确各有关部门的职责任务，健全完善见义勇为专门机构，强化见义勇为工作各项措施，指导见义勇为工作深入开展。建议国务院尽快出台《见义勇为人员奖励和保护条例》，全国统一见义勇为行为认定、奖励标准、权益保护方面的规定；建议出台《见义勇为行为认定办法》，在全国统一规范标准，将行为认定上升至法律法规层面，保证见义勇为行为认定权威。

二是各级政府加大对见义勇为经费的财政支持力度。见义勇为是党委、政府主导的重要社会公益事业，要坚持重奖见义勇为人员，并将见义勇为宣传、表彰奖励、帮扶慰问等经费纳入各级财政预算，建立以财政支持、社会捐助共同发力的财力体系，充分调动人民群众参与见义勇为的积极性，确保见义勇为人员权益得到充分保障。

三是健全完善各级见义勇为工作机构建设。见义勇为工作是社会治理的一项重要的专项工作，要依托各级党委政法委设立见义勇为工作办公室，负责协调推进本地区见义勇为工作，县区设立见义勇为基金会或见义勇为协会，有关审批报备部门在法人配备等方面给予大力支持，高规格配备热心公益事业、无私奉献、有影响力的老领导担任会长，确保工作有人管、有人干。

四是强化见义勇为英雄模范的评选表彰工作。要按照习总书记的指示要求，改进见义勇为英雄模范评选表彰工作，坚持年度集中表彰与随时表彰相结合，及时发现、及时调查、及时确认、及时表彰见义勇为行为，并授予相应荣誉称号，给予相应的奖励，确保表彰的时效性，激励更多的人乐于见义勇为，促进形成惩恶扬善、友爱互助的社会风气。要坚持重奖见义勇为人员。认真执行各级关于见义勇为奖励和保护的法规政策，对符合革命烈士条件的，要迅速申报追认，并协调解决好遗属的各项待遇；对于其他见义勇为伤亡者的奖励，要按照规定的奖励发放到位。重奖既解决了见义勇为人员的后顾之忧，又有力弘扬了社会正气，促进形成一种激励见义勇为的正面效应。

五是加大见义勇为舆论宣传力度。舆论宣传是见义勇为最重要的工作。要坚持把舆论宣传作为弘扬见义勇为精神、推动见义勇为发展的重要基础性工作，充分利用各种资源、运用各种手段、采取各种形式，全方位开展见义勇为宣传工作，努力营造全社会崇尚正义、弘扬正气、支持见义勇为的良好舆论氛围。

2019 年

关于在更大范围内推广应用
"网上多方远程庭审系统"的建议

事由分析：

　　刑事审判事关人民法院打击犯罪的实际效果，事关社会的繁荣稳定。目前，如何提高刑事审判的效率是社会各界关心的问题。在信息技术高度发达的情况下，刑事庭审是否还要固守法官与控辩各方面对面进行的传统模式？新的通信手段能否为庭审提供安全便捷的助力？现阶段，在技术上实现"隔空审案"已不存在困难，只要法院、检察院、公安机关改变思路，用信息化手段建立多方联络系统，就能够切实提升庭审效率，实现各方共赢。

一、当前影响刑事审判效率的突出问题

　　刑事庭审的任务和特点决定了它需要审判机关、检察机关、被告人、公安机关及鉴定部门等的多方参与。目前，为了避免刑事被告人提押过程中存在的风险，人民法院刑事庭审均由法官、检察官等到羁押被告人的看守所开庭。实务中，大多数刑事庭审过程本身并不复杂，认罪认罚的速裁案件一般20分钟就能完成庭审。但看守所距离法院、检察院普遍较远，通常要花上半天甚至一天的时间才能完成提审、开庭等任务，可谓费时费力。

二、临沂兰山法院利用网上多方远程庭审系统为刑事案件审判提速的实践探索

2017 年 11 月，临沂兰山法院首次启用"网上多方远程庭审系统"审理一起刑事案件。通过该系统，法官、公诉人、被告人等多方均"足不出户"，通过各自视频终端完成整个庭审过程。

多方庭审系统通过专设内网实现网络联通，确保网络传输安全，保障了庭审的安全性、实时性。通过庭审主机及声卡设备的升级，解决了多方庭审过程中的声音回响、画面复合、画面与声音的回传等技术难点。该系统支持全角色远距离语音识别，位于远端的公诉人、被告人都可以实时高准确率语音识别。同时该系统配有指纹采集、手写板输入、网络打印等功能，实现了笔录远端确认，远端送达，破解了最关键的难题。

运用网上多方远程庭审系统开庭时，公诉人、被告人等诉讼参与人均不必实际到达审判庭，而是于各自所在场所参与庭审，各方画面均出现在审判庭的液晶显示屏中，与法官"隔空交流"。其中公诉人在检察院远程庭审室出庭，被告人在临沂市看守所远程视频提审室出庭，必要时公安人员在其办公场所远程展示物证，鉴定人员在其办公场所陈述鉴定意见，而审判人员则在兰山法院审判庭内。开庭画面与声音同步传输，视频对话中的一问一答，都如同被告人在庭审现场一样清晰。庭审结束后，当庭宣判、送达。

一年多来，兰山法院通过此方式开庭审理了 1000 多起刑事案件，在为庭审参与人节省了大量时间的同时，也有效避免了在押被告人提审过程中的风险，同时使庭审过程更加公开透明。

办法与建议：

运用远程多方庭审系统，是兰山法院顺应信息化发展，积极推进智慧法院建设，注重科技强院成果转化应用的新举措。目前，兰山法院运用多方远程庭审审理刑事案件已成常态化，为提高刑事审判效率创出了很好的经验。如在全国予以推广，必将在更大范围内发挥应有作用。为此建议：

（一）推广远程多方庭审系统在各级法院广泛应用。根据兰山法院的实践经验，运用该系统后，庭审足不出户就能完成，均可当庭宣判、送达，省时省力，满足各方需求，节约了司法资源。该系统的运用对在交通拥堵的大城市提高刑事庭审效率效果尤其明显。

（二）由最高法院组织完善该系统。建议由最高法院适当投入资金，统一部署，完善各项系统功能，并统一实施。尤其注重系统安全稳定问题，确保审判秘密、当事人隐私不外泄各级法院作为系统应用的主体，要明确职责任务，实事求是地对系统应用中的有关问题提出意见和建议。

（三）由政法委推广该系统在公安、检察机关的应用。建议政法委牵头，在公安、检察机关部署系统终端，同时进一步加大对该系统的宣传力度，让鉴定机构等单位广泛认同、充分了解该系统的功能和作用，从而为实际工作提供助力。

2019 年

关于加强城市社区公共服务设施规划建设管理、打造方便快捷生活圈的建议

事由分析：

让人民群众在城市生活得更方便、更舒心、更美好是城市管理工作的出发点和落脚点。社区是市民工作、生活的主要场所，社区公共服务设施是城市政府服务市民的基础平台和载体。长期以来，我国城市社区公共服务设施普遍存在规划建设不到位、空间分布不均衡、服务功能不完善、运行管理不精细等问题，严重制约社区公共服务水平的提升。对此，2014 年 2 月 26 日，习近平总书记《在北京市考察工作结束时的讲话》强调，"坚持重心下移，完善社区治理模式，充分发挥企业和社会组织作用，积极推进网格化服务管理体系建设"。

一、相关政策规定

《中共中央国务院关于深入推进城市执法体制改革改进城市管理工作的指导意见》（以下简称《指导意见》）要求，"建设完善社区公共服务设施，打造方便快捷生活圈。通过建立社区综合信息平台、编制城市管理服务图册、设置流动服务站等方式，提供惠民便民公共服务"，"综合运用规划引导、市场运作、商户自治等方式，顺应历史沿革和群众需求，合理设置、有序管理方便生活的自由市场、摊点群、流动商贩疏导点等经营场所和服务网点，促创业、带就业、助发展、促和谐"。

《中共中央国务院关于进一步加强城市规划建设管理工作的若干意见》

（以下简称《若干意见》）也提出，"合理确定公共服务设施建设标准，加强社区服务场所建设，形成以社区级设施为基础，市、区级设施衔接配套的公共服务设施网络体系。配套建设中小学、幼儿园、超市、菜市场，以及社区养老、医疗卫生、文化服务等设施，大力推进无障碍设施建设，打造方便快捷生活圈。"

二、地方实践经验

近年来，许多城市在社区公共服务设施规划建设管理方面进行了积极探索，积累了一定的经验。

2010 年，北京市朝阳区开展了打造"一刻钟便民生活圈"活动，规范政务服务、公益服务、便民服务和特色服务主体、载体、方式，让社区居民步行十五分钟就能够享受到购物、餐饮、日常修理、金融服务、文体娱乐、医疗卫生等方面的基本生活服务，社区服务站等政府服务平台在 15 分钟内就能够办理或答复居民的当面或电话服务申请、咨询事项。

2016 年 8 月，上海市规划和国土资源管理局公布了《上海 15 分钟社区生活圈规划导则（试行）》，提出在 15 分钟步行可达范围内，配备生活所需的基本服务功能与公共活动空间，形成安全、友好、舒适的社会基本生活平台。社区生活圈平均规模 3~5 平方公里，服务常住人口 5 万~10 万人，配备生活所需的文教、医疗、体育、商业等基本服务功能与公共活动空间。生活圈内设置社区中心，作为生活圈内的综合服务和公共活动中心。以 500 米步行范围为基准，配置满足老人、儿童、残障人士等弱势群体基本需求的日常生活服务设施。构建无障碍、网络化的步行系统，串联居住区、公交站点、若干服务中心以及就业集中点，形成安全、舒适的慢行环境。

2017 年 11 月，济南市规划局公布《济南 15 分钟社区生活圈专项规划研究》，提出济南市将打造老城区、新规划区和新城区 3 种标准生活圈，划定 110 个街道级生活圈。王舍人办事处 13 街区与制锦市街区将作为试点区，打造济南市"15 分钟社区生活圈"典型样板。济南市以街道作为构成街道生活圈的基本单元，并根据街道规模大小，适度将其拆分或合并为若干个街道生活圈，生活圈边界与居委会边界相契合。同时，不同层级的生活圈设施在与街道、居委会等行政范围相契合的基础上，保证生活圈空间的相对完整，确保生活圈内部的出行安全和使用便捷。济南市规划局提出老城区、新规划区和新城区三种标准，中心城划定街道级生活圈约110个。其中，老城区生活圈人口密度2.5万人/平方公里以上，半径800~1200米，面积2~4平方公里；新规划区生活圈人口密度约2.5万人/平方公里，半径700~1000米，面积1.5~3平方公里；新城区生活圈人口密度约1.0万人/平方公里，半径1200~1700米，面积4~8平方公里。

办法与建议：

为贯彻落实《指导意见》和《若干意见》精神，推进各地社区公共服务设施规划建设管理，打造方便快捷生活圈，建议：自然资源部和住房城乡建设部牵头，在全国范围内组织开展"城市社区方便快捷生活圈建设百城示范"活动，即在全国范围内选择社区公共服务设施规划建设管理水平较高的100个城市，以打造"15分钟生活圈"或"30分钟生活圈"为载体，推动城市管理相关部门践行"为人民管理城市"理念，探索创新社区公共服务设施规划建设管理的新标准、新方式、新方法。在总结提升各地社区公共服务设施规划建设管理经验的基础上，制定《城市社区公共服务设施设置管理标准（或规范）》，指导全国城市社区公共服务设施规划建设管理工作。

2019年

关于在乡村振兴战略中实施村级事务代办
强化基层自治能力的建议

事由分析：

党的十九大提出，要加强社区治理体系建设，推动社会治理重心向基层下移，发挥社会组织作用，实现政府治理和社会调节、居民自治良性互动。当前，农村地区受时间、交通等多方面因素影响，普遍存在办事"找不到门、找不到人"等问题，服务群众"最后一公里"还存在空当。

2014 年以来，山东费县着眼农村社会治理和公共服务创新，坚持以健全完善县乡村三级便民服务网络为基础，在全县 421 个行政村创新推行"全覆盖"式村级便民服务专职代办员制度，切实解决了基层群众"门难进、路难跑、事难办"问题，实现了服务群众零距离。

一是搭建三级代办平台，实现便民服务全覆盖。在县政务服务中心和 12 个乡镇（街道）便民服务中心全部设立了村级群众事务代办中心，在全县设置 220 个村级便民服务代办点，对三级代办平台统一进行标准化建设，构建起以县政务服务中心为龙头、乡镇（街道）便民服务中心为依托、村便民服务代办点为基础的三级便民服务体系。在人员配备上，从大学毕业生和基层后备干部中，2014 年公开考选 220 名村级便民服务专职代办员，每人服务 1~2 个行政村，实现全县 421 个行政村便民服务代办全覆盖。2017 年补录 100 人，实现全县三分之二的村每村一名代办员。代办员实行分级管理体制，县政务服务中心负责业务指导，乡镇（街道）负责日常管理，工资及社会保险等费用全部由县财政负责解决。

　　二是赋予四项职责任务，实现便民服务多方位。突出代办服务这一主业，把服务拓展到多个领域，赋予代办员"四大员"职责任务。**事务代办员**。代办员周一至周五到服务村和覆盖村坐班，代群众办理涉及惠农补贴、低保申请、养老医疗等便民服务事项，对行动不便的老年人、残疾人等特殊群体实行上门代办。目前已累计为群众提供全程代办事项 39.7 万件，咨询协办 64 万件，为群众节约交通、误工费用 7500 万元。**政策宣传员**。组织代办员向广大群众宣传各级党委政府出台的惠农政策以及"三农"方面的法律法规，让党的惠农政策家喻户晓、深入人心。累计宣传（发放）精准扶贫、城乡居民医疗保险、农机补贴等方面的惠农政策（单页）30 余万（条）张。**稳定信息员**。代办员每周对服务村和覆盖村的社情民意进行收集、研判，排查上报稳定信息 5000 余条，对发现的不稳定因素按程序及时上报，发挥了第一道"防火墙"的作用。**矛盾调解员**。充分发挥代办员熟悉部门业务和法律知识的优势，组织他们及时受理群众诉求，提供维权服务；主动参与化解村内矛盾纠纷，排查化解矛盾 5000 条，成为村民关系的"润滑剂"，促进了农村社会和谐稳定。

　　三是完善三项管理机制，实现便民服务高质量。**立体管理机制**。出台《管理办法》，采取实地检查、视频系统监察、监督意见箱等多种方式进行立体式监管。建立档案管理系统，按月对乡镇（街道）代办中心、村居代办点代办事务的件数、质量等情况进行统计排名。目前已入户走访发放便民服务联系卡 25 万余张，建立村民档案 24.4 万户，建档率达 96%。**评议倒逼机制**。实行逆向评议，即让基层群众评价专职代办员、让专职代办员评价基层干部、让基层干部评价县直部门单位。通过这种评议方式，倒逼代办员、基层干部和县直部门单位不断改进工作作风，提升服务质量。**监督考核机制**。制定《考核办法》，设置代办实绩、民主评议等 5 个方面量化考核指标，考核结果与评先创优、绩效工资等直接挂钩。费县将代办员队伍和村级便民服务点建设管理情况，纳入乡镇党委、政府目标责任制和党风廉政建设责任制考核重要内容，督促乡镇加强管理，提高工作水平。

办法与建议：

山东费县通过建立村级群众事务代办制度，让群众的"难事"变成了代办员的"易事"，让群众的"私事"变成了代办员的"公事"，实现了从"群众来回跑、事情办不了"到"群众动动嘴、办事不出村"的转变，打通了服务群众的"最后一公里"。如将此工作模式在全国推广，能够有效延伸政府服务触角，提升基层自治管理能力，切实加强社会治理体系建设。为此建议：

（一）总结推广村级便民服务专职代办员制度。聚焦基层治理涉及的村级事务办理、信访维稳、矛盾调处以及中央重大决策部署落实等具体工作，出台相关政策文件，统筹各相关部门基层建设经费，支持村级便民专职代办服务发展。

（二）加大对代办员队伍建设的支持力度。村级代办员长期扎根基层、服务群众，为基层发展奉献了宝贵的青春。但仅依靠县级政策和财政支持无法留住这些基层经验丰富的人才。建议出台相应支持政策，在工资待遇、社会保障等方面给予支持，并将该类工作纳入基层工作经验范畴，在各类考试中给予加分支持。

（三）持续深化"放管服"改革。特别是事关群众日常事务的政府服务，能放则放、能简则简。在国家层面出台规范化办事流程，加大政府服务事项宣传力度，让党和国家的利好政策飞入寻常百姓家，真正让群众共享改革发展红利，从根本上解决群众办事"找不到门、找不到人"的问题。

2019 年

关于推广三个"一体化"、
巩固脱贫攻坚成效的建议

事由分析：

2018 年，全国又有 125 个贫困县通过验收脱贫，1000 万农村贫困人口摆脱贫困，脱贫攻坚战捷报频传。但基层仍普遍存在脱贫攻坚合力不足，社会力量参与度不高等问题。主要表现为：行业社会救助政策与扶贫开发政策各行其是、各自为战，帮扶精准度不高、覆盖面不广；社会志愿组织参与精准扶贫途径不够通畅、管理不规范、帮扶效果不理想；城镇贫困群体帮扶政策不充足、跟进救助不及时、生活保障不稳定，等等。针对这些问题，山东费县坚持"政府主导、社会联动、城乡同步、高效精准"原则，探索构建了城乡扶贫统筹推进、救助扶贫深度融合、社会扶贫规范有序的救助先行工作机制，大力实施"三个一体化"，确保脱贫攻坚"一个不少"。

主要做法是：

一、实施救扶一体化，推进社会救助与扶贫开发有效衔接

聚焦行业社会救助政策与扶贫开发政策各行其是、各自为战，帮扶精准度不高、覆盖面不广的问题，建立救扶一体化工作机制，确保资源统筹、高效运行。强化贫困信息比对共享。按照"平台共建、资源共享、困难共帮"的原则，以贫困人口建档立卡系统数据为基础，整合民政、人社、卫计、残联等部门信息，建立贫困救扶信息数据平台，实现了救助职能部门信息数据共享、救助对象精准化管理。统筹整合救助措施。按照统一渠道受理、统一信息梳理、统一系统管理，部门政策职能不变、审批权限不变、救助方式不变"三不变"原则，整合行业部门救助职能，统筹推进建档立卡贫困户各项政策落实，实现了救扶政策精准化落地。实施分类精准救助。对于建档立卡贫困户在各项政策和利益链接落实到位后，人均可支配收入仍低于当年省定贫困线的，按照村级评议测算、乡镇研究申报、县扶贫办审核确认、民政部门兜底"四步工作法"进行认定救助，2018年累计为4180户发放兜底补助金523.6万元。对于非建档立卡困难群体或已脱贫建档立卡贫困户发生大病、大灾等特殊困难的，由县民政局、县慈善总会分别给予托底式救助。累计筹集资金10167.86万元，救助困难家庭1.99万个，发放救助金4434.6万元。

二、实施社扶一体化，推进社会帮扶与脱贫攻坚有序对接

聚焦社会志愿组织参与精准扶贫途径不够通畅、管理不规范、帮扶效果不理想的问题，建立社扶一体化工作机制，确保聚集合力，共同攻坚。规范社会救扶行为。对公益性扶贫济困活动实行统筹管理、规范运行，对社会各界组织的以扶贫济困为主题的募捐、馈赠、走访、救助等活动，由扶贫部门扎口管理，对活动进行评价备案后组织施行。充分发挥孤贫儿童服务志愿团、点点义工、代理妈妈、爱心众筹等公益志愿组织在扶贫济困中的作用，努力打造"志愿费县、情暖费县"志愿服务品牌。累计帮扶困难儿童390余名，帮助困难老人450余人次。双向发布帮扶信息。一方面，通过团委、妇联、慈善总会、工商联等部门，广泛搜集爱心企业、志愿团体、公益人士等社会帮扶信息，建立帮扶信息台账。另一方面，由乡镇和村居对区域内需要社会救助的特困群体进行摸底登记备案，扶贫、民政等部门进行核实，并通过各级社会扶贫供需平台统一发布，各类志愿组织和爱心人士可根据实际情况选择救助对象和救助方式，进行精准帮扶。三是全程帮扶监管问效。动态掌握各类志愿组织和爱心人士开展的扶贫济困活动，强化活动组织、信息公布、舆论引导等方面监管，定期开展帮扶对象

回访活动，评价帮扶情况和效果，确保社会扶贫措施有效落地、发挥作用，提高了社会满意度。

三、实施城乡一体化，推进困难群体与帮扶政策精准连接

聚焦城镇贫困群体帮扶政策不充足、跟进救助不及时、生活保障不稳定的问题，建立城乡一体化工作机制，确保脱贫路上一个不少、全民覆盖。建立城镇特困职工台账。依托商务、粮食、供销、工信等部门，针对下属企业特困职工和下岗失业人员，对家庭无稳定收入或收入水平极低，基本生活难以保障或家庭成员长期患病、患大病、重度残疾、突发事故等致贫的群体进行托底研判，为符合救助条件的特困职工家庭建档立卡，实行动态帮扶。探索设立行业救助基金。以行业部门为主体，设立特困职工救助基金，采取县慈善总会铺底、下属企业募捐、系统自主创业、职工企业赞助等方式募集资金，由慈善总会统一管理、统筹使用。目前，全县6个行业设立救助冠名基金，筹集基金35万元。落实救助帮扶政策。全面落实低保五保、孝善基金、临时救助、慈善救助等帮扶政策，统筹解决特困、下岗职工的医疗保险、养老保险欠缴等问题。2018年发放城乡低保五保4199.9万元，覆盖困难群众8424户9638人。统筹提供就业保障。由人社部门开发专项公益性岗位，解决有劳动能力的特困职工就业问题，目前已累计开发岗位1438个；商务、粮食、供销、工信等部门通过与物业公司、家政服务等机构对接协商，安置一批特困职工实现再就业，从根本上解决了失业致贫问题。

办法与建议：

实施"三个一体化"是山东费县认真贯彻落实中央脱贫攻坚决策部署，聚焦脱贫攻坚"最后一公里"，动员各方力量参与巩固脱贫攻坚工作成效，全力保障贫困人口基本生活的重要举措，目前已经取得较好社会效应。如在全国予以推广，必将有效助推脱贫攻坚决战决胜。为此建议：

（一）总结推广"三个一体化"工作经验。以"三个一体化"为依托，统筹政策扶贫、社会捐助、志愿帮扶等各方扶贫力量，搭建统一的扶

贫救助大数据平台，引导贫困群体和救助力量实现有效对接，切实兜好扶贫救助底线。

（二）成立社会救助帮扶促进协会。由国家层面对社会救助帮扶工作进行统筹管理、统一调配，成立专门机构负责收集整理社会帮扶信息，整合社会帮扶资源，规范社会帮扶行为，提升社会帮扶质效，确保社会每一分爱心都用到扶贫事业。

（三）完善国家建档立卡数据系统。将城镇贫困人口按照农村贫困人口的管理模式，纳入国家建档立卡数据系统进行统一管理，给予相关扶贫政策支持，确保城乡困难群体都能得到有效救助。

2019 年

关于设立中国（山东）自由贸易区的建议

事由分析：

我国在境内设立自由贸易试验区（自贸区），是政府全力打造经济升级版的最重要的举动，它营造了符合国际惯例、对内外投资都具有国际竞争力的国际商业环境。自贸区以优惠税收和海关特殊监管政策为主要手段，以贸易自由化、便利化为主要目的，形成多功能的经济性特区。

2013年，中国（上海）自由贸易试验区开始运行。2014年，设立了广东、天津、福建等3个自贸区。2016年，设立了辽宁、浙江、河南、湖北、重庆、四川、陕西等7个自贸区。2018年，设立海南自贸区并展开"全域性"探索。截至目前，我国沿海省、市当中，尚有河北、山东、江苏和广西未设立自贸区。其中，河北、江苏、广西三省可分别参与天津、上海与浙江、广东自贸区的运营。山东位于天津、上海之间，建议设立中国（山东）自贸区，很有必要。

1. 山东是经济大省，具有完整经济体系和长远发展规划。2018年，山东省GDP达到6.75亿元，地方一般公共预算收入达到6485亿元，同比增长6.4%、6.3%。多年来，山东农业、工业和服务业在我国经济中都占据重要位置。山东半岛城市群发展规划强调，到2030年，全面建成发展活力足、一体化程度高、核心竞争力强的现代化国家级城市群，建成我国北方重要开放门户、京津冀和长三角重点联动区、国家蓝色经济示范区和高效生态经济区、环渤海地区重要增长极。发挥青岛龙头带动作用，把山东半岛蓝色经济区建成具有国际竞争力的高端产业、海洋经济集聚区。海洋经济占 GDP 比重达到 20% 以上。

2. 山东是改革开放前沿省份，与世界联系密切。20 世纪 80 年代，青岛和烟台被列为国家对外经济开发区，日照等 5 个港口批准为对外口岸。目前，山东省各市与近 180 个国家和地区建立了经贸技术合作，在全世界建立 200 余个友好城市。2018 年，全省完成货物进出口总额 1.93 万亿元，同比增长 7.7%，实际利用外资 123.9 亿美元；全省已有济南、青岛、烟台、临沂、日照、威海等多个国际机场，洲际直航已实现零的突破。山东与世界各国都建立了交流关系，国际经济、文化、人文等交流活动频繁，国际影响力日益增强，已具备了建立自由贸易区，进一步对外开放的经济基础。

3. 山东物流规模庞大，通达全国，连接世界。山东铁路、公路、航空、海洋运输通达全国，陆路运输干线直达所有地级市和 80% 以上县级市。2018 年，全省完成国内物流总量 21.8 万亿元。根据英国劳氏日报《2016 世界集装箱港口 100 强》，中国有 22 个港口上榜。其中，青岛港以 1762 万标箱名列第 8，日照港第 53 位，烟台港第 65 位。山东黄岛石油港、石臼所煤炭港、岚山矿石港，也是世界排名前列的著名专业港口。目前在建并运行的青岛董家口港口，年设计吞吐量 5 亿吨。上述港口，已与国内大多数中型以上港口和世界主要港口具有通航关系。近几年，山东与俄罗斯等东欧国家、哈萨克斯坦等中亚国家、巴基斯坦等南亚国家、越南等东南亚国家，建立形成了欧亚陆路物流网络。建立自贸区，与世界建立各种交流，山东已经具备了基本条件。

4. 山东腹地广阔，对内陆省份辐射力强，带动力大。山东为东部沿海省份，对我国内陆省份的辐射力很强。向北，可辐射冀、蒙等华北、西北地区；向南，可辐射苏、皖等华东、中南地区；向西，可辐射河南及中原地带，川、陕、甘、宁、青、新等中西部地区。山东籍人及后裔超过亿人，遍布全球，人文文化辐射力和产业带动力更为广泛。在山东设立自贸区，对山东和内陆省份的发展，都具有重大现实意义。

办法和建议

为扩大对外开放合作，进一步推动山东经济与世界经济深度融合，建议国家批准设立中国（山东）自由贸易试验区。

一、中国（山东）自贸区的功能与特色

1. 中国（山东）自贸区的地域构成。中国（山东）自贸区的地域，建议由黄海沿岸城市和商贸流通业发展基础较好的青岛市、威海市、烟台市、日照市、临沂市等5座城市组成。

5市具有3210.8万常住人口，其中城市人口1950万人，经济总量24181.72亿元，财政收入2200亿元，为山东省和全国最活跃的经济区。5市具有青岛前湾港、董家口港、烟台港、烟台龙口港、威海港、日照石臼所港、日照岚山港7个对外开放港口，这7个对外开放港口组成了我国黄海沿岸对外港口集群，同时也是我国对外开放港口最集中的沿海地区；具有青岛保税港区、烟台保税港区、威海保税港区、日照保税港区、临沂综合保税区、临沂临港经济开发区、临沂国际商贸区等对外经济开放区，这些对外开放区面积广、规模大、经济实力强，也是我国最活跃的经济集中区之一。

在中国（山东）自贸区运行初期，可以上述对外开放港口和对外开放区为主要构成区域，或包括上述对外开放港口和对外开放区所在行政区。通过一段时间的运行，逐步发展到上述各市相关行政区。

2. 中国（山东）自贸区的功能。建议中国（山东）自贸区的功能定位为：（1）连接"一带一路"国家的自由贸易示范区；（2）我国国际港口集群与全球港口经济合作实验区；（3）我国海洋产业与全球海洋产业合作实验区；（4）我国传统产业向"一带一路"国家产业转移交易区；（5）全球大宗商品现货自由贸易区；（6）国际金融交流与合作实验区。

二、加快中国（山东）自贸区的建设步伐

1. 组织论证。根据以上设想，建议山东省政府组织青岛市、烟台市、威海市、日照市和临沂市政府，派员共同组成中国（山东）自贸区建设领导小组，在国务院及相关部门的指导下，召开专业会议，研究部署该项工

作的基础工作。在过去有关工作的基础上，通过调查研究，结合实际，按照全国统一部署，拟定中国（山东）自贸区的论证材料，把这一论证搞好。通过省委、省政府相关领导的同意后，启动中国（山东）自贸区的设立批准程序。

2. 加强领导。建议国务院及相关部门对中国（山东）自贸区建设事宜加强领导，参与工作调查研究，并指导山东省及相关城市政府做好前期有关工作。在此基础上，指导并帮助山东省及相关城市政府进入自贸区设立的批准程序。

3. 先行先试。建议山东省及相关市政府全面开展自贸区设立的有关工作，包括加强对我国开展自贸区工作的相关理论、产业政策的学习，学习兄弟省市建设自贸区的先进经验；根据本省、市经济发展基础和对外开放能力，拟定自贸区发展定位、发展规划和运行模式方案；开展自贸区运行发展的实践调研，寻找突破口，先行先试，大胆创新，争取自贸区运行取得圆满成功。

2019 年

关于以《宪法》为准绳，正确宣传
我国社会主义基本经济制度的建议

事由分析：

改革开放以来，我国民营经济从小到大、从弱到强，不断发展壮大。成为国民经济的重要组成部分。但是，也要看到，多年来，社会上否定、怀疑民营经济发展的思潮，反复出现，从未消停。这一现象，要高度警惕。

2018 年，中央召开民营企业座谈会，习总书记指出，"一段时间以来，社会上有的人发表了一些否定、怀疑民营经济的言论。比如，有的人提出所谓'民营经济离场论'，说民营经济已经完成使命，要退出历史舞台；有的人提出所谓'新公私合营论'，把现在的混合所有制改革曲解为新一轮'公私合营'；有的人说加强企业党建和工会工作是要对民营企业进行控制，等等。这些说法是完全错误的，不符合党的大政方针。"总书记的重要讲话，对这些错误思潮给予了批驳，也给民营经济发展吃了定心丸。

要深刻认识否定、怀疑民营经济思潮的严重危害：

1. 这些错误思潮否定我国特色社会主义经济制度，否定改革开放发展道路。我国《宪法》第一章第六条规定，"国家在社会主义初级阶段，坚持公有制为主体、多种所有制经济共同发展的基本经济制度"。这些错误思潮是违背我国宪法规定的基本经济制度、否定我国改革开放发展道路的。

2. 这些错误思潮引起社会舆论的混乱，带来社会心理恐慌。不但在一些主流媒体出现，还在网络上大肆流行，一些政治、舆论界知名人士也发表错误言论。境外舆论更为恶劣，推波助澜。这些思潮形成的大合唱，每次都引起社会心理的恐慌，动摇市场信心。

3. 这些错误思潮影响国民经济部门管理心态，扰乱经济正常运行秩序。这些错误思潮进入政府及相关经济部门，就会产生对民营经济观望社会心理，在管理服务、政策落实、规划指导、金融支持等各个方面，都会程度不同地受到影响，扰乱正常市场运行秩序。

4. 这些错误思潮干扰民营企业群体心理，造成严重经济损失。这些错误思潮直接干扰民营企业，动摇企业投资信心和发展信心，甚至造成部分企业家、企业高管、科研人员境外移民等。每次干扰，短则几个月，长达数年，方能平息，直接影响了国民经济的发展。

办法与建议：

1. 深刻认识民营经济在国民经济发展中的地位。2018 年 11 月 1 日，习总书记在民营企业座谈会讲话中充分肯定我国民营经济的重要地位和作用。"截至 2017 年底，我国民营企业数量超过 2700 万家，个体工商户超过 6500 万户，注册资本超过 165 万亿元。概括起来说，民营经济具有'五六七八九'的特征，即贡献了 50% 以上的税收，60% 以上的国内生产总值，70% 以上的技术创新成果，80% 以上的城镇劳动就业，90% 以上的企业数量。在世界 500 强企业中，我国民营企业由 2010 年的 1 家增加到 2018 年的 28 家。我国民营经济已经成为推动我国发展不可或缺的力量，成为创业就业的主要领域、技术创新的重要主体、国家税收的重要来源，为我国社会主义市场经济发展、政府职能转变、农村富余劳动力转移、国际市场开拓等发挥了重要作用。长期以来，广大民营企业家以敢为人先的创新意识、锲而不舍的奋斗精神，组织带领千百万劳动者奋发努力、艰苦创业、不断创新。我国经济发展能够创造中国奇迹，民营经济功不可没！"

党的十五大把"公有制为主体、多种所有制经济共同发展"确立为我国的基本经济制度，明确提出"非公有制经济是我国社会主义市场经济的重要组成部分"。党的十六大提出"毫不动摇地巩固和发展公有制经济"，

"毫不动摇地鼓励、支持和引导非公有制经济发展"。党的十八大进一步提出"毫不动摇鼓励、支持、引导非公有制经济发展，保证各种所有制经济依法平等使用生产要素、公平参与市场竞争、同等受到法律保护"。

全国各级政府、经济、舆论、高校、科研等各部门相关人员都要学习习总书记的讲话，充分认识民营经济的社会地位，不允许贬低、否定、怀疑民营经济的思潮泛滥。

2. 坚持《宪法》规定的我国基本的社会主义经济制度。《宪法》第一章总纲第六条规定，中华人民共和国的社会主义经济制度的基础是生产资料的社会主义公有制，即全民所有制和劳动群众集体所有制。国家在社会主义初级阶段，坚持公有制为主体、多种所有制经济共同发展的基本经济制度，坚持按劳分配为主体、多种分配方式并存的分配制度。第七条规定，国有经济，即社会主义全民所有制经济，是国民经济中的主导力量。国家保障国有经济的巩固和发展。第八条规定，农村集体经济组织实行家庭承包经营为基础、统分结合的双层经营体制。农村中的生产、供销、信用、消费等各种形式的合作经济，是社会主义劳动群众集体所有制经济。参加农村集体经济组织的劳动者，有权在法律规定的范围内经营自留地、自留山、家庭副业和饲养自留畜。城镇中的手工业、工业、建筑业、运输业、商业、服务业等行业的各种形式的合作经济，都是社会主义劳动群众集体所有制经济。国家保护城乡集体经济组织的合法的权利和利益，鼓励、指导和帮助集体经济的发展。第十一条规定，在法律规定范围内的个体经济、私营经济等非公有制经济，是社会主义市场经济的重要组成部分。国家保护个体经济、私营经济等非公有制经济的合法的权利和利益。国家鼓励、支持和引导非公有制经济的发展，并对非公有制经济依法实行监督和管理。

《宪法》中的上述条文，是对我国社会主义初级阶段的基本社会制度进行的明确规定，是对社会主义经济结构组成进行了详细说明。任何部门、任何领域、任何单位、任何人，在任何地方，不得发表违背这些规定和条文的言论和思想。

3. 所有媒体都不允许宣传、讨论有害于民营经济发展的错误言论。我国所有媒体都要坚持《宪法》规定的基本思想，所有传播内容都要以《宪法》为准绳，不得宣传危害民营经济发展的言行，不得讨论、争论民营经济发展的合法性问题。要将危害民营经济发展的言行作为"违宪"言行，进行坚决抵制。对某些过激的言论要进行严格批评，对社会形成危害的具体行为，视其危害程度，对当事人以行政或法律的惩处，对负责人实施追责。

4. 社会各领域要对民营经济发展一视同仁。民营经济与国有经济一样，都是国民经济的组成部分。政府、法律、社会团体、金融、科研、社会服务领域，都要将民营经济与国有经济一视同仁，同等对待。不能将政府根据市场发展需要，对国有经济和民营经济的构成进行的阶段性的必要指导和调整，视为对国家基本经济制度的修正与变更，更不能在管理服务、政策落实、规划指导、税务征收、市场监管、金融支持等方面予以歧视。

5. 全国人大有关部门及时释法。《宪法》第十五条规定，"国家实行社会主义市场经济。""国家依法禁止任何组织或者个人扰乱社会经济秩序。"建议，全国人大有关部门要密切关注社会舆论的动向，指导社会舆论在《宪法》规定的范围内运行。每当社会上出现错误思潮，全国人大有关部门要做好调查研究工作，根据舆论对社会的影响程度进行《宪法》相关条文的宣传，或给予及时引导批评。必要时，可利用合适的方式释法，坚决制止错误思潮的泛滥，决不允许对国民经济的发展形成实质性的危害。

2019 年

关于将临沂列为
国家级"一带一路"综合试验区的建议

事由分析：

山东省临沂市是革命老区。抗日战争和解放战争时期，我党在这里建立了著名的沂蒙山区革命根据地。沂蒙人民"一粒米做军粮、一块布做军装、最后一个儿子送战场"，为夺取革命战争胜利，为新中国的建立做出了巨大贡献。社会主义建设时期特别是改革开放以来，沂蒙老区发生了翻天覆地的变化，已经发展成为现代化的全国文明城市和"中国市场名城""中国物流之都"。2013 年 11 月 25 日，习近平总书记视察临沂时，要求临沂物流向现代物流迈进。

近年来，临沂市委、市政府带领千万沂蒙人民，牢记总书记嘱托，把商贸物流转型发展牢牢抓在手上，摆在全市新旧动能转换和高质量发展的重中之重，启动商谷、国际陆港等重点片区建设，大力发展国际贸易、电子商务和智慧物流。2019 年，临沂商城实现交易额 4830 亿元，物流总额达 7670 亿元；进出口总额 836 亿元，市场采购出口实现 186 亿元，同比增长 153.6%，超额完成商务部下达的 25 亿美元任务。临沂市入选首批国家物流枢纽城市建设名单，获评"2019 中国物流最优营商环境城市"。

作为共建"一带一路"的重要节点，近年来山东省深度融入"一带一路"建设，全力打造对外开放新高地。2020 年 1 月，省政府正式批复设立临沂"一带一路"综合试验区。作为"一带一路"的山东布局、山东探索，临沂"一带一路"综合试验区以兰山为主要试验区域，以商城为主要试验载体，着力打造"一带一路"国际物流区域性枢纽、国际商贸创新型高地、国际产能合作示范基地、国际人文交流合作平台。

当前，临沂"一带一路"综合试验区建设正在攻坚推进，物流科技提升、国际贸易拓展、电子商务兴市等 5 个方面 13 项具体任务已全面铺开。试验区的建设，必将加快商城由"买全国、卖全国"向"买世界、卖世界"转变，由内贸型商城向国际化现代化商都转变。

建议：

为进一步推进临沂商城国际化，打造山东对外开放新高地，加快发展海外商城、海外仓库，积极融入国家"一带一路"倡议，建议将临沂上升为国家级"一带一路"综合试验区。

2020 年

关于将临沂列为"全国城乡高效配送试点城市"并设立专项支持资金的建议

事由分析：

临沂毗邻山东半岛蓝色经济区和江苏沿海开发区两大国家级战略区域，连接环渤海经济圈、长三角经济圈、中原经济圈，经济区位优势非常明显，已成为全国重要的商贸、物流和商品集散中心。临沂是"全国物流之都"，拥有各类大型物流园区18处，专业物流中心20余处，各类物流企业和物流经营户2700余家，物流网络覆盖全国所有县级以上城市，日均发送货物20多万吨，成本比全国平均水平低20%～30%，效率与成本优势明显，被评为国家现代物流创新发展试点城市、国家物流标准化试点城市。但是，临沂市物流业发展仍然存在三个方面的不充分、不平衡、不协调问题：一是全国性物流网络比较健全、但本市的城乡配送网络不完善；二是物流园区较多、但组织化与信息化水平较低、资源与信息共享不够；三是零担专线运输企业较多、但缺乏服务于农产品上行、城乡往返配送的骨干配送企业。这三个方面的问题，直接制约了本市工农业生产与商贸流通的高速发展。

建议：

城市是物流活动的集中地，城乡物流一体化、城乡高效配送是全国物流业目前的薄弱环节。为贯彻落实《国务院办公厅关于进一步推进物流降本增效促进实体经济发展的意见》（国办发〔2017〕73号）、《商贸物流发展"十三五"规划》（商流通发〔2017〕29号）等文件精神，完善城乡物流网络节点，降低物流配送成本，提高物流配送效率，商务部、公安部、交通运输部、国家邮政局、供销合作总社于 2017 年 12 月联合印发《城乡高效配送专项行动计划（2017—2020 年)》，并已组织第一批 30 个城市试点。山东省已有 3 个城市参加全国第一批试点。为解决临沂市物流业发展不充分、不平衡、不协调的问题，推动物流企业转型升级与创新发展，临沂市已经申报第二批全国城乡高效配送试点城市，通过开展城乡高效配送专项行动，解决目前存在的"小、散、乱"问题，实现"资源共享、货源叠加"，提升物流企业的集约化、规模化、信息化、标准化、绿色化的水平，培育一批骨干龙头企业，为工农业生产、商贸流通发展提供有力支撑，助力老区脱贫。

鉴于国家五部门开展的城乡高效配送专项行动计划没有中央财政资金支持，而物流是劳动密集型微利行业，企业发展普遍存在资金紧缺的困境，恳请将临沂列入全国城乡高效配送试点城市并设立专项支持资金，主要用于：支持物流企业的信息化、数字化建设，特别是市场化的城乡配送平台建设；支持县及县以下配送网点建设与标准化改造；支持标准绿色货运车辆更新与智能化先进技术设备应用；开展企业管理和模式创新培训、对标与评价、经验总结与推广推动临沂物流业转型升级与高质量发展。

2020 年

关于支持临沂
建设国家级粮食物流中心的建议

事由分析：

2019 年，临沂市粮油企业实现工业总产值 410.6 亿元，实现利润 11.1 亿元，同比增长 22.5% 和 12.3%，形成了区域特色显著的花生加工集群、玉米深加工集群、粮油食品加工集群、小麦粉加工集群，产业基础好、发展潜力大。我市是粮食生产、消费大市，也是全国知名的物流之都，发展粮食流通产业具有得天独厚的条件。

1. **临沂市作为国家物流枢纽和粮食物流节点城市，从国家层面上已经具备了政策优势。**2019 年国家发展改革委、交通运输部《关于做好 2019 年国家物流枢纽建设工作的通知》（发改经贸〔2019〕1475 号）确定，"临沂商贸服务型国家物流枢纽"名列全国 23 个物流枢纽建设名单，这说明国家层面高度重视我市物流基础设施建设。我市作为全国"两横、六纵"重点线路的沿京沪线路粮食物流节点城市，因此从国家级粮食物流交易、国家政策和我市粮食产业发展的现状来分析、研判，我市建设国家级粮食物流中心的时机和条件都已成熟。

2. **粮食物流中心的建设是完善山东乃至华东地区粮食流通设施，形成社会化粮食服务体系的需要。**山东省是粮食生产大省，山东粮食产量稳定在 1000 亿斤以上，稳居全国第三。粮食的仓储保管、物流运输是一个有序衔接的整体，由于山东省的粮食物流建设相对滞后，极不适应市场经济对粮食流通的需求，这与山东是我国产粮和粮食消费大省的地位也是不相称的。粮食流通业的现状和发展客观上要求加快培育和建立专业的粮食流通市场，建设全方位、互相补充、综合配套、科技含量高的专业粮食物流园区。临沂市全国重要商品粮基地和花生集散地，冠有"中国市场名城""中国物流之都"的美称，是江北的商贸中心之一，承接南北，临近江苏、安徽、河南等产业强省，物流网络覆盖全国县级以上城市，区位优势得天独厚。在临沂建设粮食物流中心，可以吸引多种形式的经济主体参与粮食流通，形成现代化粮食流通服务体系。

3. **粮食物流中心的建设有利于促进粮食行业的有序发展**。长期以来，粮食行业存在流通环节过多，交易成本偏高等不正常现象，加之粮食商品在我国的特殊属性，与国际相比，我国粮价比国际高 30% 左右，我国粮食市场体系尚需进一步加强和规范提升。随着我国粮食流通体制改革的进一步深化，国内粮食市场将进一步放开，粮食的生产种植结构将进一步调整，我省粮食市场与国内国际粮食市场联系将更加紧密，国内国际粮食市场供求状况、价格走势将给我省粮食生产和市场带来挑战和机遇。粮食生产和流通面临的新形势、新特点，我国粮食仓储业必然发生一系列的新变化。面对大粮食、大市场、大流通，粮食储运必须做到经济、高效、方便、安全、快捷；粮食储备必须真正做到装得进、存得好、运得走，变"储死"为"储活"，才能使粮食与其他商品一样逐步融入大社会的大流通中，实现粮食的现代物流。

4. **粮食物流中心建设有利于提高企业的经济效益，促进农业和粮食生产稳定发展**。该项目的实施，可以实现企业仓储物流、大宗平台交易活动与社会和生态效益的协调，以此形成高于竞争对手的相对竞争优势，从而在激烈的竞争中获得发展。可以帮助企业延长产业链，提高附加值，有效地帮助粮食企业降低经营成本。降低产品及原料回收的成本，而且有利于提高粮食企业经营能力，提高市场占有率，从而增加品牌价值和品牌寿命，增强粮食企业的竞争力。

建议：

1. 建议将临沂粮食物流中心建设纳入国家级物流、粮食流通规划；

2. 建议国家发改委、国家粮食和物资储备局在项目和资金上对在临沂建设国家级粮食物流中心给予支持。

2020 年

关于疫情后进一步加大扶持物流企业
健康发展的建议

事由分析：

物流业是国民经济的重要组成部分。改革开放以来，我国物流企业快速发展，通过连接生产和消费，对各地区域经济的发展起到了助推作用。但近年来，受宏观经济环境的影响，物流企业的增长速度也在逐步放缓，部分物流企业处于微利状态甚至濒临亏损。

特别是 2020 年新冠肺炎疫情发生后，对物流企业冲击较大，部分盈利能力弱、投资额度大、外部负担重的企业面临重重困难，制约了企业的健康发展。当前，我国疫情防控阻击战取得重大战略成果，建议国家进一步出台完善相关政策，扶持物流企业健康发展，尽最大努力将疫情期间的损失补回来。

办法与建议：

1. 物流业是一项复合性产业，综合性、系统性和专业性的规划对行业发展至关重要。对于疫情后物流业发展的整体方针，要有明确的目标、具体的措施和配套方案，同时做好各项具体工作的推进落实。

2. 多措并举减轻物流企业负担，确保企业轻装上阵。从统筹推进疫情防控和经济社会发展的角度来看，如何帮助物流企业减负，有很多工作要做。比如在税费方面，物流园区的投资、物流基础设施的建设、物流车辆设备的采购等，应考虑减免有关税费。

3. 在行业管理方面，要进一步建立健全物流行业法规，规范市场秩序和企业经营行为。同时要从物流企业发展的客观实际出发，满足企业发展需求。对于危化品运输牌照管理方面，建议政府监管要联系实际，考虑到个性化需求，优胜劣汰，引导行业健康发展。

4. 引导和支持企业打造供应链体系，发展智慧物流，拓展公铁、航空和陆海等多式联运业务。对于现代物流业发展所需要的基础平台，比如物流产业基地、物流园区的建设，要给规划、给政策；要加快综合运输网络的建设，将陆海空多式联运的资源连接起来；还要推动加快物流信息平台的建设，金融支持，政策支持等，政府搭台，由企业主导唱戏。

5. 要重点推进和扶持部分全国性大型物流企业发展和升级，鼓励和扶持有实力的物流企业通过兼并、联合等形式进行资产重组和业务整合，完善服务功能，健全服务网络，逐步形成一批主业突出、核心竞争力强的大型物流配送企业；要明确扶持的目标和对象，制定有针对性的扶持政策和措施并推动落实。通过树立物流企业的标杆和领头羊，带动物流产业的转型升级。

6. 引导帮助物流企业走向资本市场、获得发展的资金，以此为助力，在作业场地、仓储资源、车辆资源、信息系统、专业装备、专业人才引进、管理提升等软硬件方面加大资本投入，把行业做大做强。

2020 年

关于指导国家物流枢纽工程项目
规划、建设、运营的建议

事由分析：

2018 年 12 月 24 日，国家发改委、交通运输部印发了《国家物流枢纽布局和建设规划》（以下简称《规划》），提出到 2025 年布局建设 150 个国家物流枢纽，2035 年基本建成与现代化经济体系相适应的国家物流枢纽网络。

2019 年 9 月，国家发展改革委、交通运输部联合发布首批国家物流枢纽建设名单，23 个城市榜上有名。国家物流枢纽建设涵盖陆港型、空港型、港口型、生产服务型、商贸服务型、陆上边境口岸型等 6 种类型，其中东部地区 10 个〔天津、上海、南京、金华（义乌）、临沂、广州、宁波—舟山、厦门、青岛、深圳〕、中部地区 5 个（太原、赣州、郑州、宜昌、长沙）、西部地区 7 个（乌兰察布—二连浩特、南宁、重庆、成都、西安、兰州、乌鲁木齐）、东北地区 1 个（营口）。近期内大部分项目进入规划设计阶段，有的项目已经动工建设，标志着全国物流枢纽布局和建设工作的全面启动，对全国物流枢纽的建设具有重大意义。

根据各地政府和部分专家的调研和业内人士的反映，在《规划》落实和项目规划、建设的前期工作过程中反映出一部分问题，主要是：

1. 对国家物流枢纽项目的重要意义认知不足。对项目在全国物流格局中的作用和意义缺乏高定位的认知，影响了这些项目的顶层设计档次。

2. 对国家物流枢纽项目的功能和产业构成缺乏足够的了解。《规划》

虽然对各类枢纽工程项目的主要功能和产业构成进行简要表述，但具体到每个项目上，就难以确定其范围、规模和硬件建设标准，出现较大的争议。

3. 对国家物流枢纽项目的技术要求难以确认。目前，我国物流产业处在新旧动能转换的过程中，新的技术，包括智能技术、标准化技术、运输技术等，都在急剧升级中，对国家物流枢纽项目的技术要求难以把握。

4. 对国家物流枢纽项目的运营前景认识模糊。目前，这些项目多是由基层市级政府具体指导，由传统物流企业承接运营，由于难以突破传统物流传统产业发展的定势思维，他们对国家物流枢纽项目运营前景认知普遍不高，严重影响枢纽项目的发展进程。

办法与建议：

国家物流枢纽工程建设和运营是我国经济和社会发展中的一件大事，它是未来我国物流格局的主要承载工程，对我国经济和社会发展具有重大意义，是个全国百年大计工程。为搞好这一项目的建设和运营提出以下建议：

一、由主管部门对项目顶层设计提出具体技术要求。建议国家发改委组织交通运输部、工业和信息化部、商务部、农业农村部等政府部门组织有关专业机构，对陆港型、港口型、空港型、生产服务型、商贸服务型和陆上边境口岸型枢纽工程的项目规划进行认真研究，提出较为具体的要求。例如，项目指导思想，项目发展定位，项目功能，项目规模，项目中的产业构成，项目建设技术要求，项目运营方式，项目智慧化标准等，提出较为具体的指导意见，对项目的顶层设计予以必要限制。

二、对区位选择和土地使用提出指导意见。我国大多数城市物流规划是随当地产业发展和城市规划编制而确定的，带有很大的随意性。加之物流园区多由民营企业经营，其区位选择与国有企业经营的火车站、港口、机场等联系不紧密，严重影响了多式联运的发展。特别是城市配送、快递物流和冷链物流等主要商贸物流园区的区位选择更为随意，与城市的联结能力更薄弱。因此，建议政府对枢纽工程的项目区位选择提出要求，推动多式联运、智慧物流的发展，形成我国物流枢纽工程的集约化发展。同时，对枢纽工程项目的用地标准也应有较为统一的要求，既避免以此为名大量占用土地，形成浪费，又要避免土地规模过小，项目分散，分散物流枢纽的产业集聚能力。

三、对项目的运营方式和智慧化技术提出发展要求。目前，我国多数物流园区运营企业实质是物流地产、房产的物业管理企业，自己并不参与物流业务的运行。根据物流产业的发展趋势，物流业务的运行需要逐步与物流房地产紧密结合。如果国家物流枢纽工程项目仍然与物流业务分离，这一工程项目将起不到国家枢纽的作用。为此，建设政府各相关部门对这一问题进行探讨，指导枢纽工程项目实现运营方式的升级。同时，要根据运营方式的升级，对物流项目的智慧技术提出相应的意见，或者统一的基本标准，以利于推动我国物流产业的智慧化发展进程。

四、对承担国家物流枢纽工程项目的市级政府和企业进行专业化培训。建议，参与国家物流枢纽工程管理的国家发改委、交通运输部、工业和信息化部、商务部、农业农村部等相关政府部门，对所管理类型的枢纽工程项目，组织编写项目培训教材，组织这些专业项目所在地的市级政府相关人员、项目承接企业的负责人和专业人员，进行培训，提高认识，统一思想，统一标准，贯彻国家《规划》意图，实现《规划》目的，促进项目进展，以完成我国物流产业发展的百年大计。

2020 年

关于加强 5G 商用技术研究与推广的建议

事由分析：

2019 年是我国 5G 技术商用元年。我国 5G 技术已基本成熟，它将以全新的网络架构，开启万物互联、人机深度交互、推动我国数字经济迈向新时代。

根据中国信息通讯研究院发布的《5G 经济社会影响白皮书》分析，2020 年、2025 年和 2030 年，5G 商用实用技术带动的直接产出为 4840 亿元、3.3 万亿元和 6.3 万亿元，间接产出为 1.2 万亿元、6.3 万亿元和 10.63 万亿元。

在 2G、3G 和 4G 发展的 20 多年里，我国先后出现了一批叱咤风云的互联网企业，成为引领我国新动能发展的排头兵。同时，也出现了一批利用互联网技术促进本行业发展的农业、制造业和第三产业企业集群，成为我国现代企业群体的基本力量。但是，在这一阶段，许多中小企业，由于观念落后，更重要的是缺乏技术指导，错过了一次重要发展机遇，致使部分中小企业在这一进程中落伍、消失。特别是我国北方和中西部地区，至今互联网经济、数字经济的比重不大，特别是利用互联网技术发展起来的大型民营企业和知名平台数量不多。主要原因是，这些民营企业对互联网经济发展的趋势认知不足，对互联网商用技术研究不够，利用互联网商用技术发展民营经济的能力不足。因此，5G 时代的到来，我们应该让更多的民营中小企业了解互联网技术，利用 5G 技术发展壮大自己，避免在这一轮技术发展过程中落伍。

办法与建议：

一、鉴于我国民营中小企业研究能力不足，建议以政府为主，组织开展对 5G 商用实用技术的研究。根据我国经济结构和产业发展现状，按照产业新旧动能转换的需求，遵循 5G 商用实用技术的发展利用规律，坚持可操作、可利用的原则，制定民营经济所需要的 5G 商用实用技术研究课题体系，由政府组织国家、省级科研机构（包括有研究能力的民间科研机构）、大学、大型企业、通信部门、信息机构，分工开展民用 5G 商用实用技术的专题研究，产生一批可利用的 5G 商用实用技术项目。

二、搞好 5G 课题体系的前期调研。5G 商用实用技术牵涉的领域很广很多，对几乎所有产业部门都产生积极影响，政府要组织搞好课题体系的前期调研。重点是农业、工业、智慧城市建设、智慧物流、智慧商业、智慧金融、新媒体、各类现代服务业、创新产业、数字经济和创新业态的 5G 商用实用技术，特别是青年创业群体需要的 5G 商用实用技术，建立行业 5G 商用实用技术题库。通过对这些 5G 商用实用技术课题的确立、研究和利用，推动我国民营中小企业跨上一个新的技术台阶。

三、搞好 5G 商用技术的培训。利用近期 2~3 年 5G 商用实用技术初步发展时期，由国家和省级（部分技术力量较强的地级市）相关部门组织对各类民营中小企业进行 5G 商用实用技术的普遍培训和专业培训，特别是对部分中青年民营中小企业家和具有一定经济条件的创业人群进行重点培训，推动我国中青年中小企业家和创业群体，利用 5G 商用实用技术，快速发展企业，实现创业梦想。

四、支持建立一批 5G 技术科研机构。通过 2~3 年，在我国各大型研究机构、高校和各相关重点经济领域和产业中，形成一个 5G 商用实用技术研究机构群体，这个群体能够全面承担起我国民营中小企业对 5G 商用实用技术的研究、使用的指导工作，能够引领我国 5G 商用实用技术的发展。同时，能够放大 5G 商用实用技术的成果转化效应，形成我国特有的 5G 商用实用技术市场。

五、支持培育一批利用 5G 商用技术，实现新旧动能转换的中小企业

群体，成为我国现代中小企业家群体的重要力量。 利用 5 年左右的时间，在我国重点民营产业经济领域，培养出 10 万家 5G 商用技术实用企业，培养出 1 万家利用 5G 商用技术发展起来的现代大型企业和知名企业，全面提升我国民营经济档次和中小企业品质，形成我国新型经济产业和现代中小企业群体，成为我国未来 20 年内经济发展的有生力量。

2020 年

关于加大力度构建"亲清"新型政商关系鼓励党员干部深入企业开展服务的建议

事由分析：

构建亲清新型政商关系是以习近平同志为核心的党中央治国理政的新实践。作为享誉全国的市场名城、物流之都，山东省临沂市兰山区以纵深推进全面从严治党为主线，坚持"亲"有度、"清"有为的辩证统一，把构建亲清新型政商关系与管党治党具体举措和现行制度紧密结合，打造了全省首个"党建＋亲清政商关系"样板功能馆，制定了企业经营者与党员干部交往的"正负"清单、企业与政府部门相互联系的"AB"名单，形成了"1＋1＋X"政商交往制度体系，有力塑造了良好的营商环境。

构建亲清新型政商关系是一个渐进的、动态的、长期的过程，虽然兰山区做了一些探索性工作，取得了一定实践经验，但在正风反腐高压态势下，个别党员干部"不求作为、但求无过"的思想促使政商关系发生了微妙变化，党员干部联系服务企业不主动、不经常、不深入，导致企业反映诉求、解决问题的渠道逐渐变窄。

亲清政商关系是全面依法治国、营造公平有序市场竞争环境的必然要求。政商关系是否健康运行，衡量标准就是能否做到既"亲"又"清"。"过亲"而"不清"，多是踩到了物质利益红线；"清而不亲"，多是不敢担当的体现。因此，构建正确的新型政商关系，必须从根源上将关系链条中权力与利益之间的交换、输送、冲突等症结去除掉，让政府与企业、官员与商人之间从"关系紧密"转向"保持距离"；必须在提高责任意识和服务意识上下足功夫，让干部从"冷眼旁观"转向"主动服务"。特别是在全面从严治党向纵深推进的背景下，"清而不亲"这一现象越发凸显，亟须解决。

办法与建议：

要把"亲"和"清"的政商关系理顺，应重新把握政府与企业、党员干部与企业家之间的新定位，鼓励政府部门、党员干部在坚持原则、守住底线的同时，敢于同企业亲近，坦荡真诚地与企业家交往，提供优质政务服务，切实为企业排忧解难，做到有边界、有担当、有作为。

对此，提出以下建议：

（一）各级党委要统筹抓好制度建设，建立健全四项机制

一是党建引领机制。突出党建统领，完善党组织体系，发挥组织优势，提升企业党的组织覆盖和工作覆盖。立足兰山党建优势和特色，充分发挥"红领书记"、企业高质量发展服务队的积极作用，为企业发展出谋划策、辟路架桥。依托"兰山大讲堂"加强对各级领导干部、企业出资人进行构建亲清新型政商关系的教育培训，牢固树立"尊商、重商、亲商、富商"的服务意识，正确处理好亲清关系，提高领导带动企业高质量发展的能力。

二是服务企业机制。各级领导干部联系帮扶企业不少于1家，每月主动联系帮扶企业不少于1次，每年到企业现场办公不少于2次，保持常态化联系。各级领导干部要深入联系企业进行调研，了解企业发展情况，掌握项目建设状况、生产经营状况，掌握企业发展遇到的需求和困难，协调帮助解决。要主动对接政府职能部门、银行及相关企业，帮助企业寻找破解难题或加快发展的思路办法，协助企业减少损失、摆脱困境、转型升级、健康成长。

三是考核评价机制。将构建亲清新型政商关系工作纳入经济社会发展综合考核内容，从转变职能、流程再造、企业评价、社会效益等多方面，考核部门、单位构建亲清新型政商关系工作情况，作为领导班子考核的重要内容。将单位考核评价情况作为主要负责同志考核等次的重要依据。对在构建亲清新型政商关系工作中表现突出的领导干部，在提拔任用、评优树先、绩效考核奖励予以重点考虑。

四是风险备案机制。鼓励各级各部门大胆改革创新，在贯彻落实重要决策、重点工作、重大项目，在招商引资、服务企业等方面有较大突破和探索的，只要法律法规没有明令禁止，均可按照一定程序向纪检监察机关进行风险备案。对通过备案登记的改革创新事项，如果在实施过程中因客观原因造成一些偏差失误的，只要出于公心、不谋私利、矢志发展，纪检监察机关可以容错免责、从轻或减轻处分。特别是对受到诬告陷害的干部、民营企业经营者，应及时协调有关部门通过适当方式，为其澄清事实真相、消除负面影响。

（二）各级政府要着力强化责任落实，搭建拓宽三个平台

一是政企交流平台。发挥现有平台作用，充分利用政府信箱、12345政务服务热线、领导干部服务日等渠道，了解掌握企业发展难题。定期以座谈会、恳谈会等形式，向企业征求意见建议，扩展"政—企"交流平台。充分利用行业协会、商会等平台，通过联谊会、碰头会、论坛等形式，加强企业间的沟通对话，加快产业链融合发展，促进形成企业发展共同体。

二是要素保障平台。以企业需求为导向，建立生产要素保障平台，为企业提供靶向服务，帮助企业进行土地流转，对接金融机构、为符合条件的小微企业提供政府贴息贷款，促进产销对接和产业配套。通过走出去、请进来，实施高端人才团队引进工程，举办高层次人才对接洽谈活动，深化企业和高校、科研院所院的对接联系，培养引进企业急需人才，打造企业人才高地，加强企业技术人才培训，保障企业发展所必需的土地、资金、原材料、人力资源等生产要素。

三是协同服务平台。由行政审批部门牵头、其他相关职能部门参与，建立服务企业联席会议制度，制定企业政务流程清单，组织对涉企服务专员进行专业化培训，实现行政审批"简化、明确、快速、高效"。建立涉企服务专员定点包帮企业制度，企业专司生产经营，服务专员对企业开

办、建设、生产、扩大再生产、注销全流程政务工作实行"一条龙"服务。

（三）借鉴推广兰山模式，保障党员干部深入企业开展服务

一是坚持"三个结合"

①将优化营商环境和构建亲清新型政商关系紧密结合。一方面，实行规模以上工业企业联系帮扶"全覆盖"，区级领导干部分别牵头成立联系帮扶工作专班，每个专班确定 2～3 人作为专职工作人员，对全区 725 家规模工业企业开展联系帮扶活动，深入企业一线，主动听取意见建议，纾解企业困难问题。另一方面，严肃查处政商交往中参与高消费娱乐健身活动、违规出入私人会所、违规接受管理服务对象宴请等违反中央八项规定精神问题，有效解决权力寻租、官商勾结等"亲而不清"的问题，为实现政商关系良性互动提供基础。

②将现行管理规定与健全政商交往制度紧密结合。当前，兰山区公务接待管理已经有了一套较为完善的制度体系，现行的机关事业单位差旅费管理办法、党政机关国内公务接待管理办法及实施细则等文件对用餐费用、交通费用、住宿费用均做出了明确规定。对现有制度中不适应构建亲清新型政商关系的部分，兰山区在一定范围内予以调整或突破，确保其能够较好地适应构建亲清新型政商关系的要求。

③将严肃正风肃纪与容错纠错机制紧密结合。一方面，重点围绕政商交往"负面清单"列明的违纪违规行为，对顶风而上、性质恶劣的党员干部严查快处，防止享乐主义、奢靡之风反弹回潮，坚决整治形式主义、官僚主义问题。另一方面，旗帜鲜明地鼓励政府和企业开展政商交往"正面清单"列明事项，严格按照"三个区分开来"的要求，充分激发和保护领导干部履职尽责的积极性和主动性。

二是进行"三个细化"

①对实体内容进行细化。上级文件对构建亲清新型政商关系规范做出了具有高度指导性的概述，兰山区据此对政商交往中的具体环节逐一推演。以**"行"**为例，省纪委印发的《关于规范政商交往推进构建亲清新型

政商关系的工作意见（试行）》中明确提出："上门服务企业或者开展调研，确有需要可搭乘企业交通工具"；兰山区在《关于构建亲清新型政商关系的工作办法（试行）的补充说明》中将其进一步明确为："符合公务用车使用规定却无车辆可用的，在确有需要的情况下，经企业同意可以搭乘企业交通工具，但不得乘坐可能引起群众误解、造成不良影响的豪华车辆"，既遵循了省纪委规定的主要精神，又杜绝了个别党员干部不顾企业，特别是中小企业实际情况强行要求搭乘车辆或搭乘豪车的可能。**以"食"为例，**省纪委《工作意见》规定："上门服务企业或者开展调研，因工作误餐的，可以参照员工标准在企业食堂就餐"；兰山区在《工作办法》中将之拓展为"因工作误餐的，可以参照员工标准在企业食堂就餐，但不得超出区财政规定的出差标准范围"，使其与现行的有关财务报销规定相衔接；在《补充说明》中又对其进一步细化为："除执纪执法检查工作外，在上门服务企业或调研时，可以参照企业员工标准在企业食堂就餐并支付费用；在企业员工免费的食堂就餐时，与企业协商一致后，参照成本价格支付费用，可以按照《兰山区机关事业单位差旅费管理办法》在本单位按程序报销；在企业食堂就餐时不得饮酒"。同时，对电子支付凭证使用和能否补贴报销进行了明确。

②对程序规范进行细化。既要从确保"清"的角度出发抓细抓小，又要从"亲"的角度出发从易从简。**以报备程序为例，**省市文件均要求在开展正面清单内列明的政商交往行为前，需要经过批准或者报备，但报备步骤、报备部门和报备文书均不明确。为增强操作性，兰山区在《工作办法》和《补充说明》中制定了"两步走""过三关"的报备机制：申请部门可在开展政商交往前填写《兰山区政商交往报备表》报本部门单位办公室进行报备监督，也可在时间较紧的情况下先行口头向单位领导汇报，在一定时间内向部门单位补报；各部门单位办公室在留存《兰山区政商交往报备表》上联后，定期将下联报备至镇街道、经济开发区纪（工）委与派驻纪检监察组；镇街道、经济开发区纪（工）委与派驻纪检监察组每季度对本镇街道或监督联系部门单位政商交往活动进行梳理归档，并纳入年底

全面从严治党主体责任考核内容。

③对调整对象进行细化。政商关系实际上就是政府工作人员与民营企业家之间的双向互动关系。因此，兰山区在制定政商交往负面清单时，将企业不得"以金钱、美色、嗜好等方式，或是以认干亲、拜把子等途径形成利益共同体的'小圈子''小团伙'，诱惑甚至'围猎'党员干部"列入其中，创造性地制定了《兰山区政商交往企业"两张清单"》，通过非公企业党建工作第一书记向 21 家企业党支部下发构建亲情新型政商关系倡议书，签订《构建亲清政商关系公开承诺书》，确保企业在构建亲清新型政商关系中充分发挥积极作用。

三是创新"三项举措"。

①打造一个样板间。选择兰山经济开发区莱克科技公司党支部，打造 1000 平方米空间"党建＋亲清政商关系"样板功能馆，引导全区各级党组织和党员干部正确认识、厘清政商交往的边界，自觉落实中央八项规定精神，筑牢廉洁"防火墙"，提高"抵诱惑"和防"围猎"的能力。

②制定一张"AB"名单。以与企业联系的紧密程度为标准，将全区各区直部门单位分为政商交往较为频繁的"A"名单和政商交往频率较低的"B"名单，针对不同部门单位的个性化需求，细化工作机制、强化督促引导，探索实施报备人制度、弹性报备时间等新举措的可行性。

③张贴一幅二维码。针对前期在企业就餐后"政府工作人员不知向谁支付餐费，企业不知如何接受餐费"的实际情况，总结推广兰山经济开发区电子支付的有益经验，引导企业选定财务人员印制收费二维码，鼓励政府工作人员通过扫码付款支付餐费、留存凭证。

2020 年

关于将叉车纳入机动车管理的建议

事由分析：

（一）叉车分布的行业广泛，需求量增长较快。叉车使用涉及国民经济各部门，企业在生产、仓储、物流等环节都需要用到叉车。从原始的人工搬运到以叉车为主的机械化搬运转变，使叉车的需求量及使用数量增加。以山东省临沂市为例：管辖区域内有 100 多个专业批发市场和物流中心，叉车作为主要搬装工具之一得到了广泛使用，辖区内叉车保有量达15000 台。

（二）现有的安全管理要求落实率低。目前叉车管理的部门主要是市场监管局（原技术监督局将管理职能进行合并）。实际工作中，部分企业重使用，轻管理，认为叉车作为特种设备发生事故率低、危害小，安全措施未能得到有效落实，叉车未经检验、未经注册，叉车驾驶员无证上岗现象普遍。负责人及操作人不能充分认识到违规操作叉车所带来的危害性。

（三）叉车道路交通安全隐患突出。根据现有法律法规规定，叉车属于场（厂）内专用机械，需要在场（厂）内作业，不允许上道路行驶，如果需要转场作业，必须按规定由其他车辆运载到目的地。虽然交警部门加大了管理力度，但仍有极少数叉车在道路上行驶、占用道路作业装卸货物等交通违法行为，对交通安全造成极大的安全隐患。

（四）目前，叉车的属性使其在违法上路行驶进行处罚时无法可依、发生交通事故时无法提供安全保障。叉车使用必须经过相关部门考试合格，取得特殊工种操作证，方可驾驶叉车。按照《特种设备目录》规定，叉车属于场（厂）内专用机械，根据《特种设备安全监察条例》第 2 条及《特种设备安全法》第 2 条的规定，场（厂）内专用机械属于特种设备，叉车不属于《道路交通安全法》中规定的"机动车"。叉车不能上道路行驶，也不能购买机动车交通事故责任强制保险。所以叉车在违法上路被查处时，处罚没有法律依据，其违法行为得不到应有的惩处；发生交通事故后，对于承担事故责任的违法驾驶人和叉车所有人进行处罚时没有相应的法律依据，受害一方往往不能得到及时有效的经济赔偿，导致社会遗留问题多，极易引发社会矛盾，对于和谐社会的构建造成不利影响。

办法和建议：

由于当前叉车的属性，决定了在日常管理中缺乏相应的法律支撑，导致管理工作处于被动状态。建议亟须明确叉车的机动车属性，将其纳入机动车范畴，依据《中华人民共和国道路交通安全法》的有关规定进行规范管理。

2020 年

关于推广公益诉讼全生命周期办理机制的建议

事由分析：

探索建立检察机关提起公益诉讼制度，是党的十八届四中全会做出的一项重大改革部署，也是以法治思维和法治方式推进国家治理体系和治理能力现代化的一项重要制度安排。党的十九届四中全会提出，拓展公益诉讼案件范围、完善生态环境公益诉讼制度，为检察机关开展公益诉讼工作指明了新思路和新方向，也提出了新要求。

临沂市检察机关认真落实党的十九届四中全会精神，坚决贯彻中央、最高检和省检察院决策部署，始终把检察公益诉讼工作作为整个检察工作的重中之重，在强化办理公益诉讼案件的基础上，加强公益诉讼理论探索和实践创新，把企业（项目）全生命周期管理运营理念引入公益诉讼工作，在案件办理过程中将公益诉讼案件线索发现、立案、诉前程序、提起诉讼和案后整改、"回头看"等工作，作为一个整体，探索建立全要素聚合、全链条办理、全方位协同的公益诉讼全生命周期案件办理机制，努力为做强做优公益诉讼的山东路径提供临沂方案。

一、实行"全要素"聚合。在全市检察机关范围内对案件线索、办案力量、调查设备等办案要素进行系统整合，优化配置，实现平台共用、资源共享、先进共创。一是研发全市统一的"公益诉讼线索管理平台"。在传统端口的基础上，对接大数据局，借助大社会治理中心信息平台资源，实现行政执法隐患和公益诉讼线索全覆盖。畅通机关部门之间、基层院之间案件线索移送和信息共享机制，形成全市公益诉讼案件线索数据库，针对刑事检察部门办理的污染环境、破坏资源，危害食品安全等刑事案件，实现部门即时共享、同步审查。二是成立全市公益诉讼案件办理指挥中心。完善案件提办、领办、交办、挂牌督办制度，建立跨区域协作配合制度，构建"纵向指挥有力、横向协作紧密、运转高效有序"的一体化工作机制。成立全市公益诉讼案件办案人才库，根据案件类型和办案环节的不同成立灵活多样的专业小组，对重大、疑难、复杂案件在全市范围内统一调配办案力量，集中攻坚。健全公益诉讼专门人才培养机制，为全面深化公益诉讼工作提供有力的人才保障。三是完善公益诉讼专家委员会工作制度。充分发挥公益诉讼专家委员会在专家意见、专业知识培训等方面的作用，借用"外脑"提升办案专业化水平。建立以市院为中心的快检辐射区，统筹使用市院快速检测实验室、现场检测车、无人机等调查设备，提高案件办案调查取证效率。统筹检察业务保障部门，为公益诉讼工作及时提供有力的技术支持和警务保障。

二、实行"全链条"管控。对公益诉讼案件办案链条，从程序和实体两个方面实行全过程管控，规范办案行为，提升办案质效，确保提供更加精准、更加优质的公益诉讼检察产品。一是完善"全链条"工作规范。进一步规范线索发现移交、调查取证、检察建议、诉讼请求、举证责任、庭前会议、出席法庭、上诉出庭及再审监督、执行监督等程序操作，严格落实"等"外领域案件办理、撤诉案件层报审批，重大案件线索、法律文书报备，诉前、调解公告等制度，进一步规范办案行为。二是实行"全链条"质量管控。对办案链条上的每个环节都精耕细作，切实做到事实清楚、证据充分、依据正确、定性准确、程序合法。针对三类公益诉讼案件的不同特点和诉前程序、提起诉讼环节对证据标准的不同要求，提高调查取证的水平。发挥案管部门公益诉讼案件的流程监控、数据抓取反馈和案件质量评查作用，组织开展优秀检察建议、精品案件评选活动，在办案中注重发现和培树典型案件，提高检察建议、审查终结报告、起诉书等法律文书的制作水平。

三、实行"全方位"协同。准确把握公益诉讼作为协同之诉、督促之诉的职能定位，充分尊重行政机关维护公共利益第一顺位的地位和作用，将沟通协调贯穿于诉前、诉中、诉后全过程，践行双赢多赢共赢理念。一是建立诉前磋商制度。树立"诉前实现保护公益目的是最佳司法状态"的理念，通过诉前圆桌会议、公开听证、公开宣告等形式，与行政机关共同研究、商讨整改落实的办法，合力破解社会治理难题。加强对行政机关回复和检察建议效果的审查评估和调查核实，对于行政机关在诉讼期间自行纠正违法行为，探索引入第三方评价机制，确保检察机关诉讼请求得以全部实现。二是建立检法公益司法保护共同体制度。坚持检察机关行使法律监督权和审判机关行使审判权共同构成公益司法保护体制主体框架的原则，在全市范围内总结推广前期检法协作经验，将其制度化：确保在提起诉讼之前畅通立案程序；针对当事人人数众多或案情较为复杂的案件，坚持庭前会商；对新领域探索的案件，围绕法律适用和标准问题，形成统一标准。实行公益诉讼案件全程诉讼监督，重点针对审判组织的构成、法律适用等方面，确保审理质量。建立检法公益诉讼案件进度通报制度，实现公益诉讼办案风险预判和进度提示。三是加强诉后跟踪监督。加强对法院裁判执行情况的监督，持续开展"回头看"专项活动，保证行政机关切实履职到位，做好公益诉讼收尾工作。以《生态环境损害赔偿资金管理办法（试行）》为基础，探索建立民事公益诉讼惩罚性赔偿金制度，制定公益诉讼赔偿资金使用管理办法，完善公益诉讼与生态环境赔偿衔接机制，探索专项资金除进行公益损害赔偿、修复以外，对于拟提起环境公益诉讼的鉴定费、公告费、勘验费、诉讼费等纳入专项资金预算的可行性。

目前，全市检察机关 12 个县区院有 9 个县区院参与到该创新项目中，山东省检察院已把这个课题作为创新项目进行了立项，临沂市检察院制定了《关于全面深化公益诉讼检察工作的意见》，相关县区院结合实际初步形成制度机制 7 项，工作取得了良好成效。罗庄区检察院围绕公益诉讼案件线索发现环节，建立了线索移送接收办法、公益保护监督员管理办法、公益诉讼信息共享办法等 3 项制度；郯城县院围绕行政公益诉讼诉前程序办理，建立了行政公益诉讼诉前磋商工作机制；费县检察院围绕公益诉讼案件起诉审判环节问题，与县法院建立了加强协作机制；临沭县检察院聚焦公益诉讼案后受损公益修复问题，与县法院、县财政局会签《检察公益诉讼资金使用管理办法》，将公益诉讼资金纳入财政管理，设立公益诉讼专项资金账户，有效保障受损社会公益的快速修复。

建议：

临沂市人民检察院运用全生命周期机制办理诉讼案件系全国首创，目前已成为常态化，为提高公益诉讼效率创出了很好的经验，如在全国予以推广，必将在更大范围内发挥应有作用。为此建议对临沂市探索实施公益诉讼全生命周期案件办理机制进行专项调研，总结提升经验做法，为全国检察机关开展公益诉讼提供思路方案。

2020 年

关于深化城乡水域污染防治
保护绿水青山推动乡村生态振兴的建议

事由分析：

今年是全面打赢脱贫攻坚战收官之年，是全面建成小康社会目标的实现之年。生态振兴作为乡村振兴的重要基础，是践行"两山论"、推动绿色发展最直接的表现，也是全面建成小康社会的直接检验。近年来，党中央、国务院高度重视生态文明建设，将"生态宜居"写入乡村振兴20字方针，出台了《关于创新体制机制推进农业绿色发展的意见》，启动了农村人居环境整治三年行动计划，加快推进农村"厕所革命"，完善农村生活设施，着力打造农民安居乐业的美丽家园，取得了显著成效。但受长期以来城乡发展不平衡影响，农村环保基础薄弱、投入不足的现状仍未发生根本改变，特别是在涉及种植养殖、生产生活等领域的水污染治理方面还存在较大短板。以山东省为例，每年生活污水超过7亿吨，农村生活和面源污染成为影响河流水质和人居环境的重要因素。主要有三个方面制约：一是污水收集难。大部分村庄都没有排水渠道和污水收集系统，生活污水和雨水混为一体就近排放，特别是家庭清洁、沐浴、洗涤等化工用品污水的排放更具分散性，随意性，收集十分困难。二是投资强度大。污水处理厂建设投资"厂管比"为1:3左右，如果污水处理厂投资500万元，管网投资要达到1500万元，地方党委政府负担很大。三是运行维护难。农村环保事业资金紧缺，专项财政补助经费不能满足正常运行需要，往往出现污水设备"建而不用"，造成浪费。同时，污水设施一般由社区物业代管或村委自管，仅能负责设备的日常看护工作，难以胜任专业水平的系统维护，导致污水处理效果波动和出水水质不达标等问题。

针对这一问题，山东省临沂市兰山区创新水污染治理理念，将治水兴水融入乡村振兴总体规划，按照"点源治理、支流净化、面源控制、全时监控"的工作思路，实施"上下游流域共治"，坚持集中式管网建设与分散式一体化处理设施相结合、主河道治理与点源支流治理相结合，精准对焦、靶向治疗，以治水先行推动沂蒙老区乡村振兴。这是兰山区践行习近平总书记"两山论"的具体实践，既打好农业农村污染治理攻坚战，为乡村振兴、美丽乡村建设提供保障，满足人民群众对美好生活的向往，也牢树系统思维，加快新旧动能转换，倒逼产业转型，实现了经济高质量发展。兰山区连续八年入围全国百强区，位居综合实力百强区第39位，绿色发展百强区第31位。

一是点源治理，推动从集中治污向分散式治污转变。改变传统的集中治污模式，将黑臭水体治理节点前移，在农村污水出村入河处、细小支流等污水管网无法覆盖的80多个村居（社区），安装了日处理生活污水150吨的金锣小型污水处理设备156台套，在31个村居配套建设农村化粪池、养殖污水处理设施、生态氧化塘、人工湿地，基本实现了区域内点源生活污水"零直排"。有关做法在全国黑臭水体源头治理经验交流会和全省水环境管理工作会议上做典型发言，被与会院士、专家认定为可复制、可推广的"柳青河模式""兰山样本"。

二是支流净化，推动点源治污向动脉治污延伸。坚持"水、岸、滩"联动开发、"堤、路、景"一体打造，实施全域水系连通提升工程，对全区72条河流、37座水库、321座塘坝、25座拦河闸坝进行整体打造，统筹推进水利基础设施建设、农村饮水安全、河湖清违清障、水资源管理、水污染防治等工作。今年2月14日，成功获批全国水系连通及农村水系综合整治试点，是山东省仅有的两个县区之一。

三是面源控制，推动从单一治污向系统治污转变。"污染在水中，根子在岸上"。生态环境问题归根到底是经济发展方式问题，解决问题的根本在于贯彻落实新发展理念。坚持把新旧动能转换作为水污染治理的治本之策，实施"腾笼换鸟"，加快淘汰落后产能，关停拆除"散乱污"企业2200余家；实施"机器换人"，引进意大利、德国等世界顶尖的设备，引导企业加强技术创新、工艺创新、设备更新，推动传统生产模式向数字化、标准化、智能化转变；实施"分类提升"，学习借鉴扶贫模式，为每家企业量身定做转型方案、制定转产路径，分批、分类引导现有木业企业转型升级，保证市场供给平衡、工人稳定就业；实施"园区集聚"，制定企业搬迁政策、入园标准、技术规范，明确功能分区，根据产业类型统一做好污水处理等基础配套，提前介入污水处理，从源头上解决污染问题。

四是全时监控，推动传统治污向智慧治污转变。坚持"用制度管人、靠机制管事"，创新"互联网＋环保"新路径，构建形成"线上线下"协同联动的监管格局。在"线上"，建立智慧环保监管平台，配套远程智能监测系统，在小型污水处理设备、沿河道路、河流汇入口、企业排污口等重点部位，安装自动监测和摄像监控设备，实现全天候无缝隙实时监管。在"线下"，完善提升基层网格化监管体系，充分发挥基层网格的作用，构建24小时全天候平台监管与现场巡查治理无缝衔接的环保监管体系。全面落实"河湖长制"，创新"企业河长""群众河长"，持续开展"清河行动"。配套建立水域环境保护生态补偿考核机制，出台《水生态环境保护补偿考核办法》，考核结果纳入地方党政干部综合评价体系，构建形成群策群力、共治共享的治理格局。

兰山区城乡水域污染防治的实践探索证明，金锣小型污水处理设施在水污染点源治理上具有明显的优势：

（一）污泥减量技术成效明显，污泥原位消减率达到90%。拥有发明专利14项、实用新型专利7项，其中4项国际PCT专利进入美国、日本、加拿大等53个国家和地区。

（二）拼接式安装，占地面积小，方便快捷。一台300吨/天的污水处理设备占地60平方米，从安装到投入使用仅需3~5天，可服务保障4500人村社区生活污水处理，运行费用仅为400元/天，而且可就地生成中水回用产生效益或用作景观用水。

（三）设计使用寿命30年，运行噪声小于60分贝。

（四）中水回用价值明显。出水可广泛应用于绿化灌溉、道路和车辆冲洗、建筑施工、消防、冲厕等。目前，临沂市政集团通过签订合同，以每吨0.8元的较低价格，按量计算使用，实现了中水收益。

（五）节能降耗。金锣净水系统与MBR系统（膜技术）相比，优势更加突出，同等处理量占地节省40%～90%、节省电耗83%～92%、耗材94%～99%。

（六）设备可租可售。其中租赁模式，由金锣集团全面负责管理维护，资金利用率高，既减轻了一次性大额采购财政支出负担，又节省了人工和运维等费用，大大降低了成本。

（七）可远程操控，节省人工，运维成本低。一体化净水设备借助智能远程操控，实现了10公里半径内1人维护50个站点。以临沂市柳青河流域为例，如果采用"污水处理厂＋污水管网"的治污方式，至少要修建100公里的污水管网，建设2万吨/日污水处理厂，共需费用约2亿元。以后每年配套设施维护、污水处理、污泥处置还需要花费约1750万元，而且建设周期长，需要2年的时间。而我们通过安装130台金锣小型污水处理设备，建设完成只需2个月时间，采用租赁方式每年费用约2000万元，中水回用普及后，还可以通过收取中水费用来弥补租赁费用。显然在施工难度、经济成本和建设周期上，"小设备"胜过了"大管网"。

办法与建议：

全国人大站位高、理念新，建议全国人大组织有关部委成立调研组，对兰山区城乡水域污染防治工作进行专题调研，总结提升经验做法，为全国广大农村地区水污染防治提供更多方案。

2020 年

关于将临沂列为
国家级"一带一路"综合试验区的建议

事由分析：

山东省临沂市是革命老区。抗日战争和解放战争时期，我党在这里建立了著名的沂蒙山区革命根据地。沂蒙人民"一粒米做军粮、一块布做军装、最后一个儿子送战场"，为夺取革命战争胜利，为新中国的建立做出了巨大贡献。社会主义建设时期特别是改革开放以来，沂蒙老区发生了翻天覆地的变化，已经发展成为现代化的全国文明城市和"中国市场名城""中国物流之都"。2013 年 11 月 25 日，习近平总书记视察临沂时做出重要指示，要求临沂物流向现代物流迈进。

近年来，临沂市委、市政府带领千万沂蒙人民，牢记总书记嘱托，把商贸物流转型发展牢牢抓在手上，摆在全市新旧动能转换和高质量发展的重中之重。特别是进入 2020 年以来，统筹推进疫情防控和经济社会发展，一体化布局"商、仓、流"，启动商谷、国际陆港等重点片区建设，大力发展国际贸易、电子商务和智慧物流。2020 年，临沂商城实现交易额 4403亿元，物流总额达 6847 亿元。获评中国跨境保税直播电商总部基地和国家绿色货运配送示范工程创建城市。

作为共建"一带一路"的重要节点，近年来山东省深度融入"一带一路"建设，全力打造对外开放新高地。2020 年 1 月，省政府正式批复设立临沂"一带一路"综合试验区。作为"一带一路"的山东布局、山东探索，临沂"一带一路"综合试验区以兰山为主要试验区域，以商城为主要试验载体，着力打造"一带一路"国际物流区域性枢纽、国际商贸创新型高地、国际产能合作示范基地、国际人文交流合作平台。

当前，临沂"一带一路"综合试验区建设和东方商都建设正在攻坚推进，综保区、商谷片区、"国际陆港"、物流枢纽的配套建设已全面铺开。试验区的建设，必将加快商城由"买全国、卖全国"向"买世界、卖世界"转变，由内贸型商城向国际化现代化商都转变。

建议：

为进一步打造山东对外开放新高地，加快发展海外商城、海外仓库，积极融入国家"一带一路"倡议，建议批准将临沂列为国家级"一带一路"综合试验区。

1. 功能定位。建议临沂国家级"一带一路"综合试验区的功能定位为：（1）连接"一带一路"国家的自由贸易示范区；（2）山东传统产业向"一带一路"国家产业转移交易区；（3）大宗商品现货自由贸易区；（4）国际金融交流与合作实验区。

2. 加强领导。建议商务部等国家部委、山东省政府相关部门对临沂国家级"一带一路"综合试验区的建设事宜加强领导，指导临沂做好前期有关工作。在此基础上，参照山东自贸区相关政策，拟定临沂国家级"一带一路"综合试验区的发展规划和运行模式方案，先行先试，大胆创新。

3. 工作目标：与省级"一带一路"综合试验区一并建设、一并推进，到2025年，基本建成"一带一路"区域性国际物流枢纽、国际商贸创新型高地、国际产能合作示范基地、国际人文交流合作平台，建设成为具有国际影响力的"一带一路"枢纽城市。

4. 政策支持。（1）支持临沂中国物流大数据中心和区域性智能货物集拼中心；落实国家无车承运人试点的相关税收政策，支持无车承运人试点。（2）支持临沂组开直达青岛的国际邮件邮路，在临沂设立国际邮件互换局。（3）继续推进国家级市场采购贸易方式试点，打造国际工程物资集采集供基地。（4）支持临沂规划建设"一带一路"出口蔬菜加工基地和出口地产品加工基地。（5）支持临沂设立"一带一路"境外经贸代表处。（6）支持临沂综合保税区、临沂港与青岛前湾保税港区和青岛港联动。加大政策支持，对临沂进口商品海关税款担保、汇总征税、监管后置、限定免税等进口通关作业实现便利化政策创新。

2021 年

关于进一步加大支持力度
做实做强我国实体经济的建议

事由分析：

2020 年 8 月 21 日，习近平总书记在听取安徽省委、省政府工作汇报时指出：**要深刻把握发展的阶段性新特征新要求，坚持把做实做强做优实体经济作为主攻方向，一手抓传统产业转型升级，一手抓战略性新兴产业发展壮大。**实体经济是我国经济发展的根基，在人员安置、产业拉动等方面具有重要作用，是经济社会稳定的"定海神针"。目前，一方面由于疫情、国际形势等方面影响短期内难以消除，实体经济发展面临诸多壁垒和考验，一方面实体企业对土地、资金、人才等需求难以满足，导致持续发展的动力缺乏，后劲不足，在规模实力、品牌打造等方面难以突破。

2021 年是"十四五"的开局之年，也是我国建设社会主义现代化强国的新起点。在这种大背景下，政府、社会等各方面多方发力，通过"组合拳"进一步激发实体经济活力、带动整体经济发展尤为重要。

办法与建议：

1. 进一步深化"放管服"改革，优化营商环境，支持实体经济发展。建议进一步出台更多刺激实体经济发展的优惠政策，为实体经济提供持续动力；进一步打造更好的营商环境，不断简化办事程序，优化审批流程，提升运营能力和管理效率，增强法律保障，提升实体经济发展的信心和决心，推动实体经济健康发展。

2. 做好正面引导，推进实体经济中的传统优势产业转型升级。随着技术升级和业态提升，国内商贸物流、机械加工、建材木业等传统产业都面临诸多考验，部分产业的优势甚至在逐步萎缩。建议进一步坚持问题导向，通过确立课题、多部门联动合力攻关，就相关传统产业转型升级制定具体实施方案，配套完善的优惠政策和智力、财力支撑，使我国的传统优势产业进一步活起来、旺起来，带动实体经济的整体繁荣。

3. 多渠道培育实体企业现代化人才队伍。建议加大对高技能人才的培育力度，不断提升高技能人才待遇。实施更加灵活的柔性引才引智政策，注重海外引进和内部培养相结合，鼓励高校以及科研机构合作开展人才精准培养，储备和壮大我国科技力量，不断提升国内实体企业网络科技、国际业务、科研开发、设计、营销团队水平，推动实体经济高质量发展。

2021 年

关于建设以商贸物流为龙头的
全国食品冷链物流管理体系的建议

事由分析：

"十三五"以来，我国食品冷链物流产业得到快速发展。根据国家统计局公布的数据，2019 年，我国蔬菜产量达到 7.21 万吨，水果产量 2.74 万吨，肉类产量 0.78 万吨，水产品产量 0.65 万吨，乳制品产量 0.27 万吨。根据中物联冷链委公布的数据，2019 年，我国食品冷链物流需求量为 2.3 亿吨，市场规模为 6 万亿元。从食品冷链物流设施来看，2019 年，我国冷藏车保有量达到 21.47 万辆，冷库总量达到 6053 万吨，规模以上物流企业 1832 家。以上数字说明，我国食品消费总量和食品冷链物流产业的规模，已为世界第一。

我国食品冷链物流产业的发展，不但为我国人民提供了生存的基本条件，也成为国家社会经济发展的基础产业，特别是对疫情防控工作做出了巨大贡献。

目前，我国食品冷链物流发展存在的主要问题是：

1. 亟待建立全国统一的、完备的食品冷链物流管理体系。食品冷链物流涉及农产品物流、工业物流、国际冷链物流和商贸物流四个体系，分别为食品原料生产流通、食品加工流通、国际食品贸易和商业服务业。近几年，这 4 个体系的管理虽然有了长足进步，但是，在冷链物流环节的衔接上仍然有许多空隙，成为冷链物流的安全隐患。

2. 省、市、县级区域性食品冷链物流行政管理需要进一步下沉、落实。由于我国食品冷链物流企业规模小，仓储、运力资源分散，统一管理的困难很大。因此，目前，我国省一级政府相关部门对食品冷链物流的管理，多是停留在政策层面。市、县级政府相关部门的管理主要抓龙头骨干企业，尚未形成全面的网络化的全覆盖管理。

3. 销售终端到消费终端的链接是个短板，需从根本上予以加强。销售终端，包括城市批发和零售市场、超市和专业店、配送中心、农贸市场和社区市场等，零售市场的食品来源，渠道复杂，难以追溯。而从销售终端到消费终端，渠道更加复杂，特别是单品的追溯尚未形成系统。

办法与建议：

1. **建立全国统一的公益性食品冷链物流管理体系，实行大数据管理。**农产品冷链物流、食品工业物流和食品国际物流是基础物流，而商贸物流是终端物流，在食品冷链物流产业链中，商贸物流无疑占龙头地位。因此，建议国家以商贸冷链物流为导向型龙头环节，建立链接农产品冷链物流、食品工业冷链物流、国际食品冷链物流的大数据平台，统一管理和推动我国食品冷链物流业的发展。

2. **打造全国统一的食品冷链物流管理平台。**市、县级食品冷链物流平台，要对本区域所有食品冷链，包括本区域农产品生产、食品工业生产、国际进口食品、仓储、运输设施、超市和批发市场等各类销售终端、集体和个人消费终端等资源进行整合、汇总，实施全覆盖管理。建议将区域食品冷链物流管理纳入智慧城市建设体系，实施市县长责任制全面推行这项工作的发展。

3. **在全国实施统一的平台行政管理。**政府各有关部门，可以利用这一平台提供的大数据，实施食品冷链物流产业的市场监管、环境监管、卫生安全监管、质量干预、产品追溯、紧急状况处理等职能，以便保证食品冷链物流产业健康、平安地运行。

4. **打造全国统一的食品安全物流体系。**通过平台的运行，制定严格措施，倒逼我国食品冷链物流逐步全面进入科学发展道路，形成全国性食品安全物流体系。有了这个平台的管理，非标准化的食品难以进入大数据管理下的销售渠道，会倒逼农产品、工业食品及制成品、国际进口食品，在产品设计、包装、运输、质量管理等各个环节实施标准化管理，加速我国食品冷链物流产业的智慧化和标准化的发展。

2021 年

关于总结推广山东省临沂市兰山区
"平台指令、众人响应"社会治理新机制的建议

事由分析：

兰山区作为临沂市中心城区核心区，商贸物流发达，人口众多，随着城市建设加快、社会转型升级加速，引发的各类群众诉求不断增加。为妥善解决群众诉求，密切新时期的党群关系，兰山区注重从沂蒙精神中寻找初心使命，以党建引领基层社会治理现代化为主线，以社会治理服务平台建设为主抓手，以全科网格和信息化建设为支撑，以流程再造为发力点，聚合资源，延伸服务，创新构建了一平台受理、一站式服务、一张网共治、一揽子解决的"平台指令、众人响应"治理机制。

一、基本做法

兰山区坚持将解决群众诉求作为推进市域社会治理体系和治理能力现代化的主要抓手，以平台思维建机制、优流程、整资源，实现党建引领聚资源、创新体制激活力、平台指令齐响应、服务群众零距离。

（一）启动党建红色引擎，凝聚社会治理之"魂"。一是强化政治引领。把社会治理作为"一把手"工程，发挥区委"一线指挥"、镇街党（工）委"龙头带动"、村社区党组织"轴心牵引"作用。区里设立9个社会治理工作专班，在临沂市率先设立区委直属事业单位"兰山区社会治理服务中心"。二是强化组织引领。按照支部建在网格的原则，创新构建"镇街道党（工）委—村社区党总支—网格（小区）党支部—楼院党小

组"的组织体系。全面做实社区"大党委"制，探索"楼宇网格化"党建，创新构建"组织亮旗、党员亮相、群众亮招、物业亮星、执法亮剑、网格亮责"的社区治理新模式。三是强化服务引领。建立城市社区党建工作全周期、闭环式管理机制，聚焦群众诉求较多领域，成立山东省第一家房地产领域纠纷对接中心、临沂市首家行政争议和解中心。实施党建引领"红色物业攻坚行动"，建立社区党组织领导下的居委会、业委会、物业服务企业"四位一体"工作机制，成立 31 个物业服务企业党支部，覆盖 290 家物业服务企业，全面提升城市基层治理水平。

（二）创新区镇事权改革，激活基层治理之"能"。一是厘清事权清单。统筹"发展规划、产业布局、项目审批"等 10 项核心发展事权。规范"属地管理"，明确十大重点领域 171 项共有事权。二是优化服务流程。下放"工商登记、食品经营许可"等 135 项便民服务事权，兰山区 74 处便民服务站（点）全面投入使用，实现政务服务事项"一层级办理"。三是整合执法力量。整合基层现有站所、分局执法力量和资源，组建统一的综合行政执法机构。下沉执法力量，累计向镇街道派驻各类执法人员 200 名，具体负责城市管理、住房建设、环境保护等 11 领域 593 项行政执法事项，实现基层"一队式执法"。探索建立委托执法机制，有效化解基层执法难题。

（三）深化网格化治理，筑牢基层治理之"基"。一是做优基础网格。坚持全区"一张网"，优化整合党建、综治、安全等各类网格，建设全科网格，实现网格全覆盖。二是做实网格队伍。按照"1＋2＋N"的模式，每个网格设置网格长 1 名，网格指导员、专职网格员 2 名和专业网格员 N 名，实行责任捆绑，推行组团式服务、联合式执法。三是做强网格效能。统筹社会组织、基层群众自治组织、社区组织等社会力量和其他主体形成"多元"共治合力，做到"小事大事有人管，难事愁事有人问"等经验做法，得到了广大群众充分认可。

（四）用好信息化手段，提升基层治理之"效"。一是工作的信息化。开通"平安兰山"App、微信公众号、部门系统账号等多种渠道采集基础信息，收集社情民意，实现网格内人、地、事、物、情、组织等全要素信息化。打破各部门"数据壁垒"和"信息烟囱"，整合各参与部门单位有关信息，集中数据采集，统一对接导入，实现数据动态更新、共用共享，鼓励有条件的社区，建设"智慧社区"系统。二是指挥的平台化。依托"雪亮工程"、综治信息平台，研发社会治理信息平台，实现区、镇、村三级信息贯通，实现部门信息共享，平台指令，处置联动，形成"网上收集研判、线上分类处理、线下督查整改"的工作模式。三是落实的智能化。网格事项根据权责清单分类逐级审核上报，对网格内排查和发现的各类事项，村社区不能办理的，实行"村社区吹哨、镇直部门报到"；镇街科室处置不了的，实行"镇街吹哨、区直部门报到"，部门不及时报到或单个部门不能解决的，由区平台下达指令，有关部门协同解决，构建"平台指令、众人响应"工作机制。

办法与建议：

上述机制运行以来，取得了显著成效。2021年1月19日，人民网等国家级媒体对这一做法进行了报道。建议全国人大常委会组织有关部委成立调研组，对兰山区构建"平台指令、众人响应"治理机制进行专题调研，总结提升经验做法，为全国创新基层社会治理提供更多方案。同时建议：

（一）坚持以党建为引领创新基层社会治理。坚持将党的领导贯穿始终，把党的政治优势、组织优势、制度优势转化为社会治理优势。充分发挥党组织战斗堡垒和党员先锋模范作用，探索"楼宇化党建"，推动党组织向最基层延伸，依托党群服务中心设立党员先锋岗、引入"红领律师"、红色志愿服务，打造宣传党的主张、贯彻党的决定、领导基层治理、团结动员群众、推动改革发展的坚强战斗堡垒。

（二）坚持以问题为导向创新基层社会治理。坚持以解决群众关注的热点、难点、痛点、堵点问题为根本目的，所有制度设计、资源整合、考核评价都围绕群众满意这一核心来展开。聚焦源头预防，明确"负面清单"，规范小微权力，促进依法行政。

（三）坚持以改革为动力创新基层社会治理。坚持从改革体制机制入手，全力推进体系重塑、资源重组、流程再造，打破条块之间的分割和壁垒。深化区镇事权改革，规范"属地管理"，推动镇街明责减负增能，聚焦主责主业，集中精力抓党建、抓治理、抓服务。

（四）坚持以科技为支撑创新基层社会治理。坚持顶层设计，从省级层面谋划研发社会治理信息系统，实现信息采集、事项流转、考核监督的智能化。创新研发群众诉求信息管理系统，推动群众诉求"一窗受理、线上分流、按期督办、全程留痕"，并与社会治理信息系统融合，对窗口受理的事项不能按期办结的，自动流转到区指挥中心平台，由平台发出指令，进行督办。

2021 年

关于设立"中国企业家节"的建议

事由分析：

截止到 2020 年，我国设立的全国性职业节日已有 6 个，分别是护士节、教师节、记者节、中国医师节、农民丰收节和人民警察节。这些节日的设置和活动，极大鼓舞了该行业从业人员的积极性，对我国经济和社会发展产生了积极推动作用。

近几年，设立"企业家节"的活动在全国各地不断涌现。2021 年 1 月 16 日，临沂市人大常委会审议通过《临沂市人民政府关于设立"临沂市企业家日"的议案》，决定自 2021 年起，将每年 9 月 26 日设立为"临沂市企业家日"。此举从法制层面对全市企业家给予肯定与褒扬，也是临沂市大力弘扬企业家精神、持续优化营商环境的又一举措。另外，吉林省通化市、浙江省温州市、浙江省金华市、陕西省西安市、广东省深圳市、山东省淄博市等地，也先后设立了本市"企业家节"或"民营企业家日"。预计未来几年，我国将会有多个市设立"企业家节"，也可能出现省级人大或政府批准设立的"企业家节"。

办法和建议：

根据这一发展趋势，为进一步鼓励全国企业家在社会主义现代化强国建设的新征程中发挥更大作用，建设由中央政府批准设立"中国企业家节"。

一、设立"中国企业家节"的重要意义

目前，我国有企业主体 3000 余万个，涉及企业家 2000 多万人；个体

工商户4000余万户，每年有近400万人进入企业家队伍。同时，每月约有大中专毕业生和留学回国人员1000余万人就业，不少人进入企业家队伍。"中国企业家节"的设立，将鼓励企业家队伍的成长、壮大和发展。企业家是经济和社会发展最重要的资源，是民族振兴最活跃的力量，设立"中国企业家节"，有利于企业家精神的传承和提升，为凝聚全民族的力量，在中华民族伟大复兴中发挥重要的作用。

二、"中国企业家节"的日期

关于"中国企业家节"的日期选定的原则，一是要有历史意义，二是要对全球企业家具有较强的凝聚力，团结一切可以团结的力量，为社会主义现代化强国建设共同奋斗。

1978年12月18日，中国共产党第十一届中央委员会第三次全体会议在北京举行。全会的中心议题是讨论把全党的工作重点转移到社会主义现代化建设上来。全会做出了实行改革开放的新决策。十一届三中全会，对于更多企业家的成长发展具有极其重要的意义。因此，建议将每年12月18日定为"中国企业家节"，较为合适。

三、"中国企业家节"的活动

"中国企业家节"涉及各行各业的企业家，较其他职业节日，更具有全面性，是一个综合性的职业节日。因此，建议由中国工商联合会负责组织工作，确定节日的指导思想，主要活动内容和方式，制定必要的活动制度等，将这一活动健康、长期地办好。

"中国企业家节"的常态性活动，建议包括：中国优秀企业家的评选表彰；中国企业家精神的研究、提出和推广；中国企业家与社会发展的各类活动，全球华人企业家的交流；中国企业家与国际企业家组织的合作，等等。

2021年

关于修改《体育法》的议案

一、案由

现行体育法是 1995 年 8 月由八届全国人大常委会第十五次会议通过的，这部法律是指导、规范我国体育事业发展的基本法，阐明了国家发展体育事业的基本态度，确立了国家发展体育事业的基本方针、任务和原则，规定了各级人民政府、行业、系统在发展体育事业中的责任。

25 年来，在党中央、国务院高度重视下，在全社会共同努力下，中国体育实现了全面、快速发展，在各方面都取得巨大进步，体育法的实施也取得了显著成就。但是，我们也必须认识到，体育法颁布实施 25 年来，国家经济社会发展和法治环境都发生了巨大变化，体育法的许多内容已经不适应现在体育事业发展的要求，比如，现行法律中"社会体育"的说法已滞后于实践，公民体育权利不够健全，竞技运动员的权利和义务过于简单，选拔、训练和退出机制不完善，体育竞赛中"假赌黑"等问题惩治力度不够大，体育纠纷解决机制不健全，等等。因此，有必要尽快对体育法做出修订。

二、案据

2018 年，全国人大常委会将体育法（修改）列入了十三全国人大常委会立法规划，目前已进入立法规划实施的第四年。而且，我国近年来体育事业的快速发展，为体育法修改积累了丰富的实践经验。

三、方案

（一）关于修法的指导思想

体育法修改时，建议以习近平新时代中国特色社会主义思想为指导，认真贯彻落实习近平法治思想和习近平总书记关于建设体育强国、健康中国的重要论述，坚持以人民为中心，确立体育"放管服"改革的重要成果，突出强调对各类主体体育权益的保护，推进体育治理体系和治理能力现代化。要把党的领导贯彻在体育法修改的全过程、纳入体育法精神原则中。

（二）关于修法的基本原则

现行体育法"原则性、指导性条文多，操作性、责任性规定较少；纲领性、宣示性条文多，资源配置性和政策供给性规定少"。建议在体育法修改过程中，要增强刚性和可操作性，明确政府、行业部门、社会团体、企业、个人等在推动体育事业发展中的权利义务及相互关系，更加突出权利导向，建立政府主导、部门融合、社会协同、公众参与的体育事业发展机制。

（三）突出强调全民健身

当前，公众健身意识越来越强，但场地和设施不足的问题日益突出。在法律修改时，建议突出全民健身在体育强国和健康中国建设中的基础地位，应当明确从健身场地设施、组织队伍、赛事活动、健身指导、精神文明等方面对公民的健身权利予以保障，提供人民群众参加健身活动、养成健康文明生活方式的法律支持。明确关于全民健身的政府职责、条件保障，并对老年人、残疾人等重点人群参加全民健身活动给予特殊保障。

（四）强化学校体育工作

当前学生身体素质下降明显，迫切需要树立健康第一的教育理念，进一步加强学校体育工作，建议法律修改时，进一步细化措施，保障中小学生体育锻炼时间和效果，促使学校、学生和家长共同重视学生体育锻炼。

建议法律修改时，明确将体育科目考试考核纳入小学、中学、大学每学期期中、期末考试中，并将体育科目成绩加入中考、高考成绩总分值中。要将学生每天在校参加一小时体育锻炼明确写入法律中。

（五）完善竞技体育的有关规定

当前我国竞技体育领域存在的主要法律问题突出表现在竞技体育主体关系不明确、竞技体育市场运作模式与举国体制矛盾、国家队与运动员利益难以平衡等方面，应在体育法修改时予以重点考虑。法律修改时，建议从保障运动员权利的角度，明确举国体制和市场机制相结合中的竞技体育人才培养方式、运动员的"产权"归属、退役运动员安置等问题。同时，建议增加反兴奋剂的相关内容，将反兴奋剂的原则、各级政府体育主管部门反兴奋剂的主体责任、反兴奋剂的专项治理、兴奋剂的检查、兴奋剂入刑以及反兴奋剂国际合作等方面的内容列入其中。

（六）增加体育产业的相关内容

当前我国体育产业发展迅速，成绩巨大，但也存在一些问题。法律修改时，要充分体现遵循市场经济规律和加快体育强国建设相一致的价值目标和立法精神，在体育法修改时增加体育产业相关内容，明确体育产业的范围界定、体育无形资产的保护等，明晰政府与市场的职能划分和权力边界、政府监管的职责问题等。可考虑设立体育产业专章，对体育领域的新型合同、赛事转播权、保险等做出规定。

（七）建立体育仲裁制度

体育法规定"竞技体育活动中发生纠纷，由体育仲裁机构负责调解、仲裁"，但由于程序缺乏，25年来，体育仲裁制度一直未能建立。建议法律修改时，借鉴现行的民商事仲裁制度和劳动争议、土地承包仲裁制度，结合体育纠纷的特点，明确体育仲裁的范围、仲裁庭的组成、仲裁程序等，从而初步构建体育仲裁制度框架。

2021 年

关于开展《消防法》执法检查的建议

事由分析：

消防工作事关人民群众生命财产安全，事关经济发展和社会稳定大局。消防法是消防领域的基本法，与每个人的日常生活密切相关。该法施行以来，对预防和减少火灾危害，保护人身、财产安全，维护公共安全发挥了重要作用。

近年来，随着我国经济社会发展和全面深化改革推进，消防事业发展迎来了新的机遇，但也遇到了不少新情况和新问题，主要表现在：消防安全责任制有待进一步落实，习近平总书记关于"党政同责、一岗双责、齐抓共管、失职追责""管行业必须管安全、管业务必须管安全、管生产经营必须管安全"的要求在消防领域还没能全面落实；消防救援机构和国家综合性消防救援队伍承担的预防火灾、扑救火灾和应急救援的法定职责范围在实践中有待进一步厘清；公共消防安全基础建设水平仍有待进一步提高；消防监督管理制度不够健全，等等。另外，消防体制改革过程中，也遇到了一些新的问题，亟须完善顶层设计。因此，有必要组织开展消防执法检查，监督消防法实施情况，查找存在的问题和不足，为新时代全面加强消防工作和消防队伍发展提供强有力的法治保障。

开展消防法执法检查的重要意义主要在以下方面：

一是有利于督促国家综合性消防救援队伍更好地履行新使命。根据中共中央《深化党和国家机构改革方案》，公安消防部队改制，全部退出现役，转到地方后成建制划归应急管理部。2018 年 11 月 9 日，习近平总书记向国家综合性消防救援队伍授旗并致训词，指出消防队伍改革之后，作为应急救援的主力军和国家队，承担着防范化解重大安全风险、应对处置各类灾害事故的重要职责，并提出对党忠诚、纪律严明、赴汤蹈火、竭诚为民的四句话要求。开展执法检查，有助于更好地督促国家综合性消防救援队伍落实总书记重要指示，更好地履行新使命，推进和深化消防体制改革。

二是有助于加强和改进消防执法工作。2019 年 3 月 19 日，习近平总书记主持召开中央全面深化改革委员会第七次会议，审议通过了《关于深化消防执法改革的意见》（以下简称《意见》）。开展执法检查，有助于进一步健全消防执法制度、规范执法行为、完善执法程序、创新执法方式、加强执法监督，更好地落实中央关于深化消防执法改革的意见。

三是完善消防安全责任制和推进消防治理体系现代化的需要。根据中央机构改革方案，目前住房和城乡建设、公安、市场监管等机关和消防救援机构都负有消防监督管理的相关职责，通过执法检查，可以督促部门之间更好协作，完善消防安全责任制，推进消防治理体系现代化。

四是稳定消防安全形势的需要。随着我国经济社会的快速发展，致灾因素明显增多，火灾发生概率和防控难度相应增大，一些地区、部门和单位消防安全责任不落实、工作不到位，公共消防安全基础建设不适应经济社会发展、消防安全保障能力不适应人民群众需求、公众消防安全意识不适应现代社会管理要求的问题仍很突出，消防工作形势不容乐观，通过执法检查，可以更好地加强法律宣传，督促各地区各部门落实法律责任，防范和减少重特大火灾事故发生。

五是可以和《突发事件应对法》修改协调配合，共同推进应急管理事业发展。《突发事件应对法》修改已列入全国人大常委会立法计划，2020 年底有望提请全国人大常委会审议。综合性消防救援队伍是处置突发事件的骨干力量，开展消防法执法检查，也将有助于推进应急法律体系的完善。

建议：

开展消防法执法检查，建议重点检查以下内容：一是各级政府和有关部门以及基层组织履行消防工作职责的情况；二是社会单位落实消防安全责任的情况；三是城乡消防规划制定落实和公共消防设施建设情况；四是消防救援队伍和机构改革情况；五是社会消防力量和消防组织建设情况；六是消防监督管理职责落实情况；七是灭火和应急救援法定职责履行情况。

考虑到消防改革的全面性和复杂性，建议消防法执法检查时，对全国各省（市、区）均开展检查或者委托检查，另外，建议充分发挥各级人大代表作用，鼓励人大代表以适当方式参与检查。

2021 年

关于在更大范围内推广
诉源治理、多元化解的建议

事由分析：

目前，我国矛盾纠纷呈现多样化趋势，新型案件、敏感性案件、群体性案件日益增多，人民群众日益增长的多元司法需求，对新时代人民司法提出了新的更高要求。司法实践中，推动非诉讼纠纷解决方式的普遍适用，有效推进诉源治理、多元化解已成为化解矛盾纠纷的现实需要和迫切需求，能够有效解决当事人纠纷、促进社会和谐、为法官有效减负。

一、当前矛盾纠纷化解的现状

矛盾纠纷化解通常有三道防线，调解被称为维护社会和谐稳定的"第一道防线"，"第二道防线"是仲裁、行政裁决、行政复议，而司法途径则是"维护社会公平正义的最后一道防线"。三道防线有其各自的功能定位，具有互利共赢的特性，有助于社会关系的及时修复。理想状态下是从第一道防线开始，纠纷由多到少、由简单到复杂逐级递进，形成一个有梯度性的化解结构，寻求各类矛盾化解的最优路径，减少二审、执行、涉诉信访等"衍生案件"数量。但是，当前矛盾纠纷化解多使用第三道防线，第一、二道防线使用较少，给法院带来较大压力。

二、临沂兰山法院开展诉源治理、多元化解的实践探索

兰山法院努力践行习近平总书记关于"坚持把非诉讼纠纷解决机制挺

在前面"的重要论述，积极探索诉源治理、多元化解新模式。2020 年收案 42712 件，同比下降 7.51%；结案 40104 件，同比下降 6.83%。收案首次实现负增长，诉源治理效果显著。

一是积极拓宽调解途径。在院机关、派出法庭、法官工作室设立人民调解室，推行律师代理申诉，在区社会治理综合服务中心设立涉法诉求窗口，扩大调解覆盖面。在住建局设立房地产领域巡回法庭，提供人民调解、行业调解、行政调解和司法调解"四调对接"一站式服务。2020 年收案 2062 件，结案 1880 件，结案率 91.71%，调撤率达到 53.56%，近五年来兰山区的房地产领域纠纷案件一直呈现大幅上升趋势，但是通过一站式多元解纷和一站式诉讼服务工作的有力开展，诉前化解纠纷效果显著，该团队 2020 年未再进入诉讼程序的案件 635 件，2020 年收案同比减少 12.81%；成立知识产权法庭，与临沂市市场监督管理局建立诉调对接机制，设立工作室，派驻调解员，优化工作流程，自成立以来，收案 1257 件，调解成功 338 件，调解成功率 26.89%，诉前调解机制作用明显，潜力巨大，这种做法契合了最高人民法院与国家知识产权局联合下发的《关于建立知识产权纠纷在线诉调对接机制的通知》要求，诉调对接工作走在了前列，对于营造良好营商环境，促进临沂商城高质量发展，实现治理体系和治理能力现代化具有非常重要的意义；在郑庄社区设立诉源治理工作站，为村内群众多元解纷、诉调对接提供一站式服务，将诉源治理落到实处。

二是组建类型化速裁团队。组建保险合同、劳动争议、家事纠纷、知识产权等 15 个类型案件专业化审判团队，将部分类型化审判团队和调解组织下沉到基层法庭。在 3 处城区法庭各组建 1 个速裁团队，对除部分专业化案件以外的新收案件进行全面过滤。将调解组织嵌入审判团队，由行业协会和行业性调解组织选派人员进驻法院开展调解工作，经司法局选聘为人民调解员，纳入统一管理。打破司法调解与人民调解、行业调解之间的壁垒，为类型化案件审判团队固定 1 至 2 名人民调解员，方便法官对调解过程适时指导，也便于审判团队及时固定调解成果。

三是程序事项普遍前置。在诉前调解过程中发现调解不能的案件，由法官助理与调解员共同完成送达地址确认、要素梳理、庭前会议、证据交换和争议焦点归纳等程序性事项。立案后，主审法官仅需就双方争议的问题进行审理。自主研发"诉调对接系统"，诉前调解案件无论是否调解成功，均可一键立案，调解笔录同步转为诉讼电子卷宗。大力推广"道交一体化平台"运用，2019年进入诉讼程序的道路交通事故案件下降26%，2020年下降22%。

四是加大诉前分流工作力度。充分发挥各个速裁团队调裁一体化的工作模式优势，对于诉讼到兰山法院的各类民事纠纷进行全面的诉前调解过滤，确保更加充分地发挥派驻到各个团队的人民调解员的职能作用，促进纠纷解决方便快捷，大量纠纷在诉前调解阶段得以解决，进入诉讼程序的案件数量有所减少。同时，成立执行和解中心，对部分简易案件在正式立案前进行执行前调解，该中心运行以来，效果逐步显现，部分案件在进入执行立案前得以解决。2019年转诉调案件数6640件，2020年为16754件，同比上升152%。2019年调解成功案件数3064件，2020年为5091件，同比上升66%。

办法与建议：

实现多数纠纷通过非诉方式及时解决、少量纠纷通过调解和速裁程序快速解决、疑难案件通过精细化审判解决，形成多层次阶梯式解纷体系，切实增强矛盾纠纷化解效果，诉源治理、多元化解必不可少。目前，兰山法院诉源治理工作为推动从源头上减少诉讼增量创出了很好的经验。如在全国推广，必将在更大范围内发挥积极作用。为此建议：

（一）完善协同化治理机制，创新社会治理新理念。根据兰山法院的实践经验，要充分发挥基层法院特别是人民法庭、法官工作室在社会治理中的纽带作用和贴近群众的优势，深化司法宣传，以社区、村为载体，推进司法服务资源力量下沉，构建平台机制共建、矛盾纠纷共治、公平正义共享的诉源治理格局，推动形成"党委政府主导、部门各司其职、多元协同参与、城乡社区自治、司法推动保障"的工作格局，让人民群众充分了解、自觉认同多元化纠纷解决机制。

（二）以智慧法院为建设为引领，完善多元解纷平台构建。充分发挥人工智能、5G、大数据、区块链等信息化优势，全面推动线上多元化纠纷解决平台建设，发挥解纷平台的分流作用，鼓励和引导当事人合理选择纠纷解决方式，实现线下和线上平台融合，为群众提供多途径、多层次、多种类的纠纷解决方式，推动形成"社会调解在前、法院立案在后"的解纷流程。

（三）健全多层次纠纷化解机制，层层过滤，让大量类型化纠纷止于诉外。广泛发动人民调解、行政调解、行业调解、律师调解等各类调解主体，以及公证机构、仲裁机构等机构团体的专业优势和行业资源，优先参与到纠纷化解中，人民法院为前端治理提供坚强后盾，按照"不缺位、不越位、不错位"原则，精准对接各类调解组织，将更多精力投入解决重大疑难复杂案件上来，让诉讼与非诉讼纠纷解决机制各司其职，相得益彰，推动诉讼增量不断减少。

2021 年

关于将临沂革命老区列为
国家级高质量发展共同富裕示范区的建议

事由分析：

共同富裕是社会主义的本质要求，是全国人民群众的共同梦想和期盼。2020 年 10 月，党的十九届五中全会对扎实推动共同富裕作出重大战略部署："到二〇三五年基本实现社会主义现代化远景目标""人民生活更加美好，人的全面发展、全体人民共同富裕取得更为明显的实质性进展"。2021 年 5 月，《中共中央、国务院关于支持浙江高质量发展建设共同富裕示范区的意见》正式发布，在率先探索建设共同富裕美好社会走出了坚实一步。

当前，我国发展不平衡不充分问题仍然突出。为此，建议国家对经济发达省份开展示范建设的同时，尽快在全国革命老区中选择重点地区，作为共同富裕示范区，进行先行先试，引领其他革命老区加快高质量共同富裕。

在全国革命老区中，沂蒙革命老区具备列入国家级高质量发展共同富裕示范区的优势条件：

1. 沂蒙革命老区在中国共产党的领导下，孕育和催生了伟大的沂蒙精神。沂蒙革命老区位于山东省临沂市，抗日战争和解放战争时期，沂蒙人民"一粒米做军粮、一块布做军装、最后一个儿子送战场"，为夺取革命战争胜利，为新中国的建立做出了巨大贡献。2013 年 11 月，习近平总书记在山东临沂考察时指出："沂蒙精神与延安精神、井冈山精神、西柏坡精神一样，是党和国家的宝贵精神财富，要不断结合新的时代条件发扬光大。"2021 年 9 月，沂蒙精神被中共中央批准第一批纳入中国共产党人精神谱系。

2. 在沂蒙精神的指引下，改革开放 40 年来，沂蒙老区发生了翻天覆地的变化，已经发展成为现代化的全国文明城市和"中国市场名城""中国物流之都"。2013 年 11 月 25 日，习近平总书记视察金兰物流时做出重要指示，要求临沂物流向现代物流迈进。为此，临沂市委、市政府带领千万沂蒙人民，牢记总书记嘱托，把商贸物流转型发展牢牢抓在手上，推进全市新旧动能转换和高质量发展，启动商谷、国际陆港等重点片区建设，大力发展国际贸易、电子商务和智慧物流，形成了日客流量 30 万人、"北有临沂、南有义乌"的发展格局，拉动了社会就业，带动了加工业、运输业、饮食服务业、教育事业、金融业快速发展；2021 年，临沂商城实现交易额 5402 亿元，物流总额达 8065 亿元，分别同比增长 22.7%、17.8%。

3. 临沂市民营经济发展优势突出，民营企业数量占比 90% 以上，基本贡献了 80% 以上的城镇劳动就业，70% 以上的技术创新成果，50% 以上的税收，对于稳增长、保就业、推进区域经济高质量发展，发挥了巨大的推动作用。民营经济的快速发展，让临沂走在了全国革命老区发展前列。

建议：

为进一步支持沂蒙革命老区高质量发展，打造革命老区共富范例，建议把临沂列为国家级共同富裕示范区。

1. 工作目标：与国家级物流枢纽城市、电子商务示范城市、省级"一带一路"综合试验区一并建设、一并推进。到 2025 年，在革命老区中率先建成高质量发展高品质生活先行区、城乡区域协调发展引领区、收入分配制度改革试验区、文明和谐美丽家园展示区，打造人民精神生活丰富、社会文明进步、人与自然和谐共生的幸福美好家园，为全国革命老区提供示范。

2. 政策支持。建议国家参照支持浙江省建设高质量发展共同富裕示范区的相关政策，对临沂市开展试点出台专项政策，给予指导和工作扶持。根据需要，在科技创新、数字经济发展、分配制度改革、城乡区域协调发展、公共服务等方面给予改革授权。

2022 年

关于启动京杭大运河支流
山东省兰陵县陶沟河通航工程的建议

陶沟河位于山东省临沂市兰陵县，是京杭大运河在山东省内韩庄运河左岸重要支流，全长34公里，流域面积676平方公里。作为横贯鲁南地区的一条南北向的重要河流，是山东省中南部内陆地区与长三角地区联系交流的渠道。启动陶沟河通航工程，可以使临沂市与京杭运河、东部沿海、长江流域实现水上连通，对于促进鲁南、鲁中地区经济发展具有重要意义。

一、案由

1. "呼应"绿色发展要求。内河水运具有能耗轻、污染小的优势，水运每吨公里能耗仅为公路的1/10、铁路的1/2，每吨公里二氧化碳排放量仅为汽车的1/6，发展内河水运将产生巨大的节能效益、环保效益，符合"低碳经济""绿色经济"发展方向。陶沟河通航工程建设利用原有河道，可节约大量土地资源。同时，通过航道治理，现有航道加宽加深，既综合利用了水资源，又改善了水利设施，也方便两岸群众用水，充分发挥河道旱能浇、涝能排的作用。

2. "适应"大宗货物运输。内河水运运量大、运价低，成本优势明显，尤其在大宗、笨重货物的长途运输方面发挥着难以替代的作用，经测算，水路运输成本为公路的1/2.2，铁路的1/1.8。腹地矿产资源及产品依托干支相通的航道网络，能够实现就近下水，进一步提高产业效益，增加本地区经京杭大运河南下货物的外运能力，使京杭大运河山东段运量大幅度增加，丰富货运种类，巩固京杭大运河资源通道的地位。同时，陶沟河通航工程的实施，可以整合利用枣庄、徐州等地市共用资源，增强鲁南经济圈的实力，提高鲁南地区在鲁南苏北经济圈的辐射力和竞争力。

3. "顺应"运输结构调整。临沂是物流之都，物流运输主要依靠公路、铁路运输。目前铁路运力接近饱和，公路运输压力增大。公路货运车辆超限超载对公路损坏严重，公路的养护费用较大，存在安全隐患，且来往车辆尾气对大气环境影响较大。近年来，国家积极实施"四减四增"，大力调整运输结构，推动大宗物资"公转铁、公转水"，鼓励中长距离运输采用铁路、水路运输。陶沟河北靠临枣铁路、岚荷高速公路。兰陵县响应国家号召，积极调整运输结构，推动公转水、铁转水，大力发展多式联运。目前，总投资 4.9 亿元的临枣铁路新兴物流园铁路专用线建成并通过验收，投资 2.5 亿元的岚荷高速公路新兴互通立交及连接线正在实施。陶沟河通航后，可实现公铁水联运，可大大减轻公路、铁路交通运输压力，同时也将完善区域综合交通运输体系，推动临沂全国综合交通枢纽城市建设。

二、案据

1. 有政策依据。根据《国务院关于山东新旧动能转换综合试验区建设总体方案的批复》（国函〔2018〕1 号）精神，2018 年 2 月 13 日山东省政府印发《山东省新旧动能转换重大工程实施规划》，要求建设一流基础设施，实施通江达海内河水运工程，加强内河航道建设，初步形成以京杭运河主航道为骨架，其他支流航道为补充的"一干多支"航运网络。2021年，陶沟河通航工程项目列入《山东省国民经济和社会发展第十四个五年规划和 2035 年远景目标纲要》重大交通基础设施工程的水运项目。

2. 有工作规划。2018 年 7 月，陶沟河通航工程项目列入《山东省内河航道与港口布局规划》，作为临沂市唯一的内河项目上报市发改委、省发改委。2019 年，委托葛洲坝集团对陶沟河通航工程进行了规划设计。2020 年，山东省交通规划设计院港航所进行了可行性研究，初步编制出了三套工程建设方案。

3. 有基础条件。内河航运是山东省综合交通运输体系的重要组成部分，京杭运河主线及支线已形成省内主要内河航道网，在区域经济社会发展中发挥着重要作用。陶沟河航道作为京杭运河的一条支线航道，其建设可以提高京杭运河主航道的利用率，完善当地交通运输网络，加快港口与航道配套基础设施建设，促进内河航运事业的大发展。建设条件方面，陶沟河通航工程位于临沂市兰陵县、枣庄市台儿庄区以及江苏省邳州市，本地公路、水路运输均比较方便。施工所需物料及设备可通过水运转陆运或者直接从周围四通八达的公路网运输。当地钢材、水泥等建筑材料充裕，山东及江苏省内施工力量雄厚，工程建设经验丰富。地区地下水源与河流水源丰富。施工用电可向有关部门申请从附近变电站就近接入。施工期的临时通信可使用地方公用电话网、长途电话网和无线通信等。经济效益方面，山东省规划设计院编制了三套工程建设方案，推荐的建设方案经济内部收益率（EIRR）为 8.26%，大于社会折现率 8%，经济净现值大于零。经济敏感度分析显示推荐方案具有较强的经济抗风险能力。通过本项目的建设，可以带动相关产业发展，增加当地居民的就业机会，提高人民的生活水平，会对项目影响区域产生有利的社会经济影响和社会环境影响。

三、建议

一是建议国家把该项目调整纳入《全国内河航道与港口布局规划》、国家《"十四五"现代综合交通运输体系发展规划》，为项目建设提供有力支撑。

二是建议国家将该项目列入振兴革命老区发展重点项目，由中央给予资金支持。

三是鉴于陶沟河为鲁苏界河，建议国家发改委、交通运输部给予办理项目手续，推进项目早日落地，并支持山东、江苏两省建立沟通协调机制，共同推动项目规划建设。

2022 年

关于加强快递物流行业党建工作
高质量发展的建议

一、背景动因

2013 年 11 月 25 日，习近平总书记视察临沂商城兰田集团金兰物流基地时指出："临沂物流搞得很好，要继续努力，与时俱进，不断探索，多元发展，向现代物流迈进，你们的事业大有可为。"2021 年 4 月 25 日至 27 日，习近平总书记在广西考察时指出，要完善多渠道灵活就业的社会保障制度，维护好卡车司机、快递小哥、外卖配送员等的合法权益。相关指示要求为快递物流行业发展指明了方向，提供了遵循。作为人大代表，在调研中发现一些制约行业发展的深层次问题仍然存在。

（一）监管主体不明确，多头管理问题依然突出。快递物流行业监管主体有发改、交通、邮政等多个部门单位，监管力量分散，缺乏统一管理，行业监管体制机制不健全，影响了扶持政策和服务资源的集聚，制约了行业的健康发展。

（二）行业保障体系不完善，关心关爱从业人员欠缺。行业为了拼服务，从业人员工作节奏快、强度大，时间被数据严格控制，一日三餐没有保障、风里雨里依旧前行，且多为企业外包聘任人员，"五险一金"购买不及时。社会更多关注到了他们的服务质量，但对行业从业人员的关心关爱不够，保障服务体系不完善。

（三）人才队伍建设滞后，核心竞争力明显不足。对从业人员的综合素质缺少硬性要求，加上劳动强度大、工作环境差、客户认可度低、出资人不善管理等原因，从业人员的技能水平和职业素质普遍偏低，懂经营、善管理的复合型快递物流人才缺口较大，一定程度上制约了企业的转型升级。

（四）党的工作不够到位，影响覆盖还有空白。近年来，随着快递物流行业等新业态的蓬勃发展，就业人数不断壮大，已经成为新的劳动大军。但党的组织和工作在这些领域覆盖还不够到位，党对这个群体的影响力、凝聚力相对较弱。所以，加强快递物流行业党建工作对于巩固党的阶级基础和群众基础具有重要意义。

二、实践探索

近年来，全国陆续涌现出了一批快递物流行业党建工作先进典型，探索了许多成熟经验和先进做法。比如，临沂是中国市场名城、物流之都，也是中国快递示范城市、电子商务示范城市，截至 2021 年底，已建成物流园区 32 处、物流企业 3901 家，各类型物流运输车辆 25.9 万辆，从业人员 42.5 万人，2021 年全市道路运输营业收入 112.1 亿元，物流总额达到 8065.7 亿元，位居全国前列；全市快递行业共有法人企业 81 家，从业人员 1.3 万人，2021 年全市快递业务收入达到 44.9 亿元，快递业务完成量 8.89 亿件，位居全省第一位。结合这一业态实际，临沂市委始终坚持党建赋能，把党的政治优势、组织优势叠加为行业发展优势，实现了党建与行业发展互融互促。

（一）围绕明确"谁负责"的问题，探索成立快递物流行业党委。市委按照"试点先行、全面推开"的原则，市级率先成立快递物流行业党委，兰山区、莒南县、平邑县等 12 个县区全部成立了行业党委。行业党委由交通运输部门牵头抓总，发改、邮政等 8 个行业监管部门的负责同志担任党委委员，履行行业部门"抓行业就要抓党建"的职责要求，积极推动企业"党建入章"，落实党组织班子成员和企业管理层"双向进入、交叉任职"制度，推动党组织参与企业重大问题决策，明确行业党委成员单位责任分工，共同促进行业高质量发展。比如，行业党委发挥资源串联优势，通过搭建党群服务平台、开展党建共建活动、实施"暖蜂"工程、设立从业人员"关爱基金"，打造职工热线等线上平台及工会法律服务站（点）等方式，完善行业内基础保险保障，帮助外来务工人员解决随迁子女入学、家属务工等问题，提高从业人员幸福感。

（二）围绕抓好"怎么建"的问题，开展建组织扩覆盖行动。重点推进快递物流领域扩覆盖行动，由街道负责兜底管理，根据快递物流企业总部、分支机构、项目团队和基层网点布局设置，采取"企业单建、行业联建、区域统建"等形式，共建立行业企业党组织 76 个。通过组织找、找组织、双向比对等方式，将 962 名党员纳入组织管理。完善培训课程体系建设，创新"线上＋线下""政治学习＋人文关怀"的教育方式，开设"卡友课堂""蜂巢课堂"68 班次，及时推送上级最新政策、党员先进事迹、道路交通法规新要求等内容，有效解决了组织生活开展难的问题。临沂市兰山区按照"物流线路延伸到哪里，党的阵地就覆盖到哪里"的理念，依托驻外流动党员党委，在北京、深圳、济南等地建立"红色驿站"，让党员司机在外地也能找到"家"。

（三）围绕破解"力量弱"的问题，外派干部帮扶内增党员活力。选取党建工作基础较好、社会影响力较大的企业进行重点培育，通过选派"红领书记"、党建指导员、驻企联络员，与行业主管部门党组织联建，实行党建工作经费倾斜等举措，培育了金兰现代物流园党委、申通快递党支部等一批行业示范党组织。建立快递物流企业发展党员计划单列制度，发展卡车司机党员和快递小哥党员 52 名，确定入党积极分子 300 名。开展"红旗车队""流动先锋"评选，引导广大党员司机、党员快递小哥当先锋、做表率。申通快递临沂分公司党支部在疫情期间复工复产、防疫一线设立党员先锋岗，用实际行动展现党员担当；临沂商城推动"共产党员经营户"挂牌经营，授予党员司机"流动红旗号"，以党员先锋模范作用的发挥助力行业健康发展。

（四）围绕解决"起作用"的问题，推行"物流一件事"举措。探索行业党组织作用发挥的有效途径，建立协调机制、建设共享式党群服务中心、推动行政资源下沉，服务行业发展。临沂市河东区正直车辆检测服务大厅开办"物流一件事"窗口，将审批窗口前移至车辆检测现场，在检测机构完成上线检测、达标核查、卫星定位入网等业务的同时，行政审批、交警、交通运输部门同步审批，以往需要跑3个部门4个窗口办理的证照，实现了一窗受理、一次办好。在临沂天源国际物流园党群服务中心的"物流人家"，行业党委积极协调开展"一次办好"服务，卡车司机不仅可以办理交通证件、查询车辆信息、年审证件、处理违章等业务，还可以享受学习交流、普惠金融等优质高效服务，获得广泛好评。

三、有关建议

（一）着力完善体制机制，抓好行业监管。建议从国家层面推进快递物流行业党组织体系建设，建立健全部门联席会议、协商议事、政企对话等机制，明确行业监管部门职责分工，统筹行业协会、属地政务服务等资源，变"九龙治水"为党组织"统一领导"，合力破解制约行业高质量发展的问题。

（二）着力搭建载体平台，抓好情感关怀。落实行业从业人员岗前法律培训，提高知法懂法守法用法意识。推广建立覆盖更广的"小蜜蜂关爱站""司机之家"等，把发展党员工作向行业一线从业人员中的先进分子倾斜，完善多渠道灵活就业的社会保障制度，解决共性困难，提高行业从业人员的社会地位。

（三）着力强化教育培训，抓好人才建设。发挥行业党组织和企业党组织凝聚人才、培养人才、关爱人才的作用，持续优化行业人才结构。加强人才培养，建议开放党校、干部学院、职业学院等平台，把优秀的快递物流行业企业出资人、管理层纳入技能提升、学历提升的培训范围。

（四）着力推进共建共享，抓好资源整合。建议组建全产业链党建联盟，加大物联网应用技术投入，搭建"信息共通、资源共用、成果共享"平台，整合资源，打破产业壁垒，强化商贸业、快递物流业和仓储业的相互支撑带动，助推行业发展提质增效。

　　加强行业党建工作是快递物流行业破解难题、激活动能、实现高质量发展的关键。2023 年是习近平总书记视察临沂并对物流行业发展做出重要指示要求 10 周年，建议在临沂召开物流行业发展座谈会，深入总结研讨物流行业党建工作和业务发展，引领推动物流行业更好更快发展。

2022 年

关于培育建设一批
国家级高质量消费中心市场集群的建议

事由分析：

2019 年 10 月 14 日，经国务院同意，商务部等 14 部门联合印发了《关于培育建设国际消费中心城市的指导意见》（商运发〔2019〕309 号，以下简称《指导意见》），提出明确利用 5 年时间，选择"基础条件好、消费潜力大、国际化程度较高、地方意愿强"的城市，培育若干个国际消费中心城市，并确定上海、北京、广州、天津、重庆等五个城市为首批城市。目前全国仍然有数十个城市正在积极准备，争取纳入国际消费中心城市行列。

在当前的新发展格局下，依托国内巨大规模的社会零售总量，依托我国改革开放四十多年来形成的巨大规模的商品市场集群，创办一批国家级消费中心市场集群基地（以下简称消费中心市场），对推进我国国际消费中心城市的快速发展，推动我国大型市场集群的转型升级，为推动城乡居民创新消费，提高消费，推动以国内大循环为主体、国内国际双循环相互促进的新发展格局的形成，具有重要意义。

一、建设国家级消费中心市场的指导思想

1. 大型市场集群是我国城乡居民消费的重要基地。商品市场是我国消费品流通的主渠道之一，也是我国城市居民消费主要基地。据统计，全国亿元以上商品交易市场已达到 3891 个，其中，大部分市场集群已经具备国

际贸易功能。2020 年，全国亿元以上商品交易市场成交额为 105748.7 亿元。同时，全国出现了诸如义乌、临沂、白沟、武汉、长沙、沈阳、成都、昆明、郑州、乌鲁木齐等数十个交易额超过 1000 亿元以上的大型市场集群，有的市场集群交易额（含电商交易额）超过 7000 亿元。目前，这些大型市场集群已经进入转型升级的新的发展阶段。

2. 消费中心市场基地的内涵。消费中心市场基地，是指从我国现有大型商品市场集群中，选择一批市场交易场所和物流设施等硬件条件较好、市场交易额巨大、市场国际化程度较好、市场转型升级能力较强、发展前景看好的大型消费品市场集群，通过重新布局，改造升级，打破省级行政区域限制，赋予新的消费动能，形成的一批新型跨省的大区域消费中心市场集群基地。

3. 建设和培育国家级消费中心市场集群的指导思想。坚持习近平总书记关于"要坚持用全面、辩证、长远的眼光分析当前经济形势，努力在危机中育新机、于变局中开新局""逐步形成以国内大循环为主体、国内国际双循环相互促进的新发展格局"的指示，立足国内大循环、畅通国内国际双循环，积极应对世界百年未有之大变局和当前国内外经济形势变化的战略举措，在"十四五"期间，积极推动更高水平的对外开放，加快构建全国统一大市场，实现国际与国内两个市场的紧密链接，通过发展新型消费，实现传统市场向现代市场的转型升级，建设新型消费平台和消费基地，尽快形成我国新的经济发展格局。

二、国家级消费中心市场的主要功能

1. 实现与国际消费中心的紧密链接，并成为即时互动的新型消费高地。目前，我国大多数商品市场集群在国内小范围区域独立运行，与国际消费中心衔接不够紧密。要满足我国人民新的消费需求，通过建设国家级消费中心市场，逐步实现与国际消费中心的物理链接、信息链接和人员链接，并实现即时互动，形成新型消费基地。消费品供应链的全球配置是市场资源配置的自然选择过程，也是全球经济发展的规律。未来我国经济实现高质量发展，人民生活的提高，必须在更加开放的条件下进行，我们必须在立足国内大循环的过程中，努力实现国内外高端消费中心的即时互动。

2. 推进新消费的发展，拓展消费新领域。2021 年，我国人均 GDP 达到 1.2 万美元。"十四五"期间，我国将进入高收入国家行列，我国 14 亿人口的消费档次也将逐步提高。全世界一国、数国的产品难以满足我国庞大居民全部需求。我们必须与世界各国交流，拓展新的消费领域、新的消费方式和新的消费商品。例如全世界大量品种各异的农产品、海产品、食品、时尚产品、数码产品、文化用品等。通过建设国家级消费中心市场，促进我国部分大型市场集群逐渐成为引领全球大多数国家消费品生产和贸易发展引擎，由我国大型市场集群主导世界消费方向和商品流向。

3. 发展品牌经济，提升国内统一大市场的档次。改革开放以来，我国向世界输送了大量物美价廉的普通消费品。但是国内品牌经济发展缓慢。品牌是市场经济发展的核心竞争力。目前，我国虽然是世界工厂，具有全世界最大的制造能力。但是，大量世界品牌还掌握在西方国家手中。他们通过品牌的输出，获取商品生产和流通过程中的大部分利益。随着我国国内高消费的兴起，发展品牌经济，成为我国经济发展的重要一环。通过建设国家级消费中心市场，实现我国品牌的集中展示，集中经营，集中发展，促进我国品牌向世界品牌转化，突破西方品牌的核心市场地位，让我国品牌成为世界品牌的核心力量。

4. 建设现代商业大型基地，为国际消费中心城市发展提供服务。40多年来，我国商品市场的硬件设施，包括市场经营场所、物流基地、仓储园区、服务场所，各类商业机电、办公设施，虽然经过数次升级，都有了较大档次的提升，但从总体上来看，仍为传统集贸市场的形态。这种市场形态，难以形成高端消费基地。为此，通过建设国家级消费中心市场，对部分大型市场集群进行重新规划，按照高端消费基地进行设计，开展新一轮的市场硬件设施的提升，全面提高商品市场的档次，为市场经营主体和消费者提供新的现代化商贸条件，并与全国国际消费中心城市相连接，为全国国际消费中心城市发展提供全面服务。

5. 发展数字经济，实现实体商品市场的全面智慧化。据不完全统计，全国亿元以上商品市场总摊位数在 350 万个左右。这些摊位大部分是由中小企业和个体工商户所经营，他们联系着全国十几亿消费人口，并为全世界数十亿人提供服务；市场每年的总交易额、资金流转量、物流流转量、单品购买量，其规模都是数十万亿计。但是，由于大多数市场仍为传统市场，这些巨大的数字资源，至今仍未形成数字经济。通过建设国家级消费中心市场，对这些数字进行开发，每年将会增加数万亿元的收入，并能实现市场的全面智慧化、现代化，实现我国商品市场的全面提升。

三、国家级消费中心市场的布局

第一批大区域国家级消费中心市场，建议选择以下 10 处市场集群：

（1）山东省临沂商城；（2）浙江省义乌市场集群；（3）河北省高碑店白沟市场集群；（4）武汉市汉正街市场集群；（5）长沙市金桥国际市场集群；（6）沈阳市五爱市场集群；（7）成都市西部新城市场集群；（8）昆明市螺蛳湾商城；（9）郑州市西部市场集群；（10）乌鲁木齐市大巴扎商业街区。如果条件成熟，也可以选取更多的大型市场集群，拓展、建设大区域国家级消费中心市场。

四、相关工作建议

1. 做好全国建设国家级消费中心市场的调研，编制相应的指导意见。建设大区域国家级消费中心市场，对国际消费中心城市和我国商品市场的转型升级，都具有重要意义。这项工作牵扯到与全国国际消费中心城市发展思路的衔接。建议，根据全国国际消费城市发展指导意见的要求，结合我国商品市场集群的转型升级的思路，制定相应的指导意见。由市场集群所在地政府提出申请，经上级审查批准后，市场集群所在地政府编制实施方案，纳入全国项目库，统一指导这项工作的运行。

2. 建议将国际中心城市的相关政策引入国家级消费中心市场。聚集优质消费资源。发展品牌经济，吸引国内外知名品牌新品进入市场集群；加快培育和发展服务消费产业。推动实体商业转型升级，打造一批具有较强国际影响力的新型市场集群。加快传统市场的改造提升工作。打造商旅文体跨界联动示范项目；打造消费时尚风向标，培育市场集群成为国际产品和服务消费新平台；鼓励国内知名品牌发布新产品、新服务；促进时尚、创意文化业态进入市场集群发展。加强消费环境建设。开展市场集群的环境美化建设，提高服务质量和水平；建立健全高效物流配送体系等。

3. 将全国自由区贸易区相关政策引入国家级消费中心市场。目前全国自由贸易区发展迅速，并取得了良好成就，建议将自由贸易区部分政策，引入国际化消费中心，市场基地，以促进我国新消费的发展。例如，支持依托现有交易场所依法合规开展农产品、工业消费品、部分原材料等大宗商品现货交易，吸引境内外大宗商品生产商和贸易商集聚；集中开展境内外货物中转、集拼和国际分拨配送业务，拓展海运国际中转集拼业务试点，打造具有国际竞争力的拆、拼箱运作环境；加快发展数字化贸易。搭建数字化交易平台，促进基于互联网技术的零售、物流、金融、专业服务、健康服务等领域的数字贸易发展；支持市场主体开展跨境电商进出口业务，区内海关特殊监管区域依法合规全面适用跨境电商零售进口政策，引进境内外跨境电商产业链优势资源项目；推进食品农产品等检验检疫和追溯标准国际互认，创新出口货物专利纠纷担保放行方式。将旅游采购与市场采购政策延伸至国际化消费中心基地，促进国际商人进入市场开展贸易活动。将 B 级保税退税交易中心引入国家级消费中心市场，推进大区居民实现国际产品的消费领域，享受国家保税退税政策的成果。

4. 建设国际冷链物流，实现国际冷链产品与批发零售市场的零对接。全球中高端农产品、海产品和副食品，将成为我国居民未来消费的重要商品。国外居民对我国各类特色农产品、海产品和副食品的消费也将逐步增加。目前，我国国际冷链物流网络布局，仍然集中于大型港口和大型中心城市，并未与商品市场紧密衔接。为了推动我国居民对国际农产品、海产品和副食品的消费进程，同时，推动我国商品市场与国际冷链物流消费市场的贸易，建议，在国家冷链物流枢纽工程的布局中，逐步实现国际冷链物流体系与国家级消费中心市场的衔接，实现农产品、海产品和副食品的双向贸易。

5. 指导国家级消费中心市场的数字经济发展。我国亿元以上大型市场集群已经形成了庞大的商业产业。这些产业中蕴藏了庞大的数字经济开发基础。但是，目前我国大型市场集群的经营管理主体，多是民营企业。这些企业大部分不具备开发数字产业经济的资本能力和人才能力，致使我国大型市场集群的数字产业化进程发展缓慢。建议，国家相关部门对这一行业进行详尽的调查研究，引导具备开发数字经济的大型企业、数字企业和高科技企业，进入商品市场的经营管理领域，引导商品市场数字经济的开发，从而推动现有商品市场经营管理企业的转型升级，实现我国商品市场数字经济的产业化，推动我国庞大的商品市场产业实现全面升级。

2022 年

关于鼓励个人和民间组织
自主创建世界级自然科学与社会科学奖励体系的建议

事由分析：

为了加快提升我国在全球知识界的话语权和影响力，夺取在世界百年大变局发展中的主动权，建议我国政府鼓励个人和民间组织，自主开创、建立世界级自然科学与社会科学奖励体系（以下简称世界级科学奖励体系）。

一、创建世界级科学奖励体系的重要意义

自工业革命以来，西方国家陆续设立了涵盖自然科学和社会科学各个领域、各类专业的奖励体系。其中，诺贝尔综合科学奖至今占领着世界综合科学奖项的最高地位。

上百年来，我国在自然科学、社会科学研究方面具有重大进步。在生命科学、数学、化学等领域，一大批科学家做出了领先世界科技前沿的重大贡献。改革开放以来，我国经济发展速度成为世界奇迹，特别是我国的扶贫经济，创造了世界上最好的经济学理论。目前，我国已经成为世界第二大经济体，在世界上的影响力越来越大。为此，我国应尽早起步自主创建世界级综合科学奖励体系，争夺自然科学和社会科学的世界影响力和话语权。

二、做好世界级科学奖励体系的顶层设计

建议我国政府相关部门，对世界上现有的具有重大影响的自然科学和

社会科学奖励体系进行全面调研，对每一个奖项的设立目的、指导思想、法律依据、科学基础、评选过程、评选组织和制度、奖励基金的管理等，进行详细调研，并做出评估，编制调研报告。同时，对于我国现有自然科学和社会科学的各类奖项，包括政府奖项和民间奖项，进行调查，对这些奖项的设立、评选过程、评选制度、影响力和发展前景进行评估。在此基础上，开展我国自主创办世界级科学奖项体系的高层设计，包括自然科学和社会科学的综合奖项、专业奖项与专题奖项的设计，编制我国创立世界级自然科学与社会科学奖励体系的发展规划。

最基本的要求，我国自行创办的自然科学综合奖，包括物理学奖、化学奖、生物学奖（生命科学与医学）、地学奖、天文学奖、数学奖等六大自然科学奖项，奖励的科学标准和奖金标准，应逐步达到诺贝尔自然科学综合奖的水平。力争通过数十年的运行，使其在全球的影响力逐步超过诺贝尔自然科学奖。

社会科学奖，包括人文、艺术、经济学、人类安全等专项科学奖，也应该设计世界级水准的奖项，以逐步展现中华文化、东方文化和我国社会制度在全世界的影响力、话语权和正当性，让中华民族从根本上立于世界民族之林。

三、世界级科学奖励体系的基本制度要求

目前，世界科学级奖励体系，奖项多数由个人和民间组织设立、评选和运行，即使是政府设立或具有政府背景的科学奖项，表面上也由个人和民间组织运行。为了让奖项在世界各国产生重大影响，建议我国设立的此类奖项由我国个人或民间组织在法律框架下运行。对世界级自然科学综合奖项，可以由我国企业家个人名义创办、运行，也可以由大型民营企业为主、部分国有企业共同捐资创办。

我国创立的世界级科学奖励体系，一定要立足世界，放眼全球，奖励对象一定要选择世界顶尖人才，对其所做出的世界顶尖基础科学创新项目进行奖励。为了尽快超越世界科学奖励体系的运行，奖励对象的选择，要

不分国籍，不分族群，不分信仰，一视同仁。

要建立信誉崇高的评审机构和公正的评审机制。评审的领导组织和管理组织，在我国具有主导权的前提下，可以吸收部分世界上德高望重的政治家和科学家参与。奖金评审技术组织，也要选择部分在世界上具有影响力的科学家和学者参与。要参照现有世界级科学奖评审机制的法律法规，建立具有我国特色的评审制度和法规，以保证各项评审工作的公平运行，取得世界广大科学界人士的高度信任。

四、相关建议

1. 由政府统一组织世界级科学奖励体系的建设。创建世界级科学奖励体系是一项非常复杂的工作，要在政府统一组织下进行。要对创建世界级科学奖励的各类奖项，进行统筹规划，逐步有序开展。要制定完善的管理规则、创建程序和运行方式，对创建世界科学奖励奖项的主体进行严格的政治和资格审查。

2. 鼓励德高望重的企业家以个人名义设立世界级综合科学奖。近几年，我国出现了一大批优秀的企业家，他们社会影响力广泛、社会捐赠数额巨大，建议国家鼓励这些企业家以个人名义设立世界级综合科学奖。这对于我国企业家的成长，对我国和世界科学的发展，意义重大，也能满足企业家的捐赠愿望。

3. 鼓励个人和行业协会等社团组织创建各类专项科学奖。通过数年或者几十年的运行，让这些专项科学奖，逐步进入世界顶级科学奖行列，以此形成以中华文化、东方文化为主体的世界科学奖励体系，提高中华文化、东方文化在世界上的话语权，并能够吸引世界顶尖人才向我国集聚，为我国新时代社会主义建设服务。

4. 世界级科学奖励组织主体应该放在全国各地，放在民间。未来，我国可能出现几十个甚至上百个世界级科学奖项，其组织主体应该放在全国各地，放在民间。根据实际需要，多数奖项可以放在省会、地级市或者县级市。这样，更具备活力，在世界上的影响力会更大、更好。

5. 国家根据需要制定专项政策予以支持。创建世界级科学奖励，是一项长期工作。因此，政府要制定相关专项政策，鼓励企业家和民间组织进入这一领域，做好这项工作。这些政策包括，对个人和民间组织给予名誉鼓励政策，对基金捐献给予免税政策，对基金运行给予优惠政策。

2022 年

关于推广实施"检企共建一站式"
工作机制的建议

事由分析：

服务保障民营经济发展，是检察机关的政治责任。随着经济社会发展，土地、环保等问题越发严峻，非公经济面临的减产转型、创新升级、提质增效等挑战越发凸显，涉法涉诉问题增多，司法需求迫切。与此同时，涉民营企业案件数量居高、类型多样，有的民营企业是刑事犯罪或民事侵权直接受害者，有的则因高管违法犯罪而影响生产经营，成为间接受害者。邹平隶属山东省滨州市，是全国百强县（市），民营经济发达，县域企业22000余家，其中规模以上工业企业328家，市工商联会员总数2147个。如何服务保障民营经济高质量发展，当好企业的"老娘舅"，是检察机关长期以来一直思考的问题。

一、当前影响民营企业发展的突出问题

（一）民营企业对法治的"需求侧"非常迫切。调研发现，企业普遍反映惠企政策落实及营商环境营创中存在"上热下冷"的情况，基层行政执法人员对企业合法权益重视不足，存在不作为、慢作为现象；民营企业自身合规经营机制尚不完善，由于缺乏法律意识而无意间触犯法律或产生纠纷的情况时有发生；民营企业内部职务违法犯罪行为日渐增多，挪用资金、职务侵占等"监守自盗"式违法犯罪成为困扰企业生产经营的重要问题。另外，还有部分企业表示自身知识产权意识不强，对商标、商业秘密

等知识产权保护不够，影响企业长远发展，以及拖欠工程款等不诚信行为，损害了民营企业合法权益。

（二）法治服务保障民企的"供给侧"存在薄弱环节。服务优化营商环境的司法理念不牢，部分司法工作人员对民营经济的重视程度不够高，对民营企业平等保护的意识还不够强；服务优化营商环境的能力素质不够，涉企案件办理关涉成百上千企业员工及其家庭的利益，案件往往刑民交叉，法律关系复杂，但复合型专业人才紧缺，制约案件高质量办理；对企业的"订制式"供给不足，企业的合规引导不足；司法服务的协同性、集约性不高，职能部门之间缺乏整体联动性和全局规划性；涉企检察职能宣传力度不够，很多受访企业家在了解检察机关涉企服务职能后，表示"如果早知道找检察机关帮助就好了"。这表明，社会对司法职能的了解程度不深，影响了民营企业对自身合法权益的及时、有效保护。

二、邹平市院"检企共建一站式"服务民企发展的实践探索

为有效打通服务保障企业"最后一公里"，邹平市检察院积极构建"检企共建一站式"工作机制，制定出台《涉企案件办理经营性影响评估制度》，以检察工作高质量发展助推经济社会高质量发展，并获得了人大代表、政协委员的认可。2021 年 5 月份，应全国 500 强企业——山东创新集团邀请，建成全市唯一一家驻企业"非公经济法治护航中心"，并以此为契机，组建服务民营企业工作专班，建立"四检合一"办案模式，应邀在 2 家民营企业设立"巡回检察工作站"，打造"e 品企盾"特色检察品牌，构建了"检企共建一站式"服务保障机制。

该机制的建立和运行得到邹平市委、市人大、市政府、市政协等主要领导批示肯定，为充分发挥检察服务保障作用，及时回应民营企业诉求奠定了基础。2021 年 8 月份，被山东省检察院确定为全省民营经济服务规范试点单位和企业合规改革试点单位。

该机制充分发挥法治化营商环境"净化器"作用，着力打造了涉民营企业案件立体化监督体系。2021 年，共批捕破坏市场经济秩序犯罪 14 人、

起诉24人，批捕侵害民营企业权益犯罪7人、追捕3人，监督公安机关撤案5件，督促公安机关清理"挂案"7件；积极落实谦抑审慎司法理念，坚持"少捕慎诉慎押"，综合考虑案件事实、情节，依法不批准逮捕企业负责人2人，依法对2名企业负责人建议适用缓刑，对2起企业和经营人员受到不实举报或诬告陷害的，配合有关部门严肃查处，澄清事实，消除影响；统筹办理涉企经济犯罪、职务犯罪案件，精选两起试点案件层报省检察院，其中一起案件被批准适用企业合规改革机制。案件立体化监督，实现了政治效果、法律效果和社会效果的有机统一。

该工作机制的运行，得到了人民群众和人大代表、政协委员的高度肯定。建成以来，联合市工商联邀请人大代表、政协委员等企业家视察参观、召开座谈会4次，院班子成员联系、走访企业36次，收集意见建议28条，出台相关制度5项；为企业开展普法活动11场次，受教育干部、职工达2000余人，提供法律帮助24次，解决实际困难13个。辖区一起长达3年未决的涉企民事执行案件，通过检察和解顺利完成，当事人送锦旗以示感谢，被评为全市"我为群众办实事"典型案例，《滨州电视台》予以报道；题为《检企共建 巡回服务 动态联盟》的工作纪实，被2021年10月11日《检察日报》大篇幅报道，全国人大代表作《多为企业"订制"优质"检察产品"》的点评肯定；2021年12月1日，全国人大代表、省人大代表、省政协委员一行30人莅临指导，就检察机关护航民企发展工作进行专题调研，认为该院工作理念和措施体现了检察特色、地方特色，稳妥推进全省试点工作成效明显，让民营企业切实感受到了安全有保障、权益能维护、发展可预期。

办法与建议：

邹平市检察院实践探索的"检企共建一站式"护航非公经济发展机制，在邹平市委和滨州市检察院领导推动下，取得了很好的效果，对服务县域非公经济发展，起到了很好的作用，创出了很好的经验。如在全国予以推广，必将在更大范围内发挥应有作用。为此建议：

（一）坚持党的绝对领导，凝聚思想共识。该机制的成功运行，根本保障是坚持党的绝对领导，"检察机关是政治性极强的业务机关，也是业务性极强的政治机关"。为此建议，由上级检察机关强化组织领导，建立长效机制，从宏观上加强对护航非公经济发展工作的领导，着力构建"亲清"检企关系、政企关系，重点加强工作督导，强化责任考核，统筹协调工作中遇到的困难和问题。

（二）坚持人大监督、部门参与，构建动态联盟机制。服务保障民营经济点多面广事繁，需要多部门齐抓共管、群策群力。建议把服务民营经济工作纳入各级人大监督职能范围，并由人大法制委员会具体负责对该项工作的监督实施。各相关单位明确责任、动态参与、支持配合，实事求是地对相关工作提出意见和建议。

（三）坚持"为民办实事"，进一步提高群众满意度和司法公信力。调研发现，社会公众对检察机关等职能作用并不十分了解，一定程度上制约了人民群众对检察工作的理解和支持。建议进一步加大对检察工作的宣传力度，讲好"检察好故事"，积极邀请人大代表、政协委员、各界代表等走进检察机关，了解检察工作，提高社会知晓度、群众参与度、人民满意度，获得监督，赢得支持。

（四）坚持"四大检察"融合发展，助推服务民企工作创新推进。建议推动涉企案件刑事、民事、行政、公益诉讼等"四检合一"办案模式，适时设立金融、知识产权等专业办案团队，提高办案专业化水平，并完善以"案—件比"为核心的案件质量评价体系，推动涉企案件的"案—件比"持续优化；注重用好"外脑"，组建专家咨询委员会、邀请行业专家参与涉企案件听证，向专家借智慧，向专业要质量。

2022 年

关于设立"中国企业家节"的建议

事由分析：

截止到 2021 年，我国设立的全国性职业节日已有 6 个，分别是护士节、教师节、记者节、中国医师节、农民丰收节和人民警察节。这些节日的设置和活动，极大鼓舞了该行业从业人员的积极性，对我国经济和社会发展产生了积极推动作用。

近几年，设立"企业家节"的活动在全国各地不断涌现。2021 年 1 月 16 日，临沂市人大常委会审议通过《临沂市人民政府关于设立"临沂市企业家日"的议案》，决定自 2021 年起，将每年 9 月 26 日设立为"临沂市企业家日"。此举从法制层面对全市企业家给予肯定与褒扬，也是临沂市大力弘扬企业家精神、持续优化营商环境的又一举措。另外，吉林省通化市、浙江省温州市、浙江省金华市、陕西省西安市、广东省深圳市、山东省淄博市等地，也先后设立了本市"企业家节"或"民营企业家日"。预计未来几年，我国将会有多个市设立"企业家节"，也可能出现省级人大或政府批准设立的"企业家节"。

办法和建议：

根据这一发展趋势，为进一步鼓励全国企业家在社会主义现代化强国建设的新征程中发挥更大作用，建设由中央政府批准设立"中国企业家节"。

一、设立"中国企业家节"的重要意义

目前，我国有企业主体 3000 余万个，涉及企业家 2000 多万人；个体

工商户 4000 余万户，每年有近 400 万人进入企业家队伍。同时，每月有大中专毕业生和留学回国人员 1000 余万人就业，不少人进入企业家队伍。"中国企业家节"的设立，将鼓励企业家队伍的成长、壮大和发展。企业家是经济和社会发展最重要的资源，是民族振兴最活跃的力量，设立"中国企业家节"，有利于企业家精神的传承和提升，为凝聚全民族的力量，在中华民族伟大复兴中发挥重要的作用。

二、"中国企业家节"的日期

关于"中国企业家节"的日期选定的原则，一是要有历史意义，二是要对全球企业家具有较强的凝聚力，团结一切可以团结的力量，为社会主义现代化强国建设共同奋斗。

1978 年 12 月 18 日，中国共产党第十一届中央委员会第三次全体会议在北京举行。全会的中心议题是讨论把全党的工作重点转移到社会主义现代化建设上来。全会做出了实行改革开放的新决策。十一届三中全会，对于更多企业家的成长发展具有极其重要的意义。因此，建议将每年 12 月 18 日定为"中国企业家节"，较为合适。

三、"中国企业家节"的活动

"中国企业家节"涉及各行各业的企业家，较其他职业节日，更具有全面性，是一个综合性的职业节日。因此，建议由中国工商联合会负责组织工作，确定节日的指导思想，主要活动内容和方式，制定必要的活动制度等，将这一活动健康、长期地办好。

"中国企业家节"的常态性活动，建议包括：中国优秀企业家的评选表彰；中国企业家精神的研究、提出和推广；中国企业家与社会发展的各类活动，全球华人企业家的交流；中国企业家与国际企业家组织的合作，等等。

2022 年

关于进一步创新解决中小微企业
融资难问题的建议

事由分析：

中小微企业是支撑我国国民经济发展的一支重要力量。对于扩大就业岗位，增加税收发挥着重要作用。党中央，国务院高度重视中小微企业的发展。2021 年 12 月 29 日，国务院办公厅印发了《加强信用信息共享应用促进中小微企业融资实施方案》的通知。这对进一步发挥信用信息对中小微企业融资的支持，推动建立缓解中小微企业融资难融资贵问题的长效机制，无疑会起到非常重要的作用。

但在目前实际工作中，中小微企业贷款难的问题依然不同程度地存在。主要有以下几点：

1. 抵押、担保不足。企业贷款与个人贷款不同，必须提供足够的抵押物或担保才可以申请。现在很多中小微企业或是由于刚刚才起步实力薄弱，或是经营遇到困难资产不足。总之，没有担保物的话，根本无法提供优良资产作为抵押，也没有具有优良资产的担保人作为担保，因此很难从银行金融机构得到贷款，即便有土地或厂房，由于不符合银行规定的条件，也难以变现，所以银行也很难接受。

2. 中小微企业财务不透明，行为不规范。小微企业报表难以真实反映其生产经营和财务状况，给银行把握客户真实经营状况和财务信息带来困难，不敢贸然放贷。

3. 中小微企业易受外界环境影响，抗风险能力差。由于中小微企业资产总额较小且处在产业体系的单个环节，所以外部环境的变化对其生产经营有着较大影响。部分中小微企业诚信意识不强，逃废银行债务行为时有发生。给银行信贷带来较大风险。

在 2020 年我国新创设两项直达实体经济的货币政策工具之前，国有大型银行信用贷款占全部普惠小微贷款的比例为 20%，但是中小银行不足 10%。中小微企业面临的营商环境仍较为严峻，贷款抵押率（中小企业贷款需提供抵质押品的比例）一直在 50% 上下浮动，普遍高于欧洲国家，而且应收账款延期支付天数（38 天）也远高于 OECD 国家的平均水平（10.79 天）。我国中小企业的中长期贷款余额占比（58.4%）远低于发达经济体（70%），且不良率水平虽远低于发展中经济体，但仍略高于发达经济体。

办法和建议：

为创新解决中小企业融资难问题，建议：

一、进一步创新完善融资担保制度

健全完善我国"一体两翼四层"担保体系的联动机制，完善不同层级和不同类型担保机构之间的联保、分保及再保等机制安排。发挥财政资金的正向激励作用，构建完善政府性担保机构的资本金补充长效机制，扩大担保业务覆盖和融资杠杆效应。完善政府性担保机构的考核机制，适当提高担保代偿率等风险容忍度。健全银行、担保机构和企业不同市场主体之间，中央、省、市县不同层级之间的风险分担机制。

二、打造中小微企业金融服务体

1. 县域地方政府要努力打造有利于中小微企业融资的良好社会环境。制定出台有利于扩大中小微企业信贷的扶持政策，引导、激励金融机构加大对中小微企业的信贷支持。要加强金融生态环境建设，组织相关部门构建统一的中小微企业社会征信系统和运行机制，扩大征信系统的覆盖面和信用信息的采集面，尽可能详细地提供企业基本信息和情况，方便金融机构查询，提高市场透明度。

2. 大力推动"银行+保险"的创新融资模式。县域地方政府要大力推进金融改革创新，实现银保体系的强强联合。将辖区内中小微企业按行业分类进行统一打包，由多家保险公司组建"保险共保体"，通过多种保险产品进行组合，设计一揽子保险方案，对中小微企业经营过程中存在的风险进行全面转嫁，改变以往保险公司因单一保险产品导致亏损而不愿参与的现象，使其放心大胆向中小微企业开放信用保证保险产品。

银行根据保险公司向企业提供的"财产保险可抵押单"或"贷款信誉保证保险单"可大胆放款，而保险机构因有"保险共保体"的共同承保可无忧授信，从而促使企业在融资过程中转嫁风险的组织架构更加稳固。通过保险和银行携手，既为企业应收账款进行增信，帮助企业获取银行贷款，又为银行提供风险缓释手段，扩大贸易融资业务量，同时实现了保险公司业务增长，达到企业、银行、保险、政府多方共赢的效果，从而彻底激活地方整体经济。

3. 推进银企、政企对接。由县域地方政府出面，通过向金融机构推介中小微企业、举办小微企业融资洽谈等多种形式，构建银企对接平台，创造合作机会，全方位化解中小微企业融资难。

2022 年

关于开展《中华人民共和国乡村振兴促进法》执法检查的建议

事由分析：

实施乡村振兴战略，是新时代做好"三农"工作的总抓手，是贯穿社会主义现代化国家建设全过程的一项历史性任务。现在，我国已经实现了农村贫困人口整体脱贫，"三农"工作重心已历史性地转向全面推进乡村振兴、加快推进农业农村现代化，这也标志着我国农业农村工作进入了新的发展阶段。但我们也要清醒地认识到，全面建设社会主义现代化国家，实现中华民族伟大复兴，最艰巨最繁重的任务依然在农村，最广泛最深厚的基础依然在农村；实现乡村全面振兴的任务，其广度、深度、难度和时度，都不亚于脱贫攻坚。

全面振兴乡村，法治是重要保障。2021 年 4 月 29 日，十三届全国人大常委会第二十八次会议表决通过了《中华人民共和国乡村振兴促进法》，国家主席习近平签署第七十七号主席令予以公布，法律已于 2021 年 6 月 1 日起正式施行。这是第一部以乡村振兴命名的基础性、综合性法律，聚焦增加农民收入、提高农民生活水平、提升农村文明程度等核心任务，对乡村振兴的总目标、总方针、总要求做出明确规定，把实施乡村振兴战略必须遵循的重要原则、重要制度、重要机制固定下来，阐明了乡村振兴往哪走、怎么走、跟谁走等重大问题。可以说，这是促进乡村振兴一部打基础、管长远、固根本的大法，将持续发挥法律的规范、引领和推动作用，持之以恒、驰而不息促进乡村振兴，确保党中央关于乡村振兴战略部署不折不扣贯彻落实。

办法与建议：

目前，《中华人民共和国乡村振兴促进法》已实施半年多，建议全国人大常委会在 2022 年对乡村振兴促进法实施情况进行执法检查，通过检查进一步增强各级政府及其相关部门运用法治思维和法治方式推进乡村振兴的能力和水平。2021 年 5 月 27 日，栗战书委员长在乡村振兴促进法实施座谈会上强调正确理解该部法律，有三个大的要领必须把握住、把握好：一是乡村振兴促进法是以增加农民收入、提高农民生活水平、提升农村文明程度的振兴法，要推动农业全面升级、农村全面进步、农民全面发展。二是这部法律要解决好农村农村承担的"三大历史任务"，即保障好农产品供给安全、保护好生态屏障安全、传承好中国农村优秀传统文化。三是全面加强农村社会主义精神文明建设。建议在检查时围绕着栗战书委员长强调的"三个大的要领"对相关条款进行重点检查。

2022 年

关于修改居委会组织法的建议

事由分析：

《中华人民共和国城市居民委员会组织法》是 1989 年 12 月 26 日由第七届全国人民代表大会常务委员会第十一次会议通过的，2018 年 12 月 29 日第十三届全国人民代表大会常务委员会第七次会议对任期进行了调整。

虽然该法在实施过程中取得了一些成绩，但是，近年来，随着经济社会快速发展，工业化、信息化、城镇化进程加快推进，我国城市基层发生了广泛而深刻的变化，城市居委会建设面临许多新情况、新问题，实施已有 30 多年的居委会组织法也已呈现出许多不适应形势发展的地方，主要存在以下问题：

（一）居委会行政化倾向严重

虽然宪法和法律把居民委员会定性为"居民自我管理、自我教育、自我服务的基层群众性自治组织"，但调研发现，各地居委会最主要的职责是承担政府及其部门下达的行政性任务，虽然经过多轮清理，许多省份社区居委会目前承担的政府交办事项仍然在 100 项左右。居委会工作人员的时间和精力，基本都用于完成政府部门下达的各项工作任务，基本上无暇组织居民开展自治性活动，与宪法和法律的规定相去甚远。从调研了解到的情况看，居委会行政化倾向比较严重的原因主要有以下两个：一是随着城镇化的快速发展，传统的居民自治事项比如办理本居住地区的公共事务和公益事业等，已成为政府统筹考虑的公共服务事项，可以由居民自主决定、自行办理的公共服务事项越来越少，基层政府和居委会对新形势下如何开展居民自治、哪些事项可以开展自治也缺乏研究；二是城市街道在选举环节对居委会成员有较大的"话语权"，绝大多数居委会工作人员平时都要接受街道党委政府考核，他们的工资补贴均来源于街道或者上级政府部门，而且往往是干得多拿得多，因此不少居委会工作人员也认为承接政府交办的事项是"天经地义"的，并无不妥之处。

（二）居委会选举环节问题和困难较多

一是选民界定难。近年来，不少社区租户多、流动人口多，这其中不少人经常变换住所，是允许租户参加居委会换届选举还是让出租房屋的房主参加居委会选举，租户具备什么条件才可以参加选举，实践中各地做法不一。此外，两户以上居民租住同一套房子、一户居民有两套以上房屋等情况也不少见，在以户为单位推选居民代表参加选举时也难以准确把握和统计。二是有的地方居民参选热情不高。当前不少社区几乎成为"陌生人社会"，有些居民对社区的认同感、归属感不强，参与公共生活的积极性不高。在有的社区，组织选民登记时，主动登记者比例不高。选举组织者入户发动居民和居民代表投票，也经常吃到"闭门羹"。三是政府对候选人提名干预较多。大多数社区居委会主任、副主任包括部分居委会委员都由街道考察后推荐到社区参加选举，相当比例的居委会组成人员，特别是居委会主任都不在本社区居住，而是经常在不同社区之间交流任职，换届时连任的比例不够高。这种现象，不仅使居委会组成人员和社区居民难以形成以居住地为纽带的共同切身利益，而且也难以让居民对其形成较强的认同感（有些居民甚至认为居委会主任就是政府派来管理他们的）。

（三）民主决策和民主监督流于形式

按照居委会组织法的规定，涉及全体居民利益的重要问题，居委会必须提请居民会议讨论决定，居委会要向居民会议负责并报告工作。但调研发现，多数社区都是每三年换届选举时才召开一次居民会议，有的社区甚至连居民小组长会议都极少召开，居民对居委会的工作缺了解，更谈不上参与和监督。此外，法律规定，居民委员会决定问题，采取少数服从多数的原则，但现实中，各地普遍推行居委会主任和社区党支部（党总支）

书记"一人兼"，社区党组织成员和社区居委会成员交叉任职，有重大问题时居委会主任往往先征求上级部门意见，然后再召集会议研究，也就很少采取"少数服从多数"的票决原则。

（四）居民参与社区治理热情不高

调研发现，不少社区居民，特别是部分新建小区居民，对社区事务不够关心，自治意识不强，参与热情不高。不少中青年人，由于工作任务重，很少愿意参与甚至过问社区事务。值得一提的是，在社区居住的党员领导干部、人大代表、政协委员也很少发挥模范带动和示范作用，带头参与社区治理。有的精英人物，经常参与社会公益事业，但却很少在本社区带头参加活动，不愿意成为"社区领袖"。

（五）服务和沟通方式比较滞后

调研发现，不少社区在服务居民、联系居民过程中，仍然习惯用张贴纸质公告、上门入户通知等传统方式，新型、高效的智能化、信息化沟通联络模式使用得不够普遍，居民参与社区治理总体上不够方便灵活，对社区事务有意见也难以方便地提出，这也是居民参与热情不高、民主监督流于形式的重要原因之一。石家庄市桥西区正在探索建立社区网上居民议事平台、居民小组微信交流平台等，每个家庭至少有一名成员加入社区治理的微信群、关注社区微信公众号，社区居委会第一时间把信息发到微信公众号和微信群里，居民有何意见建议也可以直接在微信群里提出，取得了较好的效果。但目前类似石家庄市桥西区探索的这种高效、新型的居民交流、服务手段，在其他地方应用得不普遍，基层政府和社区居委会与居民之间的沟通交流方式总体上仍比较滞后。

（六）其他问题

一是业主委员会问题。业主委员会是指由业主选举产生、代表业主利益的组织。由于业主参与意识不强、政府主管部门也不积极等原因，多数物业小区都没有建立业主委员会。居民对物业服务的意见和诉求经常推到了居委会，而居委会对物业公司却缺乏必要的制约和监督手段。二是村改居问题。随着城镇化的发展，一些城中村的村委会改设为居委会，但在个别地方，由于集体资产改制没有完成，村民的身份也没有改变，村委会组织法赋予村委会对集体土地和资产的管理权，居委会承接也没有法律依据，甚至出现了村委会、居委会两套班子并行的情况，类似问题容易引发矛盾。三是居委会成员待遇问题。各地普遍反映，现在居委会工作人员工作量大，工作环境艰苦，但收入却很低，有些城市社区居委会主任月收入只有2000元左右，委员只有1600元左右，很难留住优秀人才。2017年，石家庄市长安区一个社区居委会9名成员中，同一天有4人辞职去了其他单位。

办法与建议：

面对日新月异的城市，制定于20世纪80年代末的居委会组织法已严重滞后，因此，建议尽快修改，修改过程中，建议把握以下几点：

（一）居民委员会的"自治组织"性质必须坚持。居民委员会是居民自我管理、自我教育、自我服务的基层群众性自治组织。依法自治是居民委员会建设的核心和关键，应不断加强居民委员会自治能力建设。这是我国宪法规定的，也是国家的基本政治制度的本质要求。针对目前不少地方居民委员会行政化倾向严重的情况，建议居民委员会组织法修改时，进一步明确居民委员会的性质和居民自治的基本权利。

（二）努力解决居民委员会行政化的问题。就全国多数地方来说，居民委员会行政化在很大程度上源于社区工作人员角色模糊。在推进社区建设过程中，除了设置居民委员会外，各地还普遍在社区设立了发挥领导核心作用的社区党组织，以及承接政府交办事项、为居民提供公共服务的社区工作站。为了提高效率和减少行政成本，多数地方都推行社区党组织、居民委员会和社区工作站工作人员交叉任职制度，甚至实行社区党组织书记、居民委员会主任和社区工作站站长"一肩挑"。由于居民委员会工作人员集多个角色于一身，即使基层政府或者相关职能部门不给居民委员会下达行政性任务，但安排给社区党组织和社区工作站的工作，实际上仍然由居民委员会工作人员来承担，最终导致居民委员会成员一直疲于应付党委政府交办的事务，难以拿出精力履行自治职责。一般情况下，集多个角色于一身的居民委员会成员主要时间和精力都用于完成政府交办事项，难以顾及居民自治事务。因此，建议改革体制机制，让部分居民委员会成员特别是居民委员会主任能够将主要精力用于居民自治事务，尤其要尽量避免社区党组织书记、居民委员会主任、社区工作站站长"一肩挑"。除居民委员会主任外，居民委员会其他组成人员中还应当有人专职负责社区自治事务。

（三）关于居民委员会的辖区范围。现行居民委员会组织法规定，居民委员会根据居民居住状况，按照便于居民自治的原则，一般在一百户至七百户的范围内设立。近年来，随着城镇化的快速发展，城市人口越加密集，再加上不少地方为提高综合管理和服务能力，对居民委员会进行整合，居民委员会辖区范围不断扩大，人口不断增多，居民委员会的职能及社区组织结构也随之发生了重大变化。因此，建议修改居民委员会组织法时，应根据社区建设与发展的实际情况，适当扩大居民委员会管辖范围，这样有利于充分利用社区资源，提高管理和服务效率。

（四）关于居民委员会的组织体系。目前，新建住宅区、流动人口聚居地面临许多新情况，工作难度大。建议加快居民委员会组织全覆盖，把新建住宅区、流动人口聚居地的居民委员会组建工作作为全覆盖的重点任务。要健全居民委员会下属的委员会，选齐配强居民小组长、楼院门栋长，积极开展楼院门栋居民自治，这既是对居民自治的延伸和拓展，也是对完善基层群众自治制度提出的新要求。同时，要借鉴北京市的做法，在居民委员会下设环境物业委员会，发挥居民委员会对物业的协调、指导作用，协助解决当前不少居民在居住区域里"最大的事"。

（五）进一步厘清居民委员会的职责。现行居民委员会组织法第三条规定了居民委员会承担的六项任务，这其中有的内容已经过时，有的则需要根据新的形势做出完善。法律修改时，建议从"依法组织居民开展自治""依法协助城市基层人民政府或者它的派出机关开展工作""依法依规开展有关监督活动"等三个方面，用不同条款对居民委员会的三类职责分别予以表述。

在依法组织居民开展自治方面，可以明确如下职责：（1）组织居民制定并遵守自治章程和居民公约，召集居民会议，执行居民会议决定；（2）调处居民之间的邻里纠纷；（3）指导和协调业主委员会、物业服务企业开展工作，维护居民和业主的合法权益；（4）动员和引导居民区内的社会组织、企业事业单位等社会力量参与居民区治理，开展社区协商；（5）向街道办事处、乡镇人民政府反映居民的意见、要求和建议。

对于依法依规开展有关监督活动，可以明确以下职责：（1）监督业主委员会、物业服务企业的工作；（2）组织居民对基层政府及居民区相关公共服务单位进行工作评价。

在依法协助城市基层人民政府或者它的派出机关开展工作方面，一是要明确各级政府及有关部门对居民委员会安排工作时应当遵循的原则和程序，以避免各项行政事务无序涌入社区；二是将适宜由居民委员会协助的事项，比如社会治安、社区矫正等归类后在法律中予以明确；三是可以考虑设立居民委员会职责"负面清单"制度，比如，除了设区的市人民政府统一公布的事项外，政府及其有关部门不得对居民委员会开展达标评比、考核，不得让居民委员会提供各种形式的台账、证明；政府及其有关部门不得将法律已明确规定由行政执法部门和人员承担的行政执法事项转移到居民委员会，等等。

同时，要进一步完善居民委员会自治功能实现和保障、监督机制。比如，法律中可以明确规定，居民委员会每季度至少召开一次有各方面代表参加的会议，征集居民对基层政府及居民区相关公共服务单位和居民委员会工作的意见建议；每年至少组织一次对基层政府及居民区相关公共服务单位的工作评价活动；每年至少召开一次居民会议或者居民代表会议，对居民委员会工作进行评议；居民委员会每年需要向居民公开履职报告，特别是依法开展自治活动和监督活动方面的报告，等等。另外，还可以考虑在法律中明确规定，不设区的市、区人民政府应当为居民委员会开展自治活动提供必要的条件，保障居民依法行使自治权利。

（六）关于居民委员会的保障机制及干部队伍建设。目前，居民委员会办公经费不足，工作人员的补贴标准普遍较低，不利于吸引和留住人才。现行法律关于居民委员会的工作经费和居民委员会成员报酬的规定过于笼统，建议法律修改时，加大各级政府财政在居民委员会建设经费的投入责任，设立居民委员会工作专项补助经费。居民委员会办公用房和居民公益性服务设施建设应纳入城市规划、土地利用规划和社区服务体系建设规划。拓宽居民委员会经费来源渠道，逐步建立以政府财政资金为主，驻区单位帮扶资金、社区居民捐助资金等社会资金为补充的多元化经费筹集机制。此外，居民委员会干部缺乏晋升通道和空间，难以保证居民委员会工作对年轻人的吸引力。为此，在居民委员会组织法的修订中，可考虑增加规定，在年轻、优秀并得到居民认可的居民委员会组成人员中，定向招录公务员，有居民委员会任职经历的，在其报考各类院校时优先录取，以解决制约社会优秀人才到城市居民委员会工作的"瓶颈"问题，从而达到巩固队伍、吸引人才的目的。

2022 年

关于在居民小区和单位
安装电动自行车充电设施的建议

事由分析：

近年来，电动自行车作为一种经济便捷的出行方式，在各地都有庞大的市场。据统计，我国的电动两轮、三轮自行车保有量已超过 3 亿辆，并且仍在快速增长。然而，长期以来，由于电动自行车充电设施缺乏顶层设计，电动自行车进楼入户、违规充电引发的火灾事故屡屡发生。据统计，近三年来，我国每年因电动自行车充电引发的火灾都超过 1 万起，死伤超百人，电动自行车不规范充电对群众的生命财产安全形成很大威胁，需引起有关部门关注。

虽然近年来有关部门三令五申，出台了不少规定，但电动自行车进楼入户问题依然屡禁不止，火灾事故时有发生，这其中的主要原因，是"只堵不疏""治标不治本"，仅仅是禁止电动自行车进楼入户充电，但却没有为居民设置足够方便快捷的充电设施，因而居民不得不进楼入户充电，可以说是"不得已而为之"。主管部门必须认识到，想要从根源上解决问题，首先需要正视和回应车主的充电刚需，而不是简单地禁止和一味堵截。

办法与建议：

为消除火灾安全隐患，杜绝电动自行车进楼入户是关键。但是，不进楼入户的电动自行车该停在哪里？在哪里充电？调研发现，这个问题在多数地区都没有解决，甚至也没有引起主管部门的重视。为此，提出以下建议：（1）出台或者修改有关标准，新建、改建、扩建居民小区时，强制规划出一定的电动自行车停放地点，在停放地点设置充电设施。建议以智能（换）充电柜为主，充电桩为辅。（2）对于不具备条件的小区或平房院落，街道或者社区应当结合电源条件，在有条件的公共场所、边角地、桥下空间或者支路、次干路边设置公用充电设施。（3）在有条件的单位，特别是电动自行车通勤人数较多的单位，也应当设置电动自行车停放点和充电设施，各级机关、事业单位和国有企业等应当带头。（4）对设置的公共电动自行车充电设施，设定合理的充电价格，有关部门要加大检查，及时提出指导性意见。（5）推广在居民小区电梯安装电动自行车阻断系统。如有电动自行车进入电梯，系统自动识别，发出警报，同时，控制电梯门不能关闭，从而尽可能避免电动自行车进楼入户充电。（6）消防部门应当加大监督检查力度，对居住小区特别是人口密集的居住区公用充电设施缺乏的，要及时提出整改意见，确保公用充电设施早日全覆盖、无死角。只有解决了居民电动自行车充电难的问题，电动自行车引发的伤亡事故才能从根本上得到遏制。

2022 年

干事创业谋发展　倾心履职促和谐

尊敬的杜主任，尊敬的各位领导、各位代表：

市人大常委会开展主题实践活动以来，我本着"人民选我当代表，我当代表为人民"的宗旨，立足商贸物流产业，带头发展、服务群众、奉献社会，把履行代表职责、发挥代表作用当作光荣使命，为活动开展贡献了自己的一份力量。

一、认真学习，提高履职水平

当好人大代表，必须具有较高的政治意识、法律意识、群众观念和把握大局的能力。为此，在工作之余我十分重视加强个人学习，积极参加各级人大组织的培训活动，去年参加了全国人大在北戴河举办的专题培训，与全国各地的代表交流了履职体会；今年5月，在参加全国人大于厦门举办的专题学习班时，我抓住难得机会，就《新预算法》《立法法》等培训内容，向财政部楼继伟部长、最高法周强院长、最高检曹建明检察长等有关领导专家，面对面进行了咨询，切实提高了履职的知识和水平。

二、竭诚履职，服务人民群众

担任人大代表7年来，我全勤全程参加了全国人代会、市人代会和市人大常委会会议，积极参加各级人大组织的调研20余次，共提交各类议案建议81件。

　　作为一名商贸物流行业的人大代表，我熟悉市场，有责任当好行业的"代言人"。围绕商贸物流发展，我先后提出了20余条建议。在全国人代会上，我连续三年在山东代表团集中审议时发言，每年都重点汇报临沂商贸物流的发展成就，先后就制定无水港多式联运扶持政策，在电子口岸建设、保税方面给予临沂大力扶持，将临沂列为国家级国际贸易综合改革试点城市、全国物流节点城市、"一带一路"节点城市等方面提出建议。

　　作为一名企业负责人，我需要为市场广大业户群众提供优质的经营环境。近年来我坚定定期走访、调研，充分了解经营户群众的所思所盼，形成议案建议带到各级人代会上。其中，针对经营户反映的要求，向市人代会提出了"纳税三公开"的建议。市、区政府高度重视，兰山税务局率先在兰田市场进行试点。根据群众建议，我在全国人代会上提出了"将市场从业人员转变为城市居民"的建议，得到了公安部的重视和认真办理。

　　作为身处市场经济一线的企业负责人，对经济宏观形势总是了解最早、感受最直接的。去年全国人代会上，针对物流企业负担过重的问题，我提出了"加快全国物流管理体制改革"和"降低物流企业税负"的建议，得到了有关部委的反馈办理。今年以来，全球经济下行压力不断加大，我向市人代会提出了"以更大力度扶持我市商贸物流发展"的建议，得到了市商城管委会、市商务局的详细答复和办理。

　　作为一名全国人大代表，我多次受邀列席上级人大常委会有关会议，参加各类调研活动。我十分珍惜这些特殊的履职机会。在列席全国人大常委会第三次全体会议时，我就公安系统作风建设做了发言；列席省人代会时，我就加快新型城镇化建设提出了建议。去年，我先后参加了全国人大组织的河北省大气污染专题调研，省人大组织的对淄博、潍坊、青岛等地的视察调研。今年7月，我又参加了全国人大和最高人民法院在甘肃组织的法院系统调研活动，会上我重点介绍了临沂商城和政法系统近年来的工作经验和做法，收到了良好的效果。

根据市、区人大工作要求，我们认真打造了人大代表接待站。我们将辖区内 27 名各级人大代表分成 4 个小组，每单月 20 日轮值接待群众，听取意见建议。接待站全年共接待群众 480 人次，收到意见、建议和诉求530 件，汇总整理代表建议 70 件，均得到了有效办理。今年全国人代会上，我在全团审议全国人大常委会委员长工作报告时，重点汇报了临沂各级人大开展主题实践活动和人大代表接待站的做法，得到李建国副委员长等领导同志的关注和认可。

三、带头发展，推进产业升级

经济发展是第一要务。努力干好本单位工作，带领群众共同谋发展、奔小康，是一名人大代表的重要责任。为此，我全力尽责，实施了商贸物流转型升级的发展战略。

围绕市委、市政府决策部署，带头推进市场提升改造，形成了"江北第一商城"的发展新格局。在市场管理服务中，率先推广国家工商总局"市场分类监管"的总体部署，铸造临沂商城诚信品牌。加快推进国家公路运输枢纽重点建设项目金兰物流基地，网点覆盖全国 2000 多个县区。目前，兰田集团共拥有专业的批发市场 18 处，总占地近 3000 亩，经营户达2.4 万家，从业人员 7 万多人，2014 年交易额突破 300 亿元。

近年来，我们根据市、区党委政府工作安排，充分发挥兰田品牌优势，对弱势市场进行整合，解决客户上访引发的社会不稳定问题。2012 年推进与上海申科数码城的合作，将电子元件项目整体迁入，盘活了存量资源，实现了繁荣。2013 年承接澳龙园区的盘活任务，将兰田两处市场及客户资源整体迁入，累计投资 2.7 亿元；经过两年艰苦努力，市场整体面貌焕然一新，已成为全国最大的劳保用品国际采购中心。

近年来，市委、市政府提出加快推进临沂商城国际化。为此，我带领集团积极响应号召，带头提出了"国内国际两个市场一起拓展"的思路。针对临沂港建设急用场地的情况，我与市人大代表李文俊董事长达成共识，推倒金兰物流二期新建库房，提供了 227 亩经营场地用于建设临沂港；

联合中国贸促会等 5 家单位，设立了中国（临沂）跨国采购中心。截至目前，已有 60 多个国家的外商与兰田建立了贸易关系，1—8 月份累计出口集装箱 1.5 万个，位居全市前列。

根据总书记重要指示，我们加快物流信息化、标准化建设，积极升级电子平台，构建供应链体系。2014 年金兰物流完成货运量 800 万吨，货值 400 亿元，物流成本比全国平均水平低 25% 以上。积极推动电子商务与传统市场深度融合，与中国市场学会合作开展电商培训 4 万多人次，开办新明辉、南洋厨具等特色网店 5000 多家，实现了线上线下不分家、线上线下一体化的经营模式，提升了传统市场的竞争力。

四、宣传临沂，倾力回报社会

作为一名新时期的人大代表，应时刻想到党和人民的重托，牢记奉献国家、回馈社会，真心为群众办实事办好事。

临沂是"中国市场名城""中国物流之都"。我们把兰田的市场物流打造成为临沂商城的展示窗口，每年接待中央、省、市各级领导和外地考察团 5 万多人次，通过接待服务展示了沂蒙人民的热情，提高了临沂对外的知名度和临沂商城的影响力。我非常荣幸在 2013 年 11 月 25 日，迎接了习近平总书记来临沂并到金兰物流视察指导工作。视察中，总书记听取了我对全市商贸物流的简要汇报，做出了重要指示。总书记的重要指示让我备受鼓舞，更加激发了干事创业的信心和决心。去年以来，我们还先后接待了中纪委王岐山书记、中组部赵乐际部长、中央政法委孟建柱书记，以及全国人大常委会原委员长吴邦国等领导同志的视察。在接待中我都是实事求是地汇报临沂商城的发展情况，并就商贸物流政策等提出意见建议，得到了上级领导的重视。

在发展的同时，我不忘回馈社会，关心公益。近年来，先后兑现失地居民补贴近亿元，实现了入学、医疗、社保等各项福利全覆盖。倾力参加公益事业，累计向见义勇为、地震灾区、教育事业等捐款 5000 余万元。兰田集团先后荣获全国创建诚信市场先进单位、齐鲁先锋基层党组织等 30 多项荣誉，连续四年进入"全市纳税百强"行列。

今后我决心在新的起点上，按照各级领导的部署要求，进一步增强代表意识，提高为民履职能力，带领兰田集团全体干部员工拼搏进取、转型发展，努力为建设"大美新"临沂再做新贡献！

2015 年

在市人代会兰山代表团
集体审议政府工作报告时的发言

尊敬的各位领导、各位代表：

今天上午听了张市长做的政府工作报告，感到非常振奋。报告总结成绩实事求是，分析问题客观实际，部署任务重点突出。我完全拥护和赞同这个报告。

过去的一年，在各级党委政府的正确领导和各职能部门的支持帮助下，兰田集团认真落实商城国际化部署，加快推进产业升级，各项工作有了新的突破。**一是**带头发展国际贸易，吸引了 60 多家外商在兰田设立贸易代表处；2014 年兰田共出口集装箱 2 万多个，位居全区前列。**二是**把电子商务与传统市场有机结合，与中国市场学会合作创办了电子商务创业园，已培训业户 4 万多人次，开办网店 5000 多家。经过积极引导，培植了临沂新明辉等一批电商大户，以新的业态带来了客流和订单，通过线下实体经营店快速将商品进行物流配送，从而达到了线上线下不分家、线上线下一体化的模式。**三是**集中人力财力，加快推进澳龙盘活，目前已投入资金 2 亿多元，市场初步繁荣、业户普遍满意。其中，轻纺劳保城已经成为全国最大的劳保用品国际采购中心，防护手套的销量占全球销量的 80％ 以上。**四是**把落实习总书记视察金兰物流重要指示作为政治任务，加快信息化、标准化建设。经过提升，鲁南交通物流信息平台的服务功能进一步完善，与深圳国网集团合作开发的"货易通"跟踪查询系统，保障了物流安全。**五是**不断提升市场的管理服务水平，一年来组织业户参加专业展会 20 多次。高度重视诚信体系建设，不断推进商品质量的提升与保障，维护了临沂商城的品牌形象。

2014 年，兰田市场交易额首次突破 300 亿元，物流货运量 800 万吨，货值 400 多亿元；6 个市场被中国商业联合会授予"中国优秀示范市场"。全国人大常委会原委员长吴邦国、中纪委王岐山书记、中组部赵乐际部长，先后在省、市、区领导陪同下到兰田视察，对工作给予了肯定，提出了殷切希望和要求。

为认真落实张市长报告部署，结合兰田实际，今年我们将做好以下几个方面的工作：**一是**要继续推进电商与传统市场的有机结合，建设一批电商示范市场，培训一批电商骨干大户，积极发展跨境电商、移动电商，推动"网上市场"和"实体市场"共同繁荣。**二是**要继续做好国际贸易，加强外贸主体建设，探索设立境外分支机构，全年力争出口集装箱 5 万个。**三是**要继续全面落实总书记重要指示，加快物流标准化信息化建设，积极发展第三方、第四方物流和国际物流。**四是**按照商城部署，抓好市场提升改造，推进澳龙盘活，积极打造优质的安商、营商环境。同时把市场诚信体系建设作为一项长期任务，坚持不懈，不断强化诚信服务支撑。

借此机会，提几点建议：

一是建议以更大力度扶持我市商贸物流发展。经过 30 年的培育和建设，临沂已发展成为闻名全国的商贸强市，先后被授予"中国市场名城、中国物流之都"的荣誉称号。为了增强我市商贸物流产业的发展后劲，建议研究出台优惠扶持政策，对市场主办单位在税收、土地、人才等各方面给予扶持；对积极发展新业态、发挥引领作用的企业和经营户，要给予表彰奖励；对加快市场提升改造的单位，要在规划中优先考虑土地使用。

二是建议努力争取国家级国际贸易改革试点城市。去年以来，山东已被确定为国家"一带一路"海上战略支点和新亚欧大陆桥经济走廊沿线重要地区，郭省长在政府工作报告中特别强调，要抢抓"一带一路"和中韩达成自由贸易协议的机遇，不断提高参与国际竞争的能力。作为临沂市而言，商贸物流发达、外贸基础良好、地理位置优越，为此，建议集中全市力量，利用各种形式广泛宣传、取得支持，努力争取成为国家级国际贸易改革试点城市，融入"一带一路"和中韩自贸区，推动临沂国际贸易实现更高层次的发展。

三是建议加快全市电子商务与传统市场协同发展。随着我国经济进入新常态，电商产业作为新的交易模式，已经成为发展趋势。目前，临沂发展电子商务的机遇很好，既有实体市场的优势，也有政策、技术和物流方面的优势，业务面广量大，前景非常广阔。为此，建议市委市政府组织有关部门和专家，做好产业规划，出台优惠政策，引导传统市场和电子商务有机结合、深度融合。要加大培训力度，积极培养扶持有电子商务能力的人员服务于商城，培养扶持有奉献心的业户推进商城的发展，推动临沂商城发展迎来新的春天。

四是建议进一步抓好诚信体系建设。在发展中我们认识到，一个人讲诚信，他将受到所有人的尊重；一个企业讲诚信，它的核心竞争力将会大大提升；一个国家讲诚信，它的前途和命运将会越来越广阔、越来越强大。王岐山书记在视察兰田时强调，要"守住主业、发展品牌"，其核心讲的就是诚信为本。具体到临沂商城，这些年就是因为始终把传统市场的诚信体系建设放在重要位置，才开创了今天国际商贸名城建设的繁荣局面。在新的形势下，建议要进一步加大力度，把工作重点放在网购商品环节，下大力气对线上线下的商品质量进行严格把关，真抓实管、集中治理，努力构建网络诚信，实现电商产业健康快速发展。

在今后的工作中，我们兰田集团将继续按照上级党委政府部署，紧紧围绕报告确定的目标任务，积极适应新常态、展现新作为，努力为建设中国临沂国际商贸名城做出新的更大贡献。

2015 年

商贸物流通天下　倾心履职为人民

各位领导、各位代表，同志们：

　　自当选第十二届全国人大代表，临沂市第十八届人大常委会委员，临沂市第十八届人大代表以来，我牢记人民群众的信任与重托，围绕市区人大常委会开展的主题实践活动，坚持以发展为先、事业为重、民心为本，认真履行人大代表的历史使命和神圣职责，为商贸物流产业的发展和业户群众生活水平的提高贡献了自己的一份力量。

一、认真学习，提高履职水平

　　当好人大代表，必须具有较高的政治意识、法律意识、群众观念和把握大局、参与管理国家事务的能力。为此，近年来我十分重视加强个人学习，一方面把政治理论、法律、法规学习与业务学习相结合，认真学习了党的十八大、十八届历次全会精神和《代表法》《组织法》等法律法规，加深了对人民代表大会制度的认识，明确了代表的权利和义务，增强了责任感和光荣感。另一方面注重参与集体学习，积极参加人大组织的各项活动和会议，先后多次参加了全国、省、市、区组织的培训班，认真出席市人大常委会会议。今年6月，参加了全国人大常委会组织的2016年全国人大代表第一期专题学习班，深入学习了"十三五"规划纲要、打赢脱贫攻坚战、推进新一轮高水平对外开放等方面的政策解读，加深了对国家大政方针的认识理解，在思想上和履职能力上都有了新的提高。

二、竭诚履职，服务人民群众

担任人大代表 8 年来，我全程参加了全国人代会、市人代会和市人大常委会会议，积极参加各级人大组织的调研 20 余次，提交各类议案建议 94 件，其中向全国人代会领衔提出建议 33 件。

作为一名商贸物流行业的人大代表，我熟悉市场，有责任当好行业的"代言人"。围绕全国商贸物流发展和临沂商贸物流产业优势的发挥，我先后提出了 20 余条建议。在全国人代会上，我连续三年在山东代表团集中审议时发言，每年都重点汇报临沂商贸物流的发展成就，先后就制定无水港多式联运扶持政策、建设电子口岸、保税区，将临沂列为国家级国际贸易综合改革试点城市、全国物流节点城市、"一带一路"节点城市等方面提出建议。

作为一名企业负责人，我需要为市场广大业户群众提供优质的经营环境。近年来我坚持定期走访、调研，充分了解群众所思所盼，形成议案建议带到各级人代会上。根据群众建议，我在全国人代会上提出了"将市场从业人员转变为城市居民"的建议，得到了公安部的重视和认真办理。今年，我在小组会议上提出了对沂蒙革命老区发展现代业态给予重点扶持的建议，提交了将临沂列为国家级电子商务示范基地的建议；4 月份，"中国电子商务示范城市"正式落户临沂，为广大业户群众发展电商带来了实实在在的政策红利。

作为身处市场经济一线的企业负责人，对经济宏观形势总是了解最早、感受最直接。今年全国人代会上，针对物流企业负担过重的问题，我提出了"建设全国公益性商贸物流体系"的建议，得到了有关部委的反馈办理。面对全球经济下行压力不断加大的情况，我围绕招商引资、产业转型升级、供给侧改革等方面，向市人代会提出了推动我市经济社会发展的 8 条建议。

作为一名全国人大代表，我多次受邀列席上级人大常委会有关会议，参加各类调研活动。我十分珍惜这些特殊的履职机会。在列席全国人大常委会第三次全体会议时，我就公安系统作风建设做了发言；列席省人代会时，我就加快新型城镇化建设提出了建议。去年 7 月，在参加全国人大和最高人民法院在甘肃组织的法院系统调研活动，会上我重点介绍了临沂商城和政法系统近年来的工作经验和做法，收到了良好的效果。今年 1 月和 7 月，我先后两次参加省高院和最高人民法院组织的专题调研和座谈，介绍了兰山经验，提出了工作建议。

根据市、区人大工作要求，持之以恒，坚持不懈，认真打造了人大代表接待站。我们将辖区内 27 名各级人大代表分成 4 个小组，每单月 20 日轮值接待群众，听取意见建议。接待站全年共接待群众 519 人次，收到意见、建议和诉求 523 件，汇总整理代表建议 70 件，均得到了有效办理。

三、带头发展，推进产业升级

经济发展是第一要务。努力干好本单位工作，带领群众共同谋发展、奔小康，是一名人大代表的重要责任。为此，我全力尽责，实施了商贸物流转型升级的发展战略。

围绕市委、市政府决策部署，带头推进市场提升改造，形成了"江北第一商城"的发展新格局。在市场管理服务中，率先推广国家工商总局"市场分类监管"的总体部署，铸造临沂商城诚信品牌。加快推进国家公路运输枢纽重点建设项目金兰物流基地，网点覆盖全国 2000 多个县区。目前，兰田集团共拥有专业的批发市场 18 处，总占地 3000 亩，经营户达 2.4 万家，从业人员 7 万多人，2015 年交易额突破 350 亿元。

近年来，我们根据市、区党委政府工作安排，充分发挥兰田品牌优势，对弱势市场进行整合，解决客户上访引发的社会不稳定问题。2012 年推进与上海申科数码城的合作，将电子元件项目整体迁入，盘活了存量资源，实现了繁荣。2013 年承接澳龙园区的盘活任务，将兰田两处市场及客户资源整体迁入，累计投资 3 亿元；经过三年艰苦努力，市场整体面貌焕然一新，已打造成国内最大的劳保用品国际采购基地，轻纺劳保防护手套占世界销量的 80% 以上。今年集团投资新建了中国体育用品城已投入试运营，新增了中国劳保用品采购基地、中国厨具用品采购基地和中国体育用品采购基地等三个国字号命名。

根据市委、市政府临沂商城国际化工作部署，我们带头提出了"国内国际两个市场一起拓展"的整体思路，依托省级国际贸易改革试点，加快外贸主体的培育、建设和引进。积极融入国家"一带一路"发展战略，与60多个国家的外商建立了贸易关系，年出口额达6亿美元。今年1月23日，中央电视台《新闻联播》对兰田加快发展国际贸易做了专题报道。

认真落实总书记重要指示，我们加快物流信息化、标准化建设，积极升级电子平台，构建供应链体系，与深圳e点通、国家交通物流网等开展合作，实现了临沂与全国2000多个城市的信息。2015年金兰物流完成货运量900万吨，货值450亿元，物流成本比全国平均水平低25%以上。积极推动电子商务发展，与中国市场学会合作开展电商培训4万多人次，开办特色网店5000多家，培植了临沂新明辉等一批电商大户，实现了线上线下不分家、线上线下一体化的经营模式，提升了传统市场的竞争力。

四、宣传临沂，倾力回报社会

临沂是"中国市场名城""中国物流之都"。我们把兰田的市场物流打造成为临沂商城的展示窗口，每年接待中央、省、市各级领导和外地考察团5万多人次，通过接待服务展示了沂蒙人民的热情，提高了临沂对外的知名度和临沂商城的影响力。我非常荣幸在2013年11月25日，迎接了习近平总书记来临沂并到金兰物流视察指导工作。视察中，总书记听取了我对全市商贸物流的简要汇报，做出了重要指示。总书记的重要指示让我备受鼓舞，更加激发了干事创业的信心和决心。2014年以来，王岐山书记、赵乐际部长、孟建柱部长等中央领导同志先后来兰田视察，在接待中我都是实事求是地汇报临沂商城的发展情况，并就商贸物流政策等提出意见建议，得到了上级领导的重视。

在发展的同时，我不忘回馈社会，关心公益。近年来，先后投资6000余万元，对市场辖区环境进行了亮化、美化，组建了400多人建制的民兵连、巡逻队，昼夜在市场巡逻执勤，营造了安全有序的经营环境。市场设立了区域化党群服务中心和综合服务大厅，整合了人大代表联系点、党员群众服务、国际贸易咨询、计划生育、工商税务等10个服务窗口，帮助业户群众解决困难、发展事业。先后兑现失地居民补贴近亿元，实现了入学、医疗、社保等各项福利全覆盖。积极开展山区扶贫、社会捐助等活动，与兰山区李官镇五莲山社区党支部结对联系，投资20万元援建社区服务中心；推进精准扶贫、产业扶贫，与汪沟镇丰硕村党支部结对联系，指导规范党建工作；在全区精准扶贫企业援建项目捐献仪式上，我们向丰硕村一期捐资100万元，用于建设冬暖式大棚、扶持村集体经济发展。倾力参加公益事业，累计向见义勇为、地震灾区、教育事业等捐款5000余万元。今年7月1日，兰田集团党委被中共中央授予表彰为"全国先进基层党组织"，我作为全国300个先进基层党组织代表，进京参加了庆祝中国共产党成立95周年大会并领奖。在获得这一荣誉的同时，中组部向我们颁发了"两优一先"表彰奖金5万元，经集团党委研究，已将该奖金上缴兰山街道"党员关爱基金"，由街道党工委统一管理，统一使用于辖区内党员的慰问、关怀和救助。集团还先后荣获全国创建诚信市场先进单位、齐鲁先锋基层党组织等30多项荣誉，连续四年进入"全市纳税百强"行列。今年我个人被中华全国总工会授予全国五一劳动奖章荣誉称号。

各位代表、各位领导、同志们，回顾过去，我虽然做出了一点成绩，但离领导的要求和人民群众的期望还相差甚远，同其他代表相比仍有差距。我决心在新的起点上，深入学习习总书记系列重要讲话精神，按照市、区两级党委政府的部署要求，进一步增强代表意识，提高为民履职能力，带领集团全体干部员工拼搏进取，转型发展，不断扩大市场就业和税收的贡献度，为推进商城国际化、建设"大美新"临沂核心区标志区再做新贡献！

2016年

参加最高人民法院视察广东省法院系统时的发言

尊敬的各位领导、各位代表、同志们：

我是来自山东沂蒙革命老区的代表。首先衷心感谢全国人大常委会和最高人民法院，为代表提供这次很好的学习交流机会；同时也衷心感谢广东省各级人大和政法系统的各位领导、同志们，为本次视察提供的工作生活条件。围绕这次调研，我简要谈以下两个方面：

一、对这次调研活动的几点体会

几天来，我们与会代表在最高法领导的带领下，先后调研了最高法智慧法院（广东）实验室、省高院、广州中院、东莞中院、华为小镇、深圳中院、平安集团、最高法第一巡回法庭及有关单位，听取了工作介绍，目睹了广东繁荣的经济发展局面，客观了解了全省法院的整体工作特别是服务民营经济发展方面的情况，感到收获很大。主要有以下六个方面的特点：

一是全省各级法院，坚持以习近平新时代中国特色社会主义思想为指导，全面贯彻落实党的十九大精神，紧紧围绕"让人民群众在每一个司法案件中感受到公平正义"这一目标，牢牢把握司法为民、公正司法这条主线，为广东实现"四个走在全国前列"、当好"两个重要窗口"提供了有力的司法保障。

二是聚焦大局、服务大局，今年1—9月份，全省法院新收各类案件205.18万件，审结165.05万件，同比分别上升26.15%和22.79%；围绕

"一带一路"建设、供给侧结构性改革、乡村振兴、三大攻坚战等重大战略决策，发挥了重要的保驾护航作用，为广东的经济发展做出了巨大贡献。

三是贯彻新发展理念，出台并实施了"促进民营经济健康发展十条"和优化营商环境的相关意见措施，坚持平等保护、倡导诚实守信，严格规范强制措施，切实维护民营企业家人身和财产安全，有效激发了市场主体活力。积极服务粤港澳大湾区建设，构建了全面开放新格局。

四是加快智慧法院建设，作为改革开放的前沿阵地，广东法院全面深化司法改革各项措施。依托云计算、人工智能、5G等信息技术，完善数字化法庭、信息集中控制中心建设，实现了全省法院信息互联互通，提高了诉讼服务水平和法官办案质效。在此基础上，坚持以人民为中心，重点围绕教育就业、社会保障、民生改善等方面，从根本上保障了民生权益。

五是精心组织开展"南粤执行风暴"专项活动，落实"基本解决执行难"三年规划，采取悬赏执行等措施，对失信被执行人实现全媒体、一站式曝光，通过拧紧责任链条，加强案件执结，打出了声势，形成了震慑，为全国法院系统提供了经验。

六是狠抓党建工作主体责任落实，扎实开展"不忘初心、牢记使命"主题教育，深入推进"两学一做"常态化制度化，加快法官素能提升工程，打造了一支坚强有力的法官队伍，树立了良好形象，得到了广大人民群众的拥护和支持。

调研中也发现，全省法院系统还普遍存在一些困难和问题。例如，基层法院警力不足，员额法官编制欠缺，案件数量持续增加，办案强度和职业风险不断增大。这些问题需要多方努力、综合施策，逐步加以克服解决。

二、几点不成熟的建议

一是建议进一步采取更有力的措施促进民营经济健康发展。民营企业是经济发展的主要动力，面对40年高速增长机遇期已过、经济放缓周期到来的局面，建议从司法角度进一步打造更好的营商环境，切实帮助民营企业化解法律风险，解决因融资难、融资贵而导致的资金链断裂、连带担保等各种风险；进一步建立平等保护的长效机制，围绕省高院出台的意见措施，健全细化保障措施，推动制度体系扎实落地，给民营企业高质量发展吃下"放心丸、定心丸、安心丸"。

二是建议进一步加大推进公益诉讼审判工作的力度，切实强化维护公共利益生态修复补偿等制度，确保青山绿水、环境资源的保护，把价值导向、法治精神传递社会，为全面建成小康社会提供有力的司法保障。

三是建议进一步围绕乡村振兴，有针对性抓好农村集体产权、承包经营权流转、新型农业经营等相关案件的审理和执行落实；围绕人民生命健康，严厉打击食品、药品领域的违法犯罪行为，切实保障食品、药品安全，让广大人民群众"吃得安心、用得放心"。

四是建议最高人民法院进一步加快推进智慧法院建设，适当增加广东法院员额法官的编制，不断提升信息化水平，通过广泛运用互联网＋司法技术手段，推进精准执行，提高办案效率。

五是建议进一步加大法官创新教育培训力度，强化素质能力建设，多为基层法官提供学习、交流机会，定期开展培训和异地观摩学习等；高院和地方政府要从政策上提供创新教育的经费和激励措施。

六是建议进一步加大宣传力度，广泛宣传司法改革中的成绩、贡献和亮点，普及法律知识，引导广大群众遵法、学法、守法；加强法院文化建设，推出更多的先进典型，激发干警的自信心和自豪感，不断扩大广东法院工作在全国的影响力，持续走在前列。

2019 年

在全国人大代表座谈会上的表态发言

尊敬的王书记、孟市长、杜主任，各位领导、各位代表、同志们：

我叫王士岭，现任兰田集团党委书记、董事长。很高兴参加今天的座谈会，刚才听了王书记和领导们的重要讲话，感到非常振奋。借此机会，衷心感谢各级领导对代表们的关心和支持！

兰田集团是临沂最早创办专业批发市场的单位，目前拥有18处专业批发市场、2处物流市场，总占地3000余亩，总建筑面积180多万平方米，经营户达2.4万多家，从业人员7万多人，2019年完成市场交易额700亿元，物流货运量1500万吨，货值达720亿元。2013年11月25日，习总书记视察金兰物流工作并做出重要指示。集团先后荣获全国先进基层党组织等荣誉称号；我个人连任两届全国人大代表。

今年的全国人代会，会期紧、要求严、责任重大。我准备提交大会9项建议，现简要汇报如下：

1. 关于将临沂列为国家级"一带一路"综合试验区的建议。今年1月，省委、省政府正式批复设立临沂"一带一路"综合试验区，当前，全市上下正在加快实施试验区建设。为进一步推进临沂商城国际化，加快发展海外商城、海外仓库，建议把临沂列为国家级"一带一路"综合试验区。

2. 关于将临沂列为"全国城乡高效配送试点城市"并设立专项支持资金的建议。根据国务院推进物流"降本增效"、促进实体经济发展的意见，2019年商务部等5部委在全国开展了"城乡高效配送专项行动"，第一批共 30 个城市进入试点，山东有烟台、潍坊和淄博 3 个地市入围。为推动临沂物流业转型升级与高质量发展，建议将临沂列入第二批试点并设立专项资金进行重点支持。

3. 关于支持临沂建设国家级粮食物流中心的建议。去年我市粮油企业实现工业总产值 410 亿元，花生、玉米、粮油、小麦粉等加工集群产业基础好、发展潜力大，发展粮食流通具有明显优势。为此建议国家将临沂粮食物流中心建设纳入国家级物流、粮食流通规划，并在项目和资金上给予支持。

4. 关于疫情后进一步加大扶持物流企业健康发展的建议。今年的疫情对物流企业冲击很大，为此建议国家进一步完善政策，多措并举减轻负担，打造供应链体系，发展智慧物流和多式联运，尽最大努力把疫情期间的损失补回来。

5. 关于指导国家物流枢纽工程项目规划、建设、运营的建议。2019 年，全国共有 23 个城市入选国家物流枢纽建设名单，临沂市被列为商贸服务型国家物流枢纽城市。为推进枢纽城市的建设和运营，建议国家在顶层设计方面进一步细化，出台实施细则，便于枢纽城市的快速推进。

6. 关于加强 5G 商用技术研究与推广的建议。我国已进入 5G 时代，但目前仍有一些中小企业对 5G 技术认识和使用不足。建议国家围绕智慧物流、智慧商业、智慧农业、智慧金融等方面，组织对 5G 商用技术研究和推广，助推中小企业加快新旧动能转换。

7. 关于加大力度构建"亲清"新型政商关系、鼓励党员干部深入企业开展服务的建议。近年来临沂市兰山区推进全面从严治党，制定了企业经营者与党员干部交往的"正负"清单，实施了"党建引领、服务企业、考核评价"等工作机制，塑造了良好的营商环境。在全国对这一做法进行推广，有利于鼓励党员干部深入基层，实现服务经济发展"零距离"。

8. 关于将叉车纳入机动车管理的建议。叉车在商贸、物流、仓储等行业应用广泛，商贸物流辖区内叉车保有量众多。为解决叉车的安全操作问题，建议国家将其纳入机动车范畴，依据《道路交通安全法》进行规范管理。

9. 关于推广临沂市检察机关公益诉讼经验做法的建议。近年来市检察院围绕"公益"核心，依法服务全市经济社会发展大局，在全国首创了公益诉讼"全生命周期"案件办理机制，发挥了重要作用。在全国检察机关推广这一做法，有利于推进公益诉讼工作，提高人民生活的幸福感、获得感。

另外在审议发言时，计划围绕"深化水域污染防治""强化对中小企业发展的支持服务""加快智慧司法建设"等方面进行建言献策。

在这里向各位领导和代表们表个态：我将坚决执行好王书记、孟市长和杜主任的讲话精神，和各位代表一起，提高政治站位，严格遵守大会的各项纪律和要求；会议期间，认真学习、履行代表职责，大力宣传新时期沂蒙精神，讲好临沂故事，积极建言献策，圆满完成领导交给我们的各项任务。

2020 年

在市中院人大代表座谈会上的发言

尊敬的张院长、于院长，尊敬的各位领导：

上午好。今天，张院长在百忙中来临沂视察指导，并与中院于院长等领导共同召开人大代表座谈会，与代表们一起畅所欲言，这是法院系统深入推进"不忘初心、牢记使命"主题教育的重要实践，也充分体现了院领导对代表监督工作的高度重视，和对人大代表的关心关怀。借此机会，向各位领导的到来表示热烈欢迎和衷心感谢！下面，我把有关情况做一简要汇报：

今年以来，市、区人民法院在省高院的正确指导下，始终坚持提高政治站位，围绕大局作为，为全市经济建设和社会和谐稳定发挥了重要作用。

一是忠实履行法定职责，充分发挥审判职能作用，坚决惩治刑事犯罪，不断加强商事、民事、行政审判工作，有力地维护了社会大局稳定，助力了经济高质量发展。

二是坚持"司法为民"这一主线，着力构建开放、动态、透明、便民的阳光司法体制。全市法院通过完善审判体制机制，规范司法行为、严格依法办事，全力保障群众合法权益，提升了司法公信力；围绕大气污染治理、水污染防治等群众关心的热点难点问题，积极推进公益诉讼，保护绿水青山，努力做到"让人民群众在每一个司法案件中感受到公平正义"。

三是坚持司法改革创新，打造了一批在全国、全省法院系统叫得响的工作亮点。比如，在今年的最高法院工作报告中专门提到，临沂等法院发扬革命老区好传统好经验，用心用情用法做好涉军维权工作，促进军政军民团结。打造了全国典型；此外，兰山法院"诉讼审判三段式"管理格局、"网上多方远程庭审系统"，都是法院工作的创新做法，我曾通过各种方式进行了重点推介。

四是积极为打赢疫情防控阻击战和企业复工复产提供保障服务。为切实加强全市新冠肺炎疫情防控和企业复工复产工作，根据法律、司法解释和政策规定，结合全市法院工作实际，临沂市中级人民法院出台了一系列政策措施，延伸了司法职能，主动融入了全市疫情防控工作大局。

临沂是"中国市场名城""物流之都"。2019年，临沂商城全年实现市场交易额4830亿元，物流总额7670亿元；我们兰田集团18处市场实现市场交易额700亿元，物流货运量1500万吨，货值720亿元。成绩的取得，首先要得益于省市区各级法院打造的良好营商环境和法律保障。特别是今年以来，面对疫情防控及复工复产等多重压力，全市各级法院把服务实体经济发展放在重要位置，推进基层法官工作室健康运行，通过对相关纠纷现场调解、现场立案，以及网上办案、微信、电话调解等措施，有力解决了法律服务"最后一公里"的问题，得到了经营业户群众的支持和赞扬。

借此机会提三点个人不成熟的建议。

一是建议进一步加大疫情防控案件的审理和执行。2020年由于疫情带来的严重冲击，经济下滑明显，中央及时出台复工复产、"六稳""六保"的政策措施。建议各级法院系统进一步对影响恢复经济和防止流疫反弹的案件，实施快捕快诉、快审快判，依法保障"六稳""六保"工作的推进和落实。

二是建议进一步围绕重点领域加大执法监督，保持高压常态。2020年是全面建成小康社会收官之年，总书记强调要克服疫情影响，"确保高质量完成脱贫攻坚目标任务"。因此，在扶贫攻坚工作中，建议不断加大惠农扶贫领域的职务犯罪查处力度，对干部进行警示教育，对群众进行扶贫政策宣讲，坚决打击把手伸向扶贫资金的不法行为，让人民群众时刻感受到党的温暖和正义的力量。

　　三是建议进一步加快智慧法院建设，有力解决案多人少的问题，推进社会治理现代化。广泛运用信息化技术，充分发挥指挥中心、信息中心和大数据等数字平台作用，实现工作的精准对接。要进一步加大基层工作人员创新教育培训力度，定期开展培训学习，强化素质能力建设，为智慧法院建设提供高层次人才支撑，提高服务效率。

　　四是建议进一步采取更有力的措施促进民营经济健康发展。民营企业是经济发展的主要动力，目前高速增长机遇期已过，并且受疫情影响严重，建议进一步打造更好的营商环境，切实帮助民营企业化解法律风险，解决因融资难、融资贵而导致的资金链断裂、连带担保等各种风险，同时建立平等保护的长效机制，健全细化保障措施，推动制度体系落地，给民营企业高质量发展吃下"放心丸、定心丸、安心丸"。

2020 年

在市人大常委会
对全市贯彻实施《中华人民共和国食品安全法》
《全国人大常委会关于全面禁止非法野生动物交易、革除滥食野生动物陋习、切实保障人民群众生命健康安全的决定》情况进行执法检查
座谈会上的发言

尊敬的各位领导、同志们：

今天，市人大常委会李主任带队，组织对全市贯彻实施《中华人民共和国食品安全法》《全国人大常委会关于全面禁止非法野生动物交易、革除滥食野生动物陋习、切实保障人民群众生命健康安全的决定》情况进行执法检查。在全国上下巩固提升疫情防治成果的形势下，开展这项工作，对于进一步推进食品安全法、全国人大决定的深入实施，更好地保障人民的身体健康，具有非常重要的意义。

上午，集中对罗庄区、郯城县的1个市场监管所、2处农贸市场、1家食品企业进行了现场实地察看；刚才，又听取了市政府和市直有关部门领导同志的情况介绍，总体有以下几点感受：

一是高度重视，各县区、各有关单位充分认识到落实食品安全法、全国人大决定的重要意义，多措并举统筹开展学习宣传、教育培训活动，引导社会各界遵纪守法，进一步提高群众保护野生动物的思想认识，为推进贯彻、落实奠定了良好执法基础。

二是措施有力，把落实食品安全法、明确全面禁止食用野生动物、严

厉打击非法野生动物交易，作为打赢疫情防控阻击战的重中之重，加大监督检查和责任追究力度，查处隐患，严厉打击整治涉野生动物违法犯罪行为；相互配合，深化部门联动机制，通过联合执法专项行动，形成了良好工作局面。

三是成效突出。从调研情况看，食品安全法、全国人大决定在我市得到了很好的贯彻落实，有力保障了人民群众生命健康安全。特别是今年全市累计确诊的新冠肺炎病例均为输入型，无死亡病例、无本土病例，也充分证实临沂市的食品安全和野生动物保护工作取得了显著成效。

结合实际情况，提三点不成熟的建议：

一是进一步加强宣传教育，提倡守法、文明理念，呼吁市民自觉遵守食品安全、野生动物保护法律法规，在全社会形成保护野生动物的良好氛围。

二是进一步强化监管执法，坚持统筹联动，强化市场监管、药监、林业、动物防疫、卫生健康等相关部门协同，对野生动物人工繁育、市场经营、网络销售等环节进行全面整治。建议公、检、法联合执法，开展公益诉讼，促进食品安全、野生动物保护进一步法治化、规范化、制度化。

三是进一步加大信息公开力度，健全举报机制，积极吸纳社会力量参与这项工作，汇聚合力，造福百姓。建议各县区人大常委会不定期组织开展执法检查，确保有关法律法规得到更好的贯彻落实。

2020 年

"六稳六保"落实等相关情况汇报

2020 年上半年，受新冠肺炎疫情的影响，我国经济遭受了很大程度的冲击，为加快恢复生产生活秩序，尽快把疫情期间的损失补回来，中央要求扎实做好"六稳"工作，落实"六保"任务。作为商贸物流行业的代表，现就本行业"六稳六保"落实等相关情况汇报如下：

一、"六稳六保"工作落实情况

本次新冠肺炎疫情，对物流商贸业冲击十分明显，因为临沂有 1000 多万人口，商城流动人员每天达 30 多万人次，作为商贸物流的主办单位，我们当时非常担心，压力巨大，如果疫情控制不住，将会给我们造成无法估量的损失。在这种严峻的形势下，市、区领导高度重视，措施得力，出台政策，控制疫情，市、区机关和职能部门人员分配到一线帮包帮扶，**一方面**，商贸物流开业延期一个月至 2 月 27 日，然后根据生产资料、生活需要，实施错峰开业，至 3 月 5 日，除湖北、温州等重点疫区外，临沂商城省内外商贸物流业户全部复工。**另一方面**，防控物资（口罩、隔离服、消毒液、手套、测温仪等）筹备齐全，严格按照国家及省市规定流程复工复产，我市疫情防控及复工复产工作已走在了全省前列。**再一方面**，各项扶持政策落实到位，**一是**企业和业户到期银行贷款延期三个月，并增加企业授信、降低利率，支持企业复工复产；**二是**税务部门给予经营业户扶持政策，月交易额不足 10 万元的免征增值税；**三是**交通部门对物流车辆免收高速公路收费、过桥费等，免费时间至 6 月 30 日，有效地降低了物流费用支出；**四是**人社部门缓缴、免缴各项社保费用，为中小企业减轻负担；**五是**电业部门对电价进行优惠，降低工商业电价 5% 政策延长到今年年底。**六是**市场主办单位免收 1 个月的房屋租金、物业管理费，仅兰田集团，约减少收入 2051 万元，让经营业户感到温暖。

为了更好地防控疫情，在市、区党委政府的坚强领导下，我们充分发挥了"全国先进基层党组织"的作用，党员带头深入一线定岗、定员开展防疫工作，同时，积极履行社会责任，通过网络发动集团党员、管理人员、职工及业户捐款捐物共计 383 万元（捐助现金 273 万余元，物资价值 110 多万元），体现了革命老区无私奉献的沂蒙精神。

二、"六稳六保"对商贸物流行业的影响

疫情之下的商贸物流行业，面对长时间歇业遭受巨额损失、产业链条恢复运转艰难等现实问题，"六稳六保"无疑已经成为行业复工复产的"强心剂"和"推进剂"，**一方面**，各项优惠政策的强力推出，为广大商贸物流从业者节约了支出，降低了成本，减少了压力，更能够轻装上阵，尽快恢复正常经营。**另一方面，**疫情的限制、政策的刺激，让很多市场经营业户绝地反击，催生了直播带货的大繁荣，商贸业态的提升，使市场在传统交易量缩减的同时，电商交易量实现了大幅增长。如临沂网红带货直播徐小米，平均日销量 4 万~6 万单，单场直播销售额达 2600 万元。

随着疫情的减轻和"六稳六保"的落实，临沂商贸物流行业从全部歇业到逐步开门营业，然后经历了短暂的报复性成长，目前已经形成平稳上升的发展态势，疫情期间的损失正缓慢得以补齐，其中部分经营业户有望实现本年度交易额较去年大幅增长。

三、目前存在的困难及发展建议

在"六稳六保"的落实下，临沂商贸物流行业目前已全部实现正常运营，但由于前期损失巨大，加之疫情影响短期无法消除，以及受宏观经济环境的影响，物流企业的增长速度放缓，部分物流企业处于微利状态甚至

濒临亏损，在资金、盈利能力、人才、配套服务等方面仍有诸多不足。结合实际情况，提以下几点个人不成熟的建议：

1. 建议进一步鼓励加大对实体经济特别是中小企业的扶持力度，采取多种措施降费减税，切实降低企业负担，提振发展信心。省委、省政府已经围绕"六稳六保"出台了多项政策措施支持中小企业复产复工，在此基础上，建议各地市根据本地中小企业的行业分布和经营情况，从资金扶持、税费减免、人力资源攻击等各方面进一步给予差异化的补贴和支持。

2. 建议加大对临沂商城国际化的扶持力度，如：加快外汇来款查询、结汇速度，提高外贸企业资金周转率；拿出专项资金重点扶持龙头外贸综合服务企业，加大外综服企业服务外贸上游工厂、中小贸易公司、市场业户的能力，加快复工复产，提升优化进出口物流通关效率，稳定国外客户和市场订单，尽快恢复外贸生态链上下游正常运转。

3. 引导和支持企业打造供应链体系，发展智慧物流，拓展公铁、航空和陆海等多式联运业务。对于现代物流业发展所需要的基础平台，比如物流产业基地、物流园区的建设，要给规划、给政策；要加快综合运输网络的建设，将陆海空多式联运的资源连接起来；还要推动加快物流信息平台的建设，金融支持，政策支持等，政府搭台，由企业主导唱戏。

4. 要重点推进和扶持部分全国性大型物流企业发展和升级，鼓励和扶持有实力的物流企业通过兼并、联合等形式进行资产重组和业务整合，完善服务功能，健全服务网络，逐步形成一批主业突出、核心竞争力强的大型物流配送企业；要明确扶持的目标和对象，制定有针对性的扶持政策和措施并推动落实。通过树立物流企业的标杆和领头羊，带动物流产业的转型升级。

5. 引导帮助物流企业走向资本市场、获得发展的资金，以此为助力，在作业场地、仓储资源、车辆资源、信息系统、专业装备、专业人才引进、管理提升等软硬件方面加大资本投入，把行业做大做强。

2020 年

财政部回访人大代表座谈会发言提纲

尊敬的财政部的各位领导，尊敬的矫局长，各位领导，同志们：

下午好，在当前疫情影响尚未完全消除，全国上下正在集中力量抓"六稳六保"工作的形势下，财政部组织这次调研活动，充分体现了对沂蒙革命老区财政工作的高度重视，也为我们提供了一个很好的学习交流机会。根据会议安排，我简要谈两个方面的问题：

一、对 2020 年财政相关工作的感受和体会

今年以来，市财政局及相关单位，紧紧围绕市委、市政府工作部署，积极发挥财政职能，不断深化财税体制改革，规范财政收支管理，保障了各项重点支出，尤其是面对疫情对经济社会生活造成的严重影响，财政部门严格、及时推进各项优惠政策的落地，为复工复产工作起到了良好的推动作用。

临沂是中国市场名城和中国物流之都，在疫情发生后，所有经营业户都积极服从大局，根据统一安排进行了延期开门营业。随着疫情形势的缓解，兰田自 2 月 28 日农资城率先复工营业开始，到 3 月 3 日，辖区全部市场及物流都实现了开门营业。为了帮助经营业户减少损失，尽快恢复正常经营，各方面优惠政策逐一落实，不仅为他们送去了温暖、实惠，也提振了信心和动力。**一是**企业和业户到期银行贷款进行延期，最长延期六个月，并增加企业授信、降低利率，支持企业复工复产；**二是**税务部门给予经营业户扶持政策，月交易额不足 10 万元的免征增值税；**三是**交通部门对物流车辆免收高速公路收费、过桥费等，免费时间至 6 月 30 日，有效地降

低了物流费用支出；**四是**人社部门缓缴、免缴各项社保费用，为中小企业减轻负担；**五是**电业部门对电价进行优惠，降低工商业电价5%政策延长到今年年底。**六是**市场主办单位免收1个月的房屋租金、物业管理费，仅兰田集团，减免总额达2051万元。在这些优惠政策的共同作用下，临沂商城经营业户复工复产进展顺利，疫情期间的损失逐步被补回，再加上直播带货等商贸物流新业态的开展，很多经营业户比去年同期还实现了不同程度的增长。这些成绩的取得，与有关财政政策的落实是分不开的。

二、借此机会，提三点不成熟的建议

一是建议财政部进一步加大对中小企业的支持力度。我国中小企业有4000万家，占企业总数的99%，贡献了中国60%的GDP、50%的税收和80%的城镇就业，对经济社会发展影响重大。所以，建议要进一步落实好国家税收扶持政策，强化支出保障，把产业升级的支持资金落实到位。引导广大金融机构，提供优质金融服务，对新业态、新动能的相关产业进行重点资金扶持。打好组合拳，帮助广大中小企业完善多层次资本市场体系，通过上市、新三板挂牌、再融资、发行债券等多种方式，切实解决中小企业"融资难""融资贵"和"转型难"问题。

二是建议财政部进一步加大对革命老区一般性转移性支付资金的扶持力度。今年的新冠肺炎疫情，以及夏季雨灾对临沂经济发展造成了很大影响。临沂是革命老区，建议财政部能从支持老区经济社会发展的方面进行重点考虑，通过加大转移性支出的方式，助力临沂经济持续发展。

三是建议进一步加大财政资金向民生领域投入的力度。疫情对人民群众的影响是巨大的，本着取之于民用之于民的原则，财政扶持资金要重点向民生领域倾斜，向困难群体倾斜，如教育、乡村振兴、生态环保、基础设施等，都需要进一步加大投入，通过资源、条件和服务的改善，努力提高广大人民群众的获得感、幸福感和安全感。

2020 年

在市人大财经委对计划、
预算执行等情况初审会议上的发言

尊敬的各位领导、各位代表：

刚才，市发改委、财政局、审计局等部门领导，对全市 2020 年上半年国民经济和社会发展计划执行情况、2019 年财政决算和 2020 年上半年预算执行情况、2019 年市级预算执行和其他财政收支的审计情况、2020 年新增政府债务调整情况分别进行了汇报，工信局、统计局等六个部门负责人也围绕各自职能进行了发言，提出了一些具体的意见和建议，很有见解和实际意义。通过这些内容，我个人总体感觉是，在当前疫情影响尚未完全消除、全国上下集中力量抓"六稳六保"工作的形势下，我市经济运行总体良好，这体现了市委、市政府以及各职能部门的凝心聚力和艰苦拼搏，市发改委、财政局、审计局等部门围绕全市发展大局，有规划、有重点、科学有序地推进各项工作落实，确保了全市经济社会各项事业持续发展，所取得的成绩有目共睹，我完全同意以上几个报告的内容。

结合报告内容以及今年上半年的实际工作情况，我提以下四点个人不成熟的建议：

一是建议进一步分析临沂今年以来及未来一个时期的经济新形势，把发展中存在的困难厘清，把需要解决的问题找准，把"六稳六保"的政策落实到位，尽最大努力扶持中小企业发展，确保全市经济社会稳定持续发展。

二是建议面对新冠肺炎疫情冲击，进一步强化对中小企业发展的支持服务。中小企业实体经济是我市经济社会发展的重要基础，今年的新冠肺炎疫情，对中小企业冲击十分明显，中央、省委省政府以及地方性各项扶持政策、优惠措施相继出台，并以最快速度落实到位，让广大人民群众感受到了温暖，也进一步提振了发展信心。下一步，建议从政策、金融、税收、技术、服务等方面继续加大扶持的力度，尤其是要适度加大转移性支出所占比重，切实解决中小企业面临的困难和问题，进一步推动实体经济高质量发展。

三是建议进一步争取财政部、财政厅对革命老区一般性转移性支付资金的扶持力度。今年的新冠肺炎疫情，以及夏季雨灾对临沂经济发展造成了很大影响。临沂是革命老区，建议争取财政部及财政厅能从支持老区经济社会发展的方面进行重点考虑，通过加大转移性支出的方式，助力临沂经济持续发展。

四是建议进一步发挥人大常委会的监督力度，全力抓好财源培植，强化预算约束，尽最大努力防范化解潜在的风险，重点保障民生领域的投入，使财政扶持资金向教育、乡村振兴、生态环保、基础设施等方面倾斜，通过资源、条件和服务的改善，努力提高广大人民群众的获得感、幸福感和安全感。

2020 年

在最高人民检察院视察吉林检察系统时的发言提纲

尊敬的各位领导，各位代表、同志们：

我是来自山东的一名代表，这次应邀来到我国重要的工业基地吉林省专题视察、调研检察工作，我感到十分荣幸，借此机会，感谢全国人大常委会和最高检，为我们提供了这次难得的学习和交流机会，同时也衷心感谢吉林省各级人大、检察系统的领导和同志们，为这次视察调研活动全程提供了热情、周到的服务保障。

几天来，我们通过对吉林省高检以及长春市、吉林市、敦化市、图们市、延吉市五市检察院深入一线实地走访，并听取有关领导同志的工作介绍，感到吉林省检察工作亮点很多，成就很大，主要体现了以下三大特点：

一是总体工作重点突出。今年以来，吉林省检察系统在深入学习贯彻习近平总书记系列重要讲话，全面推进依法治国、忠实履行宪法法律赋予的监督职责方面，理解得很深刻，执行得非常有力，并且创新能力强，亮点多，效果好，进一步带动了检察工作的全面开展。今年1—7月份，共批准逮捕人、提起公诉人，查办涉嫌职务犯罪人，对刑事和民事行政裁判提出抗诉件，审查办理控告申诉件，检察工作为推进全省的经济社会建设发挥了保驾护航的作用，做出了巨大的贡献。

二是检察服务措施到位。通过铁腕治污，持续改善了松花江流域的整体环境，人民群众的生活、生产条件不断优化，安全感、获得感和幸福感不断提升；不断强化维护经济安全的责任担当，依法处理经济领域的矛盾和问题，尤其是面对疫情影响，全省检察系统通过开展党员"下社区、上一线"、案件快起诉快办理、解决企业复工复产难题等方面工作，全力推动各项任务落地落实，为打赢疫情防控阻击战提供了有力的检察保障。

三是创新发展效果明显。在检察工作推进的过程中，大胆探索新思路、新渠道，用发展的思维推进检察工作持续创新。在开展认罪认罚工作方面，全省检察系统各项制度配套健全、落实全面、效果明显；在智慧检察建设方面，全省检察质效数据平台、行政检察大数据平台的应用，充分发挥现代大数据科技的优势，有效地提升了检察工作质量和效率；在未成年检察工作方面，建立了未成年人长效综合保护机制，形成了专业化办案、社会化帮教、综合性保护"三位一体"的未检工作格局，最大限度地为未成年人成长提供了保障。这些新尝试和新做法，值得在全国进行重点推广。

同时，通过调研也发现，吉林省检察系统也存在一些具体的困难。如基层监察室警力不足、经费保障不足；由于经济和社会发展进程加快，案件数量不断增加，检察官工作压力很大，职业风险很大，人身安全及其他合法权益得不到充分保障等。结合这次视察调研，我提以下几点个人不成熟的建议：

一是建议进一步推进检察机关公益诉讼工作。今年，我向全国人代会提交了《关于推广公益诉讼全生命周期办理机制的建议》，得到了最高检的高度重视。今年是全面建成小康社会的收官之年，建议突出抓好公益诉讼工作，在检察系统探索搭建大数据信息共享平台，拓展公益诉讼案件线索来源，构建多方参与的公益保护大格局；依托"智慧外脑"，在各个层面成立检察机关公益诉讼专家委员会，聘请来自环境保护、教育、食品药品、国土规划、金融、财税等领域的专家担任公益诉讼专家委员，助力精准化、专业化办理公益诉讼案件。

二是建议进一步加大对中小企业的支持力度。我国中小企业有4000万家，占企业总数的99%，贡献了中国60%的GDP、50%的税收和80%的城镇就业，对经济社会发展影响重大。2020年由于疫情带来的严重冲击，中小企业经济下滑明显，需要从多方面进行扶持发展。建议检察系统对影响恢复经济和防止流疫反弹的案件，尤其是涉及一些中小企业的涉黑案件，进一步加大审查起诉力度，实施快速办理、从严惩处，并充分发挥好法律监督作用，努力为经济高质量发展创造和谐稳定的社会环境，依法保障"六稳""六保"工作的推进和落实。

三是建议进一步强化素质能力建设。司法能力是检察工作人员履行职责的重要基础，建议按照政治过硬、业务过硬、责任过硬、纪律过硬、作风过硬的总体要求，依托弘扬"工匠精神"、解决"本领恐慌"的底线，进一步加强职业培训，为检察队伍提供更多的学习、交流、提升机会，努力建设一支信念坚定、司法为民、敢于担当、清正廉洁的阳光检察队伍。

四是建议进一步改善基层检察人员的工作和生活条件。检察系统的主力在基层，检察系统的工作重点也在基层。建议积极争取面向基层的检察人员编制，争取更多面向基层检察系统的中央转移支付；进一步加大投入，改善基层检察人员待遇，通过发放基层工作津贴、挂职锻炼等方式，增加基层检察人员的收入和进步机会，从而从整体上提升检察人员综合素质和办案能力。

五是建议进一步加大对检察工作的宣传和经验推广力度。近年来，全国检察机关包括吉林检察系统做了大量工作，取得了令人瞩目的成绩，贡献很大，但总体宣传力度不够。建议通过各种形式的宣传，让社会各界群众充分了解、认识各级检察机关在工作中取得的成效、做出的贡献、付出的代价，增强检察工作的影响力和社会的公信力。

2020 年

在市人大财源培植专项调研座谈会上的发言提纲

尊敬的杜主任，尊敬的各位领导，同志们：

下午好。今天，我们在杜主任的亲自带队下，先后到市直和费县，参观了市财政局党建工作，实地察看了新时代药业等重点项目，就财源培植工作进行了专题调研。通过看现场和听情况，我总体感觉是，新时代药业作为国内知名的生物制药企业，在费县的强力支持下，不断强化科研队伍建设，持续推进新产品研发和市场开拓，以过硬产品、先进技术、高级人才打造了品牌优势，这为其他企业发展提供了宝贵的借鉴；特别是市直有关部门和费县，在市委、市政府的正确领导下，积极克服疫情等方面所带来的困难和挑战，不等不靠，探索实践，充分挖掘优势，积极培植财源，加快财政增收，为全市经济社会快速健康发展提供了有力的支撑。

抓好财源建设，既是政府履行职能的需要，又是实现经济、财政良性互动的重要途径。根据今天调研所看到的、听到的，结合我个人的理解，我提以下三点不成熟的建议：

一是建议进一步优化营商环境，推动全市的大项目、好项目尽快落地。要深化"放管服"改革，力争审批手续再简化、审批时间再缩短，完善"宽进严管"准入体系，提高政府行政效率，让招商项目进门容易、服务到位、发展健康，不断丰富和壮大我市财源体系。

二是建议进一步指导实体企业防控风险，政府、监管机构、司法部门和金融企业要建立联合协调机制，努力采取有效保护手段，保障企业最大限度化解危机，切实解决实体企业因融资难、融资贵而导致的资金链断裂、连带担保等各种风险，确保财源高质量发展。

　　三是建议进一步加大财政金融对新旧动能转换的支持力度。新旧动能转换最重要的是资金的支持，兵马未动粮草先行，只有资金跟上了，新旧动能转换的工作才能有保障，才能培植更多更好的财源，才能有更好的经济发展。

2020 年

在市人大财经委对全市金融类企业
国有资产管理情况专题调研会上的发言

尊敬的各位领导，同志们：

今天，市人大财经委组织对全市 2019 年度金融类企业国有资产管理情况进行专题调研。刚才实地参观了临商银行、财金集团和融资担保集团，听取了财政局和各金融类企业的情况汇报。总体感觉是，过去一年，**市政府**高度重视金融类企业国有资产的监管，全力推进防范金融风险"攻坚战"；**各部门、各县区**提高政治站位，认真落实市委、市政府工作部署，坚持底线思维，强化风险防控和管理监督，在防止国有资产流失，促进国有资产保值增值等方面，措施得力、效果显著。**各金融类国有企业**加快建立现代企业制度，推进金融改革创新，坚决杜绝融资债务风险、互联网金融风险、担保连带风险的发生。这些措施，针对性强、实实在在，守住了不发生区域性风险这一底线，促进了国有资产更好地服务临沂实体经济发展。

2020 年，新冠肺炎疫情对经济的影响和冲击仍在继续，形势不容乐观。抓好金融企业国有资产管理工作，严格防范国有资产流失和金融风险，有利于我们在更困难的情况下，加快推动新旧动能转换、乡村振兴、污染治理、精准扶贫、国际陆港等重大项目建设，如期全面建成小康社会，意义非常重大。

借此机会提两点不成熟的建议：

一是建议进一步强化对金融类企业国有资产的严格管理，积极探索加强和改进新思路新方法，不断完善监管机制体制。要通过信息化、大数据平台的全方位监控，坚决防范国有金融类企业资产损失和金融风险。

二是建议金融类企业特别是银行部门，在自身加快发展的同时，要进一步强化对全市中小微实体企业的支持力度，出台更多的优惠政策，助力实体经济的发展；特别是全市非公企业、中小企业数量占比90％以上，为了提振发展信心，夺回疫情期间的损失，建议继续推进减税降费，促进中小企业、商贸物流业户的持续健康发展。

2020 年

在全国基层社会治理与"两委"组织法修法研讨会上的发言

尊敬的各位领导、各位代表：

党的十九届五中全会刚刚闭幕，全国人大社会建设委员会在郯城举办了这次研讨会，围绕基层社会治理和村委会组织法、居委会组织法的修改，进行经验交流，听取大家意见。一天半的会议上，来自中央组织部、中央政法委、民政部和全国各地党委、民政、人大系统的接近30位代表先后发言，也为我们人大代表履职提供了难得的学习交流机会，听了之后很受启发，对我们更好地提出议案建议很有帮助。

我是来自临沂的一名全国人大代表，在这里，我也简单介绍一下我在临沂调研时了解到的情况，并谈几点个人的感想。

近年来，我们临沂市创新思路，积极探索，在推进基层社会治理方面做了大量工作，维护了社会稳定，有力保障了革命老区经济的持续健康发展。

一是各级领导高度重视，坚持"以人民为中心"的理念，认真落实"两委"组织法，推进群众"自我管理、自我教育、自我服务"。郯城县探索实施了书记专业化做法，成效很好，并在全市全面推广。围绕基层社会治理，整合全市资源，建立了县（区）、镇（街）、村三级服务平台，设立一站式服务窗口，提供便民服务，让群众"只进一扇门、最多跑一次"，保障了基层社会治理工作的健康运行。

二是创新工作思路，牢固树立互联网＋基层社会治理的理念，在广大社区和农村依托"雪亮工程"，整合党建平台、"12345"市民服务热线，例如兰山区设立了群众公社，让基层群众的利益诉求，通过手机 App、网络就能够及时有效地解决，真正做到了"小事不出村、大事不出镇、矛盾不上交"。

三是强化工作措施，在落实"两委"组织法的过程中，对基层社会治理工作实行网格化管理，设立网格员走街串巷为身边百姓服务。同时，选派第一书记、红领书记下沉基层，打通服务群众的"最后一公里"，不但抓好精准扶贫工作，同时把扫黑除恶、土地征收、环境保护、安全生产、信访稳定等村级工作重点都抓在手上，保证了基层工作的和谐稳定。

临沂是全国闻名的"中国市场名城""物流之都"，全市共有 130 多处专业批发市场，主要集中在兰山区和兰山街道，其中兰田、华强、华苑、华丰等四大集团建设的市场超过半壁江山。这些集团都是从村集体经济当中发展起来的，从 2001 年起，我们实行了居企分离的办法，进一步明确了村居和企业的产权关系，集团负责发展，村居负责基层社会管理，享受企业发展红利，这种形式，促进了企业健康发展，也保证了基层社会治理的良好效果。

村民委员会组织法和城市居民委员会组织法是我国基层群众自治制度的基础性法律，当前，随着我国乡村振兴的全面推进，新型经济组织的不断涌现，对村委会、居委会的职能定位、作风发挥和干部素质都提出了更高的要求，对于这两部法律的修改，个人感到，非常及时、非常有必要。

借此机会，提以下五点不成熟的建议：

一是建议"两委"组织法的修改，必须始终坚持和加强党对居委会、村委会工作的全面领导，这是做好基层工作的根本和关键。如果一个基层单位党组织涣散，那么这个单位就失去了战斗力和生命力，也就无法带领广大群众发展经济、推进乡村建设。

二是建议在修法过程中，进一步重点突出居委、村委的民主选举、民主决策和民主管理制度，重点抓好民主监督。要在法律设计上不断建立完善监督机制，形成上级党组织监督、纪律监督、群众监督、社会监督、会计核算监督、审计监督等全过程的监督体系，让党委政府放心，让人民群众满意。

三是建议全国范围内进一步总结推广临沂市书记专业化的经验。2019年以来，在郯城县试点的基础上，临沂全面实行村党支部书记专业化管理，在不改变身份、来源和工作性质的前提下，通过提升选人条件、工作标准、管理要求和待遇保障，将3553名支部书记纳入专业化管理，提高了基层支部书记工作积极性，促进了农村基层治理，收到了良好效果。今年全国人代会上，我和其他代表同志向大会提交了推广这一做法的建议，得到了有关部门的办理。希望全国人大和有关部门在"两委"组织法的修改过程中，继续对临沂书记专业化的做法进行总结提升和推广。

四是建议继续坚持向基层农村派驻"第一书记"，发挥他们观念、技术、经验和能力的优势，引领村集体经济健康发展；要采取集中办班、基地培训、专家现场指导等多种形式，分期分批、分门别类地对农村干部开展教育培训，提高推进乡村振兴的能力和水平。在总结提炼"第一书记"工作经验的基础上，考虑如何完善村委会成员的提名、选举等条件。

五是建议关注信息技术发展，在法律修改时考虑允许村民、居民通过信息化手段，比如通过视频方式来行使权利，多方面扩大公众参与基层治理的路径，保障他们的参与权利。

在此，我也表个态，会议结束之后，我将认真梳理大家提出的意见建议，继续加强调研，争取为村委会组织法修改、居委会组织法的修改，能够发挥一点我个人的微薄之力！

2020 年

全国人大常委会赴山东会前视察座谈会发言

尊敬的各位领导、各位代表：

非常荣幸参加这次视察调研活动，首先感谢省人大给我们提供了宝贵的学习交流机会，同时也感谢省人大、市人大各位领导、同志们提供的良好服务及生活保障。

7日上午，听了王省长和文旅厅领导的情况介绍，对我省经济社会发展、红色文化保护传承工作取得的成就深受鼓舞，备感振奋，特别是在疫情严重冲击、经济下滑、国际形势错综复杂的情况下，全省上下齐心努力，攻坚克难，拼搏创新，实现了经济正增长，好于预期，好于全国的成绩，来之不易；同时对2021年中小企业持续减税降费的优惠政策、支持民生的惠民政策越来越多，有力地提振了企业的发展信心和人民群众的幸福指数。8日，我们又先后参观了沂蒙革命纪念馆、新四军军部旧址、申通电商直播小镇、罗欣药业、沂州古城、奔腾科技、临工机械等7个单位，深刻领会了"水乳交融、生死与共"的沂蒙精神内涵和企业的高科技、高质量发展水平，为我们更好地履职、提出议案和建议提供了很大的帮助。

近年来，在省委、省政府的坚强领导下，临沂各项工作都取得了较好的成就，作为临沂的全国人大代表，借此机会提以下三点个人不成熟的建议：

一是建议山东打造全国红色文化传承创新高地。我省红色文化资源丰富，革命传统历史悠久，建议充分发挥红色资源优势，进一步推进红色文化成果研究，建立革命文物大数据，推进革命旧址保护，开发创新文创产品，提升精品红色旅游，推出新时期的红色文化传承人，把山东打造成为国家级红色文化传承创新高地。

二是建议把沂蒙革命老区临沂列为国家级文化传承示范基地。习近平总书记在 2013 年 11 月 25 日视察临沂时指出，"沂蒙精神与延安精神、井冈山精神、西柏坡精神一样，是党和国家的宝贵精神财富，要不断结合新的时代条件发扬光大"。近年来，省、市进一步传承弘扬沂蒙精神，加强革命文物保护利用，挖掘英雄人物事迹，建设了沂蒙革命纪念馆等一批红色教育基地。为了更好地保护红色文化，传承沂蒙精神，建议把沂蒙革命老区临沂列为国家级文化传承示范基地。

三是建议将临沂列为国家级"一带一路"综合试验区。今年 1 月，省政府正式批复设立临沂"一带一路"综合试验区；目前我们正在加快东方商都、国际陆港建设，为了更好地发挥临沂"中国市场名城""物流之都"的优势，建议将临沂列为国家级"一带一路"综合试验区，为山东经济持续发展再做新贡献。（2019 年完成市场交易额 4830 亿元，物流总额达 7670 亿元，进出口总额 836 亿元。）

2020 年

在日照市视察调研座谈会上的发言

尊敬的各位领导，各位代表，同志们：

首先感谢日照市委、市人大、市政府各级领导对我们代表的重视和热情的服务，给我们留下了深刻记忆和美好的印象。

昨天，我们在王省长的亲自带领下，对日照威奕汽车有限公司、白鹭湾田园综合体、五征集团产品展示中心、阳光海岸绿道、中央活力区规划展示中心、日照港生产调度中心、城市书房、市科技馆、市网球中心等共计9个项目进行了参观调研，通过看现场、听介绍，深受启发和鼓舞，总体感觉是，日照市今年努力克服疫情等不利影响，积极围绕"一带一路"港口枢纽、中央活力区、汽车基地等新旧动能转换"十大专项"，加快创业产业升级，实现了财政收入、高质量发展，这些经验值得肯定和推广。

我认为，这些成绩的取得主要得益于以下三个方面：

一是得益于日照市委、市政府站位高，理念新，工作实，有高度的政治责任感，能坚定不移地贯彻省委、省政府各项部署，坚持顶层设计，创新观念、体现了工作方式与经济社会发展方式同步转换，可以说是认识到位，措施有力，成效显著。

二是得益于日照全市上下政令高度统一、团结一致，各级机关加快优化营商环境，提高服务意识，增强民生保障，提升了人民群众幸福指数，为经济社会快速发展奠定了良好的基础。

三是得益于各经济主体发展视野开阔，发展思路清晰，发展措施得力，所取得的发展成果突出，带动了税源财源培植，促进了全市经济社会的持续健康发展。

结合所看到的、所听到的，以及我个人的理解，我提以下三点个人不成熟的建议：

一是建议进一步优化营商环境，推动大项目、好项目尽快落地。力争审批手续再简化、审批时间再缩短，提高政府行政效率，让招商项目进门容易、服务到位、发展健康，为现代化的港城融合发展再做新贡献。

二是进一步加大力度支持民营企业发展。民营企业贡献了我国经济50%以上的税收，60%以上的GDP，70%以上的技术创新成果，80%以上的就业人员，90%以上的企业数量，在日照，既有日照钢铁、五征集团等大型民营企业，更有数量众多的小型民营经济实体，建议在优惠政策、金融服务、人才技术等方面，重点进行倾斜，以便更好地促进转型升级和新旧动能转换，拉动日照整体经济高质量发展。

三是进一步发挥日照特色优势，推动科技、体育、旅游等产业全面发展。充分利用日照新兴旅游城市的优势，进一步加强环境保护，降低污染，着力推进绿色产业项目、智慧城市建设；依托港口和海洋资源优势，用世界眼光和国际视野，以港口拉动经济振兴，打造"一带一路"的"日照航母"，建设世界一流海洋强港和海洋经济强市。

2020 年

在最高人民检察院（郯城）调研座谈会上的发言

尊敬的各位领导、同志们：

全国人代会刚闭幕不久，今天最高人民检察院张检察长专程来临沂，围绕"企业合规改革试点工作情况"进行专题调研。这是最高检开展"党史学习教育""政法队伍教育整顿"的重要实践，也充分体现了检察服务保障经济健康发展的信心、决心。

刚才听了大家的情况介绍和发言，深受鼓舞和启发。近年来，临沂市各级检察机关在市委和省检察院的坚强领导下，坚持以人民为中心，深入推进法治临沂建设，为全市经济社会发展发挥了重要作用，做出了巨大的贡献。重点突出了以下三大特点：

一是着眼大局，围绕"努力让人民群众在每一个司法案件中感受到公平正义"这一目标，认真服务保障疫情防控、"六稳六保"、新旧动能转换和乡村振兴战略，为全市高质量发展营造了良好的司法环境。

二是勇于创新，围绕最高检出台的"11 条意见"，创新服务"绿色通道"，发挥了保驾护航民营经济的作用；市检察院探索实施的"公益诉讼全生命周期办理机制"，为维护社会公益贡献了临沂智慧。

今天，郯城县检察院对于试点工作的探索和总结，很有实践价值。张检察长曾指出，检察机关是服务、保障民营经济健康发展的"老娘舅"，当好"老娘舅"就要真严管、真厚爱。我感到，郯城县检察院的这一试点创新，就是把最高检服务、保障民营经济的工作安排落到了实处，实实在在地发挥了改革试点的作用。

三是树立形象，在省检察院的部署安排下，扎实开展队伍教育整顿，打造了一支"对党忠诚、服务人民、司法公正、纪律严明"的检察铁军。目前全市检察队伍战斗力强、精神面貌好，信息化技战术水平高，实现了广大检察干警素质、能力与时代同步。

临沂是革命老区，是"中国市场名城"、"物流之都"。2020 年，临沂市积极推进商谷、国际陆港建设，布局海外商城和海外仓，全力打造"一带一路"东方商都。全年实现市场交易额 4403 亿元，物流总额 6847 亿元，外贸进出口总值 1167 亿元，实现了逆势增长。这些成绩的取得，靠的是市委、市政府的坚强领导，靠的是党的好政策和沂蒙精神的推动，更得益于良好的法治营商环境。特别是，省、市检察机关把服务保障民营经济发展放在首位，得到了广大人民群众的高度认可和赞扬。

借此机会，提三点不成熟的建议：

一是建议进一步加大检察工作的宣传力度，广泛宣传检察工作的成绩、贡献和亮点，引导广大群众学法、尊法、守法；及时总结经验做法，推出更多的先进榜样和典型，不断扩大检察工作在全国的信誉度和影响力。

二是建议深入推进试点工作，让成果发挥积极作用。一方面，推动相关制度体系在基层落地，给民营企业持续发展吃下"定心丸"。另一方面，加强对企业犯罪的严格审查，对穿着"民营企业"外衣的违法犯罪行为和黑恶团伙，必须认真辨别、坚决打击，这也是对所有民营经济最好的保护。

三是建议进一步加大对金融经济相关知识的学习。当前我国企业运营过程中，难免会涉及到金融、知识产权等方面，办案人员加大对这方面知识的学习力度，有利于更好地适用到企业合规和企业犯罪案件办理中，依法保障"六稳六保"工作的推进和落实。

2021 年

全国人大常委会赴山东
《企业破产法》执法检查座谈会发言

尊敬的王委员长，尊敬的各位领导，同志们：

党的百年华诞即将来临，全国人大常委会王委员长在百忙中亲自带队，赴山东开展《企业破产法》执法检查活动，这是全国人大常委会领导对山东的高度重视和支持，也为下一步《企业破产法》修改和完善奠定了坚实的基础。

在昨天下午召开的座谈会上，听取了省政府范华平副省长关于全省经济和破产法实施的工作情况介绍，十四个职能部门的负责同志做了破产法实施情况的汇报，王委员长给予了充分的认可和高度评价；刚才张院长等对破产法具体的实施情况又做了详细的介绍和说明，在破产法的"府院联动"和审理，审判力度的加强，僵尸企业的清理，破产制度的保障，探索运用市场化、重整式等，都作出了巨大的成就，对此我倍感振奋，深受鼓舞。

司法服务保障了经济的高质量发展，去年，在全球经济形势十分复杂的情况下，全省一季度实现生产总值 18055.5 亿元，同比增长 18%，呈现出经济运行平稳、动力增强、大局稳定的良好局面。具体突出以下三大特点：

一是各级高度重视。政府、司法和企业各个层面，自觉在工作中提高政治站位，积极运用法治思维，履行法定职责，落实法律责任，抓创新、抓推进，确保了法律的全面实施。特别是各级工会组织主动参与，充分发挥了维权作用。

二是措施坚强有力。一方面，大力发展现代产业体系，全力推动新旧动能转换，倒逼传统企业加快创新，增强生命力；另一方面，对已经出现的破产案件，推进府院联合、企业协调机制，提高破产案件审判质量，保障了债权人、债务人和广大职工的合法权益。

三是工作成效显著。近年来，济南、淄博两地，积极探索企业破产重整工作，使部分企业起死回生，收到了显著成效（举例）。山东省通过落实破产法律制度，依法依规让落后产能退出，推动了产业再造，提升了互联网、大数据、人工智能等新兴产业相互融合，培育了千亿级的产业集群，促进了国内外的竞争力和影响力。

《企业破产法》是我国市场经济发展过程中具有标志性的一部法律，为我国经济发展和社会稳定发挥了重要作用。

我从事企业工作30多年，对基层经济发展比较熟悉。从全国各地看，部分企业在落实《企业破产法》方面，仍存在较多问题：

一是启动难。有些地区观念落后，认为企业破产"不光彩"，有损地方形象，导致一些"僵尸"企业难以进入破产程序。一些倒闭的中小企业，厂房、土地、设备、商标等，因没有清算而长期闲置浪费，有的老板"跑路"，而不是依破产法进行自我保护，从而引发了群体性讨债、讨薪事件，影响了社会稳定。

二是处理难。企业破产涉及面广、问题多。目前比较通行的做法是，政府成立工作组，负责企业破产的风险处置和协调，但由于工作组人员多数是临时抽调，造成工作精力无法全部投入到企业破产当中，影响了各自职能的发挥，往往很难达到良好的破产效果。

三是审理难。在破产案件审理中，往往涉及职工社保、再就业、土地厂房处置等，牵涉到广大职工切身利益，且需要耗费大量的时间和程序，容易引发群体性矛盾。

对于以上困难，需要修法时进行统筹考虑。借此机会，提三点个人不成熟的建议：

一是建议进一步加大对企业依法破产的宣传力度。运用法治思维和法治力量处置企业风险，让企业家们全面理解破产法对于改善企业风险预警、提升企业经营、合理调整债务关系、优化资产重新配置的重要作用，学会运用破产法保护企业和企业家合法权益。

二是建议进一步加大对实体经济的政策扶持。实体企业在人员安置、税收贡献等方面都有十分重要的作用。建议不断优化法治营商环境，出台更多的优惠政策，助力实体经济的发展。对于企业破产案件，更要制定政策，在税费减负等方面切实帮助企业脱困重整。

三是建议推进预重整制度的完善和相关法律规定的出台。预重整制度是破产企业在进入法院重整程序前，先与债权人、投资人等围绕债务清理、营业调整、管理层变更等问题，共同拟定重整方案，然后进入法院重整程序，由法院审查。这一做法的好处是，留给债务人的时间比较充裕（破产法规定重整期限为 6－9 个月），债权人和债务人能在较为宽松的环境下达成重整共识、形成重整方案，也更有利于提高法院对破产重整案件受理的成功率。

2021 年

省人大财经委前三季度经济形势分析座谈会
汇报材料

尊敬的各位领导、各位代表：

我是来自临沂市商贸物流行业的全国人大代表，现任山东兰田集团党委书记。非常荣幸参加今天的座谈会，下面我把兰田集团有关工作情况、存在困难和工作建议做如下汇报。

一、前三季度经营状况

兰田集团是临沂商城的商贸物流骨干企业，目前拥有专业批发市场18处、物流两处，挂牌定点"中国教育用品采购基地"等五个"国"字号采购基地，市场总占地3000余亩，总建筑面积180多万平方米，经营户达2.4万多家，从业人员7万多人，日客流量达10万余人，2020年市场交易额完成710亿元，为市场配套的金兰物流基地年货运量达1600万吨，货值730亿元。2013年11月25日，习近平总书记亲临兰田金兰物流基地视察指导工作，并做出重要指示，要求我们"继续努力，与时俱进，不断探索，多元发展，向现代物流迈进"。

今年前三季度，我们以总书记重要指示精神为指导，认真落实市、区部署要求，坚持一手抓疫情防控，一手抓"六稳六保"和商贸物流产业的转型升级，通过创新发展，企业有效克服了疫情冲击的影响，实现了规模、效益、竞争力和影响力的新提升。

预计1—9月份，全集团市场交易额达到580亿元，金兰物流基地年货运量 1300 多万吨，货值 600 亿元，分别比去年同期持平的基础上略有增长。具体开展了以下工作：

一是加快新旧动能转换，推动市场业态升级。依托传统市场，加快发展跨境电商、直播电商，实施线上线下深度融合，打造兰田网上商城，目前市场电商普及率达到 97% 以上，培育了一大批全国知名的电商品牌，确保了商城持续发展。大力发展会展经济，前三季度累计组织参加各类展会 60 多场；其中兰田集团创办的中国（临沂）文化用品博览会已连续举办 4 届，中国临沂劳保用品交易会已举办 3 届，第二届山东（临沂）体育用品博览会将于明天开幕。

二是推进智慧物流建设，为市场发展提供支撑。我们与国家交通物流网、深圳国网联合开发了货 e 通、车 e 通等物流平台，年初我们又与国家天河超算中心合作，加快建设数字物流＋物联网，打造供应链体系；到今年 8 月份，数字化的智慧物流网络已全面覆盖园区业户，实现了临沂与全国 2000 多个城市的信息共享，物流成本比全国同行业平均水平低 25—30%；同时积极拓展公铁、航空和陆海等多式联运业务，依托国际商贸名城，打造了辐射全国、联通国际的现代"大物流"。

三是带头融入"一带一路"，拓展国际贸易。今年全球的疫情不容乐观，形势难以预料，因此，我们对国际贸易出口没有设定具体的增幅目标。但在实际工作中，由于我国的制度优势，国内疫情防控措施得力，确保了持续发展；而部分国家因疫情防控不力、制造业开工不足，致使大量订单向我国转移。特别是我们通过充分发挥临沂港、保税区、航空口岸、国际货运班列、"市场采购模式"的优势，巩固了与 100 多个国家和地区的外商的贸易关系，今年前 8 个月，兰田国际贸易公司出口集装箱 9.6 万个，比去年同期增长 20% 左右。

四是提升"党旗红、市场旺"的党建品牌，推动各项事业健康开展。引领广大党员经营业户，推进复工复产、合力抗击疫情，去年集团为了减轻疫情期间的压力，减免了经营业户一个月的房租和物业管理费共 2051 万元，并通过网络向疫区和疾控部门捐款捐物 383 万元，得到了各级领导的好评。坚持诚信为本，铸造诚信品牌，讲好商城故事，先后接待中央、省、市各级领导视察及外地考察团 100 余批次、近万人。

二、存在的困难、问题和下步思路

商贸物流业一头连着生产，一头连着消费，拉动了社会就业，带动了地方经济发展。从全年的形势看，临沂的商贸物流业发展总体向好，主要得益于全国商品集散地的聚集效应，市场交易比较活跃，物流需求平稳，货运形势稳定。但也存在以下困难和问题：一是去年年初受疫情影响，市场物流全面关停近两个月，停业期间经营业户成本上升、利润下滑、经济压力增大，需要时间加以消化。二是大数据、云计算、数字化等新技术的推广应用，给商贸物流业带来了重大的提升，但部分经营户信息化、标准化程度不高，对电商认识不足、受冲击较大，致使部分市场和城市沿街商铺空房率提高。三是部分商贸物流业户在自身发展过程中竞争力不强，经营资金不足，经营能力、人才使用、配套服务仍有差距，面临外部环境影响，出现了经营微利甚至亏损的局面。

对于以上困难和问题，我们将保持清醒头脑，采取有力的创新措施加以解决。下一步，兰田将按照临沂市委、市政府工作部署，全面参与"东方商都"和"国际陆港"的建设，加快推进内外贸一体化发展。目前已着手在商谷片区规划"中医药健康产业园"项目，构建"商贸＋金融＋康养"一体化的"北方药都"。现在，金兰物流西迁工作也进入了土地建筑物拆迁、设计论证等阶段。

三、借此机会提三点个人不成熟的建议

1. 建议进一步加大对商贸物流中小企业和实体经济的扶持力度。临沂非公企业、中小企业数量占比达 90% 以上，为了提振发展信心、加快高质量发展速度，建议进一步深化"放管服"改革，优化营商环境，推进减税降费，促进中小企业特别是商贸物流业户的持续繁荣发展。

2. 建议进一步加大对中小企业风险防控的指导和帮助。各级政府、金

融监管机构和司法部门，要努力采取有效保护手段，保障实体经济规避"资金链断裂"、"连带担保"等风险危机，切实保障"六稳""六保"工作的推进和落实。

3. 建议进一步强化人大监督的职能作用。在宪法实施和监督方面，不断健全机构，加强组织和制度建设；在对政府全口径预算决算的审查监督中，要重点强化底线负债、隐形负债的监督，让各级政府把"钱袋子"管好用好，重点用在促进经济发展、改善民生的刀刃上。要注重提高监督的针对性，侧重于收入质量的提高、预算收支平衡的效果，促进预决算监督工作的科学化、法制化，确保全省的经济持续发展。

2021 年

在省高院监督员联络会议上的发言

尊敬的张院长，尊敬的各位领导、同志们：

年末岁尾之际，非常高兴又一次来到美丽的泉城济南，参加省高院组织的这次监督员联络会议。这次会议，是省高院领导深入贯彻落实党的十九届六中全会精神的重要实践，对于进一步推进外部监督，促进公正、高效、廉洁、为民司法，具有非常重要的意义。

刚才，听了各位领导有关情况介绍和同志们的发言，深受鼓舞和启发。近年来，全省法院坚持以习近平新时代中国特色社会主义思想为指导，深入贯彻习近平法治思想，紧紧围绕"五位一体"总体布局和"四个全面"战略布局，忠实履行宪法法律赋予的职责，扎实推进司法改革，为推动全省经济建设和社会和谐稳定发挥了重要作用：

一是聚焦审判执行主责、主业，对标对表、准确定位，把"事争一流、唯旗是夺""保五争三奔第一、只进不退"的要求落实到各项工作中，圆满完成了全年审判执行任务。2021 年，全省法院共收案 万件，结案 万件，有力地克服了受理案件多、办案强度大、审判风险高以及警力不足等重重困难，履行了维护国家政治安全、确保社会大局稳定、促进社会公平正义、保障人民安居乐业的职责任务，进一步增强了人民群众的获得感、幸福感、安全感。

二是坚持"司法为民"，突出抓好重点难点问题。今年以来，全省法院共执结案件 万件，执行到位 亿元。全省法院普遍建立了执行指挥中心，与金融、公安、工商、国土、房管等部门建立财产查控系统，推行网络司法拍卖等做法，执行工作模式实现了重大转变。通过加大失信惩戒力度，严惩拒执犯罪等，达到了"一处失信、处处受限"的效果，得到了广大人民群众的赞扬和支持。

三是努力打造风清气正的政治生态。精心组织以"铸忠诚、作表率、担使命"为主题的大学习大讨论和大调研大讨论活动，持续抓好英模选树工作，提高信息化水平，广泛运用互联网、大数据、云计算，推进了精准化、高效化的便民措施，打造了一支信念坚定、司法为民、敢于担当、清正廉洁的新时代法官队伍，树立了良好的法院形象。

作为人民法院的特邀监督员，下一步我们一是要继续学习国家各项法律法规，进一步熟悉全省法院系统工作的总体情况，不断地提高监督知识和水平。二是要积极广泛地宣传法院工作取得的成绩，让广大人民群众了解法院做出的巨大努力和贡献，向社会传递正能量。三是要深入群众，加强联系，重点把社会上有广泛代表性的反映和意见，及时向法院反馈，发挥好桥梁和纽带作用，尽最大努力地履行好特邀监督员的责任和义务。

借此机会提两点个人不成熟的建议：

一是建议进一步推进智慧法院建设，围绕审判主责主业和执行工作，进一步提高信息化水平，充分发挥指挥中心、信息中心和大数据等技术，实现精准执行。要进一步加大法官创新教育培训力度，定期开展培训学习，强化素质能力建设，为智慧法院建设提供高层次人才支撑。

二是建议进一步加大法院系统工作宣传力度，让社会各界群众学法、懂法、尊法、执法，并用典型的案例让人民群众了解法院干警所付出的艰辛、努力、风险、贡献和成就，不断增强法院工作的影响力和社会的公信力。诚实信用是法制建设的重要基石，要进一步推进诚信体系建设，为新旧动能转换、"一带一路"、乡村振兴、中小企业发展打造良好的营商环境。

2021 年

媒体报道

搭建科技工作者创新创业及医养保健平台

全国人大代表、山东兰田投资控股有限公司党委书记王士岭昨天接受记者采访时说：建议搭建科技工作者创新创业及医养保健平台、为科技工作者双创发展保驾护航。

王士岭说，去年，我国科学家屠呦呦教授一举摘取诺贝尔医学奖是我国科技进步和创新实力的集中体现，振奋了民族精神，也极大激励了科技工作者勇攀科学高峰的勇气和热忱。他认为，当前我国双创平台和医养服务体系仍存在一些短板，主要是：双创平台建设滞后于科技进步需要。目前我国在各个高科技领域都占有一席之地，但是与世界主要发达国家相比，创新创业环境和双创平台建设水平还不能适应。主要表现在，一是缺乏专门的创新创业平台，大部分创新创业平台都是以开发区、高科技园区和新区的名义运行，政策扶持力度还有所欠缺；二是产学研结合的孵化机制滞后，科技成果转化为生产力的效率不高，不少好的科技成果找不到合适的企业转化生产力，一些高科技企业又由于缺乏平台支持导致找不到好的项目而缺乏核心竞争力，科研团队和科技企业以及融资平台之间信息不对称的现象还相当明显。

科研骨干和高科技专业人才医养保健水平不高。科研工作有别于一般劳动和普通行业，其成长期较长，成果高产期较晚，导致科研骨干和高科技专业人才的年龄普遍较大。根据有关数据显示，目前我国科研骨干人才的黄金年龄在 45～65 岁之间，科研成果的高产期年龄在 50～60 岁之间，一些基础学科和重大科技创新、理论突破的成果其主要承担者平均年龄还要推迟。这些科技工作者大多承接国家及企业的重要课题研究及科研生产的重任，是我国科技战线当之无愧的中坚力量，但是，长期高负荷工作和巨大的科研压力也对他们的生理及心理健康造成了影响，由于医养环境和保健水平的滞后，不少科技精英和科研骨干长期处于亚健康状态，甚至英年早逝，给我国的科技事业造成重大损失。

王士岭指出，为进一步改善科技工作者创新创业环境和医养保健水平，建议尽快搭建面向科技工作者，特别是中老年科技工作者的双创及医养综合示范平台，以孵化中心，研发中心，展示中心，推广及科技服务中心作为核心，以医疗服务和健康管理为支撑，建设以生产力促进中心，科技工作者成果创业孵化基地，咨询服务及科学技术转让交易平台为主要内容，涵盖医疗保健、养生养老服务功能结合的综合保障体系，全面为科技工作者双创发展保驾护航。

为此，王士岭建议：

尽快建设科研成果转化和科技产品孵化的大数据平台系统。大数据系统应当按照国家提出的"互联网＋"战略要求，着力解决目前科研团队和科技企业以及融资平台之间信息不对称的问题，通过数据集成和系统设计，打破科研成果转化的传统壁垒，实现资源的市场化配置和高效率转化。

加强科研成果转化的金融和政策扶持力度。要为科技工作者提供优质研究环境，鼓励科研人员创新创业。加大政策的支持和金融助推，促进科研成果的转化。在市场开发推广及资本运作环节，提供资本运作的全链条和企业管理的全要素服务，根据科技工作者企业不同发展阶段提供针对性的阶梯式"管家"服务。对于创新程度高、创业前景好的高科技企业，要在资金、土地、税收、教育医疗保障等各个方面给予政策扶持和优惠，搭建政策平台。同时，科技工作者可通过"传帮带"的形式引领青年创新创业者实现双创的梦想。

提高医养服务水平，搭建健康管理平台。针对中老年科技工作者的经济条件及身体状况，整合先进的医疗保健平台，建立完整的中老年科研工作者医疗保健保障体系。探索满足中老年科研骨干需求的医养服务供给体系，为我国应对老龄化社会和养老医疗体系建设提供先行先试的探索。

全面发挥聚集效应，尽快建设和试点双创及医养综合平台示范项目。应当鼓励各地政府和社会力量，从政策和资金角度给予支持，尽快建设一批双创及医养综合平台示范项目并尽快投入试点。例如北京中旭集团发起敬老工程，倡导养老与其他产业协同发展，通过敬老工程的试点示范经验，出版了《敬老工程与老龄社会制度蓝皮报告》一书并拟在北京市通州区西集镇打造一个双创及医养综合平台示范园区，这种模式适应我国当前科研事业和养老事业的发展要求，是一个十分有意义的试点项目，希望各级政府给予更好的支持与帮助，同时建议在国内有条件的其他地区打造更多的科技工作者双创及医养综合平台，待时机成熟后推出适合我国国情和社会需要的供给体系，为我国科研事业和高科技产业的长远发展注入更大活力。

（原载于中国经济网 2016 年 3 月 8 日）

兰田集团：商贸物流攀高峰

——访全国人大代表、兰田集团董事长王士岭

临沂位于山东省东南部，位于"长三角"和"环渤海"两大经济圈的交汇处，东临大海，西通中原。境内有"一机场、一港口、两铁路、四高速"，形成了比较完善的陆海空立体交通体系，是全国交通运输枢纽城市之一，被誉为"物流之都"，素有"南有义乌、北有临沂"之称。

山东兰田投资控股有限公司又称兰田集团，是临沂最早创办专业批发市场的单位之一，自1986年创办临沂第一家专业批发市场——临沂纺织品市场开始，以商贸产业为主导，积极发展多元产业，初步形成了以批发市场为主导、商贸物流联动、相互促进、共同发展的良好产业格局，目前该公司有专业批发市场18处，市场占地近3000亩，总建筑面积180多万平方米，入驻公司户达2.4万家，从业人员7万多人。几年来，山东兰田投资控股有限公司锐意进取，开拓创新，为临沂市的经济发展做出了突出的贡献。

《中国经济信息》杂志记者不久前赴山东临沂采访了全国人大代表、山东兰田投资控股有限公司党委书记、董事长王士岭。

加快转型升级

王士岭董事长既有革命老区人的厚道朴实，又有山东好汉的豪爽大气，更有一位成功企业家的精明干练。王士岭说，山东兰田投资控股有限公司认真落实习近平总书记视察兰田时的重要指示，加快物流信息化、标

准化建设，主动适应经济新常态，积极应对复杂的发展环境和经济下行压力，着力打好"集约化、国际化、电商化"三大攻坚战，2016 年全年共完成市场交易额 450 亿元，物流货运量突破 1000 万吨，货值 500 亿元。

王士岭向《中国经济信息》记者介绍说，2016 年山东兰田投资控股有限公司以打造国内最具竞争力和影响力的现代市场物流集群为目标开展工作。

山东兰田投资控股有限公司首先狠抓带头推进传统市场转型升级工作。为了加快"互联网＋"与传统市场深度融合，他们举办电商培训 4 万多人次，开办特色网店近万家，与百度、淘宝、阿里巴巴建立网上合作，为老市场注入了新活力。目前，兰田市场先后与深圳 e 点通、峰松"一手活"和国家交通物流网深度合作，实现了临沂与全国 2000 多个城市的信息共享。他们的电商普及率已达 80% 以上，使传统市场迅速转轨变型，竞争力显著增强。

山东兰田投资控股有限公司着力加快发展战略新兴产业，积极发展太阳能、新能源车和文化体育项目，开发建设推进迅速。他们的"中国体育用品城"项目现已被中国商业联合会批复为"中国体育用品采购基地"。他们国字号采购基地目前已经达到 5 家，为临沂商城的品牌打造奠定了良好的基础。

他们主动融入"一带一路"倡议，积极推进商城国际化步伐。依托"市场采购模式"试点政策和临沂港、保税区等平台优势，他们去年已经与 110 多个国家的外商建立了贸易关系。2016 年央视在《新闻联播》对山东兰田投资控股有限公司发展国际贸易的做法进行了报道，产生了很好的示范作用。

"党旗红，市场旺。"山东兰田投资控股有限公司发挥党建优势引领商贸物流发展。他们不断加强党的基层组织建设，通过"大市场，大党建"活动的开展，引领广大业户群众"二次创业"，构建了"大发展"的喜人局面。2016 年，山东兰田投资控股有限公司党委荣获全国先进基层党组织荣誉称号。

责任与追求

对于下一步的工作，王士岭董事长分析说，2017 年经济下行压力仍然较大，不容乐观。他说，山东兰田投资控股有限公司将尽快实现转型升级，进一步加快商城国际化步伐，抓好电商聚集，推进"智慧物流"建设，让更多"山东制造""临沂产品"走向世界。

全国两会召开在即，谈到自己作为人大代表的责任，全国人大代表、山东兰田投资控股有限公司党委书记、董事长王士岭说，他正在进行深入调研，有几点建议会带到全国两会上。

近三十年来，山东兰田投资控股有限公司从临沂第一家专业批发市场、第一家民营客运站、第一家驻外配载站、第一家村居企业改制、第一家民营担保公司到率先推行市场改造提升、率先推广电子商务、率先开展国际贸易，走的始终是一条勇于开拓的创新之路。

王士岭说，一个人不能只为了自己活着，总要有所追求。敢于突破自我，这也是我们的追求。山东兰田投资控股有限公司取得的成就，一是靠各级领导的支持和关怀，二是靠社会各界朋友的支持和鼓励，三是靠所有干部员工的共同努力。要感激的人实在太多，只能通过加倍努力发展我们的商贸物流产业来回报社会。我们要以创新、协调、绿色、开放、共享发展理念为指导，继续秉承"和谐诚信，创新发展"的企业理念，做有责任的企业，做有价值的企业家，为繁荣经济造福社会做出自己的贡献。

（原载于经济日报《中国经济信息》2017 年第 4 期）

扶持中小企业　推进智慧物流

全国人大代表、山东兰田投资控股有限公司党委书记、董事长王士岭接受中国经济信息记者采访时说，他参加今年全国两会带来的建议是希望国家大力扶持中小企业，推进智慧物流建设。

王士岭代表来自革命老区临沂。临沂位于"长三角"和"环渤海"两大经济圈的交汇处，东临大海，西通中原。境内有"一机场、一港口、两铁路、四高速"，形成了比较完善的陆海空立体交通体系，是全国交通运输枢纽城市，被誉为"物流之都"，素有"南有义乌、北有临沂"之称。山东兰田投资控股有限公司又称兰田集团，是临沂最早创办专业批发市场的单位之一。目前该公司有专业批发市场18处，市场占地近3000亩，总建筑面积180多万平方米，入驻公司户达2.4万家，从业人员7万多人。2016年全年共完成市场交易额450亿元，物流货运量突破1000万吨，货值500亿元。

王士岭代表说，2017年经济下行压力仍然较大，山东兰田投资控股有限公司将尽快实现转型升级，进一步加快商城国际化步伐，抓好电商聚集，推进"智慧物流"建设，让更多"山东制造""临沂产品"走向世界。

王士岭代表进行了深入调研，提出以下建议：

1. 设立（山东）自由贸易试验区。山东是经济大省、海洋大省和商贸强省，近年来山东省大力推进对外经贸投资双向优化战略，打造了以技术、品牌、质量、服务为核心的对外经济新优势。建议在这方面继续加大工作力度，依托青岛港作为世界第七大港口、国家特大型港口的优势，认真抓好申建工作，力争进入全国第三批自贸区名单。以此提升山东省经济在全球化趋势下的集聚和辐射能力，推动山东经济与世界经济深度融合。自贸区落地山东后，可指导临沂等省内重点商贸物流城市进行自贸区试验，推进内外贸一体化快速发展，全力提升山东对外开放水平。

2. 建议进一步加大对民间投资的扶持政策和支持力度。民间投资是拉动经济快速发展的重要力量，近几年由于资源、人力等成本上升，投资效益下滑，降低了民间投资的积极性。建议出台政策，降低土地、能耗、劳动力、税费等方面的投资成本，提供宽松的融资政策，有效促进新时期经济的快速发展；要充分调动企业家精神和才能，刺激和提升民间投资的积极性、主动性，激发民间投资动力。

3. 建议进一步加大对传统商贸物流转型升级的支持力度。商贸物流一头连着消费者，一头连着制造业，是拉动国内外市场需求的重要环节。加快传统商贸物流提档升级、降低成本、提高效益，将会对我省经济快速发展起到很好的推动作用。建议一是要降低过桥费、过路费、加油费、税费等运输成本，特别是对已满收费期限的道路，不再重复收费，通过降低运输成本，增加制造业效益，有效促进经济健康稳定发展。二是要深度融合互联网＋的优势，构建标准化、信息化、现代化的智慧物流创新品牌，提升商贸物流的竞争力和影响力。

4. 建议进一步加大对中小企业减压发展的支持力度。中小企业是我国经济发展的半壁江山，税收贡献率60%左右，人员就业安置率占80%以上，长期为经济发展和社会稳定做出了积极贡献。但近年来，国内中小企业普遍面临着转型压力、成本压力、资金压力、技术压力等，为减轻中小企业困难和压力，增加信心、提升发展动力，建议一是要从金融方面给予资金倾斜，从税收方面给予照顾。二是要从土地、技术、人才、创新等方面给予支持，确保中小企业持续发展。

（原载于中国经济网 2017 年 3 月 3 日）

推进"一带一路"建设　发展海外经济

全国人大代表王士岭接受《中国经济信息》记者采访时，谈到他经过深入调研，参加今年全国两会带来了几项建议，其中一项是呼吁推进"一带一路"建设，发展海外经济。

传统产业随着生产成本、社会成本的增加，会根据市场需求在全世界进行转移。一般规律是，在人均 GDP 达到 8000 美元到一万美元时，中低端传统产业将向新的地区转移。到"十三五"末，我国人均 GDP 将超过 10000 美元。王士岭代表认为，从现在开始我国传统产业向海外的转移已势在必行。

十八大以来，党中央做出了推进"一带一路"建设的重大战略决策。目前已有 100 多个国家和国际组织参与其中，已与 30 多个沿线国家签署了共建"一带一路"合作协议，同 20 多个国家开展国际产能合作，以亚投行、丝路基金为代表的金融合作不断深入，一批标志性项目已经落地，有力推动了沿线各国的经济繁荣和区域经济合作。全国各省、市、自治区也积极搭建平台，主动融入"一带一路"战略，促进了与世界各地的互联互通和经济共同发展。

目前我国正在加快推进供给侧结构性改革，着力化解过剩产能，坚决淘汰落后产能。对此，王士岭代表建议把我国现有的传统产能和部分优势产能向"一带一路"沿线国家转移。一方面，实现优势互补、互利共赢，造福沿线国家和人民。另一方面，利用 10 到 20 年的时间，通过传统产业的转移，带动产业、投资、技术和人员的全面输出，为我国打造巨大的海外经济体系。

谈到产业转移的方向、内容和目标时，王士岭代表说："一带一路"沿线国家，大多具有沿海港口交通便利、人口密集、资源密集型、市场需求性、外贸出口依赖性等条件，是理想的产业转移方向。从我国产业结构状况来看，除少数科技含量较高的产业，部分有我国控制的原材料产业，大部分农业、工业和第三产业的产能过剩部分都可以向海外转移。近期产业转移的重点首先是农业及相关行业。包括种植业、养殖业、种子业、农药业、饲料业、林业、农业水利、农业机械、农产品加工、农产品物流等。其次是工业及相关产业。包括地质勘查、冶金、建材、化工、机械、轻工业、电子数码业、能源工业、海洋工业、建筑业（房地产）等。第三产业方面是金融业、商贸业、物流业、旅游业、文化创意业、生产生活科技服务业等。

"我国传统产业转移，可采用复合型方式。"王士岭代表在接受《中国经济信息》记者采访时说。在产业选择上，农业、工业和第三产业可全面展开。在转移方法上，可采用项目输出、项目投资、技术输出、资金输出、市场输出、服务输出、人员输出、服务外包、资产收购、股权收购等多种方式，根据所在国和地区的需要和条件的许可，选择不同方式全面开展。

王士岭代表认为，实际上我国传统产业转移早已开始，并获得巨大成绩。据不完全统计，我国在世界各地工作的公民已达 6000 余万人，海外各类投资及资产已超万亿美元。要通过市场力量，发挥我国企业优势，再经过 10 年以上的努力，我国传统产业在世界各地茁壮成长，新增 5000 万以上的国际化产业从业人员，建立年生产总值数万亿美元的庞大海外经济体系。

王士岭代表说，我们要研究制定推进传统产业转移的产业政策。

首先是制定传统产业转移资金支持政策。传统产业向海外转移是一件规模宏大、时间长远的事业，这些产业的转移及在境外的成长，都需要庞大的资金来支持。这些资金的来源，除了从所在国金融机构获取外，建议国家政府给予适当支持。一是建立产业转移投资银行，利用长期、低利的贷款政策，给予政策性支持。二是鼓励民间建立产业转移行业性投资基金，或其他金融机构，参与产业机构转移的经济活动，并以此为基础，在世界各国发展民间金融机构。

其次是创造传统产业转移的经济环境。所在国的经济社会环境，是传统产业转移成功的关键。我国政府要加大在"一带一路"国家的影响力，利用国际法律、民族文化、国际契约等影响力，为我国传统产业转移的企业和个人创造良好的政治环境、社会环境和经济环境。

传统产业的转移，必将推动更多企业家、企业管理人员、企业技术人员和产业工人向"一带一路"国家的大量输出，有一些可能变成长期移民。"国家政府要对此进行论证，根据我国社会制度，结合国际通行规则，制定具有我国特色的国际移民政策，以推动传统产业转移事业的顺利发展。"王士岭代表告诉《中国经济信息》记者。

王士岭代表认为，今后随着我国境外经济的运行，加上今后一个时期传统产业的大规模转移，我国的经济运行管理模式将发生巨大的变化，从国内经济管理向国内外经济共同管理转化。这将成为我国政府对经济管理的新常态，要研究这一管理模式变化带来的新理论、新法律、新政策、新体制，适应国内外经济共同运行管理的新常态，为我国国民经济和境外经济共同发展而服务。

在加快传统产业转移的实践探索方面，王士岭代表说，首先要做好传统产业转移的行业规划。传统产业转移，牵扯到各行各业，政府要指导各有关部门、各行业协会做好产业转移的行业规划。特别是对目前在供给侧改革中确定的关、停、并、转的企业，对限制产能的行业和企业，进行评估，能向海外转移的产业和企业，要支持它们走出去，将在国内的不良资产、僵尸企业、濒临破产企业，通过向海外转移，在世界市场上实现命运转化，找到新的生路。

其次是要对"一带一路"国家进行资源分析，根据产业转移的必要条件，做好传统产业转移的国际布局。例如沿海港口交通、自然资源禀赋、人口密度、人口素质、法律基础、产业链组成、市场需求性、外贸出口依赖等条件，进行分析，结合我国各行业的转移能力，做好传统产业转移的国际化布局，以指导该项工作的顺利进行。

王士岭代表说，传统产业向海外的转移，是一项复杂的系统工作，牵扯到国内外法律、经济、外交等各种因素，政府的主导作用极其重要。建议国务院及相关部门，认真研究这一问题，确定部门分管责任，领导并保证好这一事业的成功。

（原载于经济日报《中国经济信息》2017 年 3 月 5 日）

乡村振兴要优先发展农产品冷链物流

参加两会的全国人大代表、山东兰田集团党委书记、董事长王士岭3月4日在山东代表团驻地接受《中国经济信息》记者采访时表示，实施乡村振兴战略，建议采取优先发展政策，推动我国农产品冷链物流跨越式发展。

关于农产品冷链物流，王士岭代表列举了一串数字：农产品预冷保鲜率，欧美国家达到80%~100%，我国只有30%；冷藏仓储能力，美国为7000多万立方米，我国为2000多万立方米；冷藏运输能力，美国有冷藏保温车22万辆，日本有12万辆，我国不足10万辆；冷藏运输率，欧美国家为80%~90%，我国20%左右；物流损耗率，欧美国家不到5%，我国超过30%。据了解，我国每年在物流过程中损耗1200万吨水果和1.3亿吨蔬菜，总值超过600亿元。

王士岭代表认为，农产品冷链物流并不是高科技技术。我国冷链物流科学技术水平与发达国家相比，差距不大。改革开放40年来，我国不少产业已达到世界先进水平，而科技水平要求并不高的农产品冷链物流，却没有跟上经济发展步伐。我国农产品冷链物流滞后于全国经济发展水平和农产品生产发展水平，这与我国作为世界第二大经济体的地位并不相称。他进一步表示，我国农产品冷链物流，已经成为农业经济发展的瓶颈，成为人民日益增长的美好生活需要的障碍。

王士岭代表说，十九大报告中指出，要在中高端消费、现代供应链等领域培育新的增长点，形成新动能，加强物流基础设施网络建设。这为农产品冷链物流产业的发展指出方向。

为此，王士岭代表建议：

将农产品冷链物流发展纳入乡村振兴战略，作为公益性产业、民生产业、全民生活质量产业，优先发展。

建议政府参与全国农产品冷链物流商业模式的选择，中央、省属国有大型企业主动参与农产品冷链物流工程的建设，制定优惠政策，对工程占地予以划拨或底价转让，建立农产品冷链物流发展基金，实行低利率或零利率政策，强化保护农产品冷链物流市场，形成合理的价格体系，建立公益性农产品冷链物流智慧平台，建立强制性企业资信制度和商品追溯系统，学习国外先进经验，完善我国农产品冷链物流产业政策体系和技术体系。

（原载于经济日报《中国经济信息》2018 年 3 月 5 日）

兰田集团：向现代物流迈进

——访全国人大代表、兰田集团董事长王士岭

全国人大代表、山东兰田集团党委书记、董事长王士岭在参加今年全国两会前接受《中国经济信息》记者采访，谈到习近平总书记视察兰田集团的情景时，心情仍然十分激动。

王士岭说，2013 年 11 月 25 日，习近平总书记视察兰田集团所属的金兰物流基地，做出了"临沂物流搞得很好，要继续努力，与时俱进，不断探索，多元发展，向现代物流迈进"的重要指示，称赞我们"事业大有可为"。亲切的场景历历在目，巨大鼓励一直催人奋进。四年来，兰田集团团结 7 万业户群众，以总书记系列重要讲话和重要指示精神为总遵循，以视察关怀为动力，牢记深情嘱托，践行沂蒙精神，强化使命担当，"为人民，靠人民"，"听党话，跟党走"，阔步迈入了兰田集团商贸物流转型发展的新时代。

兰田集团认真落实总书记"加快物流标准化、信息化建设"的重要指示，投资近亿元提升信息化水平，积极打造物联网供应链体系，与深圳国网公司联合开发了"车 e 通""货 e 通"交易系统，手机 App、电脑客户端覆盖 96% 的园区企业；与国家交通物流网、鲁南交通物流网深度合作，实现了临沂与全国 2000 多个城市的信息共享。有序推进多式联运，横向联合，国际物流市场份额不断扩大。

"与时俱进，不断探索，多元发展，向现代物流迈进"，是总书记为临沂商城发展指出的前进方向。兰田集团深刻理解现代业态的基本内涵，以

新旧动能转换推进转型升级。他们联合中国市场学会举办电商培训 5 万多人次，开办特色网店过万家，辖区市场电商普及率 90% 以上，实现了线上线下深度融合。2017 年，新明辉科技电商销售额已突破 15 亿元，投资 3.5 亿元打造了全国最大的劳保用品国际采购基地，轻纺劳保防护手套占世界销量的 80% 以上。推进"中国（临沂）体育用品城"繁荣发展，成功创建"中国体育用品采购基地"，使兰田集团所辖国字号采购基地达到 5 家。

兰田集团以开放发展加快商城国际化步伐，主动响应和融入国家"一带一路"倡议，依托"市场贸易采购模式"政策，加快推进内外贸一体化发展；配合市政府建设临沂港陆路口岸，联合中国贸促会成立中国（临沂）跨国采购中心，鼓励和引导市场经营户"走出去"。去年以来，兰田集团已与 120 多个国家和地区建立了贸易关系，年出口标准集装箱超过 6 万个。

以党建优势和沂蒙精神统领各项事业是兰田集团发展的一大特色。围绕"结合新的时代条件发扬光大沂蒙精神"，兰田集团不断加强党的基层组织建设，提升"党旗红、市场旺"的党建品牌，广泛评选星级党员经营户和流动先锋，团结带领广大党员业户群众不忘初心、加快发展；2016 年，集团党委被中共中央表彰为全国先进基层党组织；认真落实"共享"发展理念，对下岗职工、残疾人等弱势群体减免租金 3000 多万元，实现居民福利全覆盖；积极参与脱贫攻坚和选派第一书记帮扶活动，捐资 100 万元与省定贫困村汪沟镇丰硕村结对扶贫，先后向地震灾区、山区学校等捐款捐物 5000 余万元。

全国人大代表、兰田集团董事长王士岭说，几年来大家深深认识到习近平总书记系列重要讲话精神，是促进发展的宝典；总书记在视察临沂和金兰物流时的重要指示，是临沂商城百万从业者的宝贵财富；习近平新时代中国特色社会主义经济思想和十九大精神，是引领沂蒙儿女奋斗方向的指路明灯。

通过全面、深入地落实习总书记重要指示，真学真做、活学活用、苦干实干，兰田集团深受其益，也尝到了"学习、实践、提高、发展"的甜头，收获了丰硕的发展成果。在总书记巨大关怀的鼓舞下，在新时期沂蒙精神的激励下，2017 年，兰田集团 18 处专业批发市场、2.4 万家经营业户，完成市场交易额 550 亿元，金兰物流货运量突破 1200 万吨，货值 600 亿元。总书记视察四年多来，无论全球经济风云如何变幻，兰田商贸物流主要指标都实现了年年攀升、逆势增长，打造了中国北方最具竞争力和影响力的现代市场集群。

党的十九大吹响了决胜全面建成小康社会，夺取新时代中国特色社会主义伟大胜利的进军号角。王士岭对《中国经济信息》记者说，下一步，兰田集团要带领广大干部职工和经营业户，学懂弄通十九大精神，深刻领会和贯彻落实习近平新时代中国特色社会主义思想，以十九大精神和沂蒙精神武装头脑、指导实践、引领发展。要持续全面深入地贯彻落实总书记视察金兰物流时的重要指示，加快推进新旧动能转换，积极发展现代物流、国际贸易、电子商务，提升改造传统市场，适时规划建设金兰国际物流港，力争早日建成江北地区最大的现代化物流园区，努力为新时代"大美新"临沂建设再做新贡献。

（原载于经济日报《中国经济信息》2018 年第 5 期）

今年两会我带来了九条建议

全国人大代表、山东兰田投资控股有限公司董事长王士岭3月6日对《中国经济信息》记者说：今年全国两会我带来了九条建议。

王士岭代表在关于推广"三个一体化"巩固脱贫医疗兼成效的建议中说，首先要总结推广"三个一体化"工作经验。以"三个一体化"为依托，统筹政策扶贫、社会捐助、志愿帮扶等各方扶贫力量，搭建统一的扶贫救助大数据平台，引导贫困群体和救助力量实现有效对接，切实兜好扶贫救助底线。

成立社会救助帮扶促进协会。由国家层面对社会救助帮扶工作进行统筹管理、统一调配，成立专门机构负责收集整理社会帮扶信息，整合社会帮扶资源，规范社会帮扶行为，提升社会帮扶质效，确保社会每一份爱心都用到扶贫事业。

完善国家建档立卡数据系统。将城镇贫困人口按照农村贫困人口的管理模式，纳入国家建档立卡数据系统进行统一管理，给予相关扶贫政策支持，确保城乡困难群体都能得到有效救助。

王士岭代表建议设立中国（山东）自由贸易区。建议政府组织青岛市、烟台市、威海市、日照市和临沂市政府，派员共同组成中国（山东）自贸区建设领导小组，在国务院及相关部门的指导下，召开专业会议，研究部署该项工作的基础工作。在过去有关工作的基础上，通过调查研究，结合实际，按照全国统一部署，拟定中国（山东）自贸区的论证材料，把这一论证搞好。通过省委、省政府相关领导的同意后，启动中国（山东）自贸区的设立批准程序。

（原载于经济日报《中国经济信息》2019 年 3 月 7 日）

进一步大力弘扬见义勇为精神

全国人大代表、山东兰田投资控股有限公司董事长王士岭听了人大常委会工作报告后对《中国经济信息》记者说，报告总结工作实事求是，重点突出，内容丰富，听了感到很受鼓舞。

王士岭代表在第十三届全国人大二次会议集体审议《全国人大常委会工作报告》时发言说：栗战书委员长在全国人大全体会议上所做的《人大常委会工作报告》，首先是政治站位高，把学习贯彻习近平新时代中国特色社会主义思想作为首要政治任务，坚持党的领导和人民当家做主高度统一，坚持和完善新时代人民代表大会制度，确保了人大工作正确的政治方向。

王士岭代表认为报告紧紧围绕依法治国、依宪治国，带头学习、宣传、贯彻新修改的宪法，弘扬宪法精神，树立宪法权威，增强宪法意识，广泛组织宪法宣誓活动，有力增强了全国人民对宪法的真诚信仰和拥护。报告坚持科学立法、民主立法、依法立法，全年制定法律8件，修改法律47件次；特别是《外商投资法草案》的议案，审议通过后，将为新时代我国对外开放打造最好的营商环境，也将为外商的投资提供有力的保障；为我们沂蒙革命老区深度融入"一带一路"，发展国际贸易，带来了有力的政策支持。报告深刻把握高质量发展的内涵，立足人大监督，先后听取了各类工作报告24个，检查了《大气污染防治法》等6部法律的实施情况，进行了3次专题询问，开展了5项专题调研，加快了"一府一委两院"的职能转变，有力地发挥了新时代人大工作的重要作用。

王士岭代表说，报告支持代表依法履职，对代表提出的 7139 件建议、批评和意见，全部办理完毕。培训代表 1300 多名，组织 1850 名代表集中专题调研，通过调研、交流、学习，促进了人大代表的优势互补，提升了人大代表的素质水平，增强了人大代表的履职能力。

新时代、新气象、新作为，2019 年，报告突出了 6 项重点工作，提出了新的任务和要求。这些重点工作，措施有力，针对性很强，充分体现了全国人大常委会"求真务实、担当作为"的工作作风。我完全赞成和拥护这个报告。

王士岭代表借代表团集体会议发言的机会，提出了四点建议：

一是建议进一步加强对地方人大工作的指导，加强地方立法和制度建设，推进全面依法治国，让广大人民群众满意。在指导地方人大立法和监督工作中，提高政治站位，增强立法质量，为地方经济发展提供有力的保障。

二是建议进一步提升人大代表异地视察和履职能力。围绕地方组织法、代表法以及国家新颁布的各部法律，邀请专家学者专题讲解，组织代表异地调研、视察，交流、学习，不断提高代表的综合素质和履职能力，为更好地发挥代表作用奠定基础。

三是建议进一步鼓励人大代表在闭会期间深入基层履行职责。委员长报告对不断完善代表履职工作机制提出了新要求。近年来，临沂市人大在省人大常委会的指导下，探索在基层一线实施了人大代表接待站制度，取得了良好的效果。具体做法是，闭会期间，组织代表在接待站定期、轮流接待选民群众，帮助解决实际诉求。2018 年，在中国教育用品采购基地接待站，组织全国、省、市、区四级共 27 名人大代表，接待群众 300 多人次，收到意见、建议和诉求 200 余件，均得到了有效办理，同时也解决了群众和经营业户的实际困难及社会稳定问题。建议将这种做法进行推广，让人大代表更多地走进基层，倾听群众呼声，更好地履职尽责，多为群众办好事、办实事，引领大家干事创业、努力推动高质量发展。

四是建议在全社会进一步大力弘扬见义勇为精神。见义勇为是中华民族的传统美德。近年来，全国各地见义勇为工作得到了健康发展，但也存在对见义勇为工作的重要性认识不够，经费投入不足，基层人员力量薄弱等问题。建议全国人大组织有关部门，进一步制定工作意见，健全完善见义勇为专门机构；研究出台《见义勇为人员奖励和保护条例》，用法律统一规范标准；各级政府要加大对见义勇为经费的财政支持，并将见义勇为宣传、表彰、帮扶和慰问等经费纳入财政预算，确保让见义勇为的英模们"流血不流泪"，使他们的权益得到充分保障，努力在全社会营造崇尚正义、弘扬正气、传递正能量的良好氛围。

（原载于经济日报《中国经济信息》2019 年 3 月 14 日）

兰田集团：新时代要有新作为

——全国人大代表、山东兰田集团党委书记、董事长王士岭访谈

物流业是现代社会经济发展的重要产业。现代物流指的是将信息、运输、仓储、库存、装卸搬运以及包装等物流活动综合起来的一种新型的集成式管理，其任务是尽可能降低物流的总成本，为满足社会需求和经济发展提供最好的服务。

山东临沂物流产业经过近年来的飞速发展，已进入与互联网、物联网、人工智能深度融合发展的智慧物流新阶段。目前临沂市各类物流产业园区众多，仓储设施林立，大中小型运输车辆、机动三轮货车数十万辆，各类快递运输车辆不计其数。同时，临沂建有国际机场，具备国际航空货运能力，建有临港经济区和综合国际物流保税区，具有无水港国际海运物流功能，分别开通了至喀什、至莫斯科货运列车，具备国际陆路货运能力。习近平要构筑智慧物流资源的共享模式，将这些分属不同行业、不同企业的物流供应链＋互联网＋电商＋金融进行深度资源整合，提高综合利用效能，实现物流智慧化和产业效能最大化。

临沂市提出，把实施新旧动能转换重大工程作为引领高质量的总抓手，积极发展现代物流，要对现代物流多式联运进行协调、指导、扶持、引导，促进各物流企业通过多式联运方式实现跨行业资源共享，最大限度降低物流成本、提高流通效率。

山东兰田集团 2018 年实现市场交易额 650 亿元，物流货运量 1400 万吨，货值 700 亿元，取得了令人瞩目的成绩。不久前，中国经济信息杂志

记者在全国两会召开前，对全国人大代表、兰田集团党委书记、董事长王士岭就兰田集团以新发展理念为引领，坚持国际化、电商化、集约化发展等情况进行了采访。

《中国经济信息》记者：兰田集团是山东临沂商城最早创办专业批发市场的单位之一。请介绍一下你们在发展中是如何应对新旧动能转换的？

王士岭：好的。

2012年，临沂市委、市政府提出了商城国际化的总体部署，国家海关总署、质检总局、税务总局分别出台优惠政策，省政府将临沂确定为省级国际贸易综合改革试点。为此，兰田集团积极响应，率先提出了"国内国际两个市场一起拓展"的思路。面对国际贸易重要配套项目——陆路口岸临沂港急用场地的情况，兰田集团推倒金兰物流二期新建成的库房，提供了227亩经营场地用于建设临沂港。临沂港的运营，实现了报关、报检、船务、货代、拼箱、查验等一站式服务，已成为鲁南苏北地区重要的商品进出口通道。并联合中国贸促会等5家单位设立了中国（临沂）跨国采购中心，形成了规模化、现代化的国际贸易配套集群，为兰山推进商城国际化建设打造了重要的基础设施。

2012年以来，充分发挥兰田品牌优势，对弱势市场资源进行整合，积极为党委政府和广大业户排忧解难。2013年4月在市、区党委政府及商城管委会的指导下，专门成立了领导小组，协助兰田集团推进澳龙市场盘活工作。兰田集团以全市商贸物流产业发展的大局为重，与澳龙签订协议，更名为兰田国际商贸城。全面启动盘活工作后，兰田集团调集所辖各市场150多名管理人员入驻澳龙园区，在商城整合小组的指导下，解决了130起官司和各种复杂的遗留问题，先后将兰田成熟的劳保市场、绢花市场整体迁入，并重新启动原澳龙鞋城项目，累计投资4亿元进行综合整治。经过几年的艰苦努力，市场整体面貌焕然一新，普遍实现繁荣，初步打造了三城联动的良性格局。其中轻纺劳保防护手套占世界销量的80%以上，成为全国最大的劳保用品国际采购中心，被确定为"中国劳动保护用品采购基地"。包括前期兰田接管原空壳市场——申科数码城，兰田对这两处市场的盘活，得到了广大业户的肯定，彻底解决了客户连续多年上访引发的社会不稳定问题。

2014年，兰田集团又成立了兰田国际贸易公司，在国家"一带一路"战略决策的指引下，依托省级国际贸易改革试点，加快外贸主体的培育、建设和引进，与100多个国家的外商建立了贸易关系。2016年在全球经济形势较为复杂的情况下，其市场交易额和出口额实现了逆势增长。

《中国经济信息》记者：兰田集团1986年就创办了临沂第一家专业批发市场——临沂纺织品市场。请介绍一下你们在发展中是如何发展新业态的？

王士岭：为应对新兴业态对传统市场的挑战，从2013年开始，兰田集团加快物流信息化、标准化建设，全力打造供应链体系。

2013年11月25日，中共中央总书记、国家主席、中央军委主席习近平来到兰田集团金兰物流基地视察指导工作，在视察过程中，总书记深入细致地了解了临沂商贸物流发展情况。我向总书记汇报了金兰物流信息平台与物流运营的基本情况。习总书记在视察中强调，物流业一头连着生产，一头连着消费，在市场经济中的地位越来越凸显。要加快物流标准化信息化建设，提高流通效率，推动物流业健康发展。对于临沂商贸产业的发展，总书记特别指出，临沂物流搞得很好，要继续努力，与时俱进，不断探索，多元发展，向现代物流迈进，你们的事业大有可为。

总书记在百忙之中亲临沂蒙老区、临沂商城和金兰物流视察指导工作，充分显示了总书记对革命老区的深厚感情和对商贸物流业的高度关注。作为临沂商城商贸物流的龙头企业，兰田集团认真落实总书记视察时的重要指示，全力加快金兰物流信息化、标准化建设，带头推进物流现代化。我们与国家交通物流网、深圳e点通、"一手活"物流信息网等深度合作，全力打造供应链体系，构建智慧物流、安全物流的公共信息平台，实现了临沂与全国2000多个城市的信息共享。

《中国经济信息》记者：您一直倡导"诚信"二字，请问您是如何在企业文化中体现这一点的？

王士岭：长期以来，我们始终坚持带头强化诚信体系建设，积极完善流通环节商品质量的管控、追溯和追责制度，鼓励和促进优质商品销售，为国家供给侧改革发挥支持作用。坚持诚信为本，率先推行国家工商总局"市场分类监管"办法，积极引导业户诚信经营，努力打造"厚道临商"和临沂商城的诚信品牌。兰田集团有 3 处市场被授予"全国优秀示范市场"称号。为保障诚信经营、解决司法服务"最后一公里"的问题，公检法司等部门分别在兰田市场设立了专职派出所、监察室、法官工作室和人民调解室，为广大商户打造了公开、公平、公正的良好司法环境。

到目前，兰田集团建有各类专业批发市场 18 处，市场总占地 3000 余亩，总建筑面积 180 多万平方米，经营户达 2.4 万多家，从业人员 7 万多人，年交易额 650 亿元，为市场配套的金兰物流基地年货运量 1400 多万吨，货值 700 多亿元。与 2005 年相比，市场总占地增加了 9 倍多，建筑面积增加了近 5 倍，市场客户增加了 12 倍，形成了以批发市场为主导、商贸物流联动、相互促进、共同发展的良好产业格局，打造了国内最具竞争力和影响力的现代市场集群。多年来，兰田集团先后被授予全国创建诚信市场先进单位、中国最具发展潜力市场、中国优秀品牌市场、齐鲁先锋基层党组织等荣誉称号。我们临沂打造出了中国北方最具竞争力和影响力的现代市场集群商城。

《中国经济信息》记者：您是全国人大代表，请问您是如何履行人大代表的职责和义务的？

王士岭：2012 年，我光荣当选为第十二届全国人大代表，同时兼任山东省党代会代表、临沂市人大常委会委员、临沂市人大代表。多年来，我全勤全程参加了全国人代会、市人代会和市人大常委会会议，积极参加各级人大组织的调研 20 余次，共提交各类议案建议 100 多件。

作为一名商贸物流行业的人大代表，我比较熟悉市场，认为自己有责任当好行业的"代言人"。围绕商贸物流发展，我先后提出了 20 余条建议。在全国人代会上，我连续三年在山东代表团集中审议时发言，每年都重点汇报临沂商贸物流的发展成就，先后就制定无水港多式联运扶持政策、建设电子口岸、保税区，将临沂列为国家级国际贸易综合改革试点城市、全国物流节点城市、"一带一路"节点城市、建设全国公益性商贸物流体系等方面提出建议。

《中国经济信息》记者：记者了解到 2019 年春节后上班的第一天，山东召开干部动员会议，部署新一年的工作。山东省委书记刘家义说的"担当作为、狠抓落实"给人们留下了深刻印象。请问兰田集团今年的工作是怎么安排的？

王士岭：去年底，我们就对今年的工作进行了安排。今年的工作首先是要深刻理解习近平新时代中国特色社会主义经济思想的丰富内涵，保持清醒认识，进一步坚定高质量发展信心。对照各级经济工作会议精神，目前集团市场发展已由高速增长转向质量和效益同步提升阶段，要加快理念和工作创新，努力推动高质量发展实现新突破。要着眼消费金融、互联网金融、大数据和电子商务，积极争取政策支持，提升改造传统动能，淘汰落后产业，做大做强体育健康、新能源、新材料、太阳能等优势项目，不断拓展兰田发展的新空间。

我们要坚持世界眼光、国际标准、山东优势、沂蒙特色，把融入国家"一带一路"作为最大机遇，充分利用综保区、临沂港、市场采购贸易试点政策三大平台，开拓国际市场，助推商城国际化。借助"单一窗口"

"海外商城"建设，密切与世界大型供应链企业、外贸主体和采购商合作，拓展进出口渠道，让更多"中国制造""临沂产品"走向世界，进一步推进国际贸易发展突破，大力发展现代物流，加快建设"网上兰田"。我们要以总书记对我们的重要指示为动力，坚持不懈地提升物流标准化、信息化水平，努力打造现代物流园区。围绕全市国际性物流中心，与国家交通物流网等综合平台深化合作，不断完善大数据体系、物流车辆标准体系、运力优化体系和供应链体系，积极发展智慧物流、立体物流和智能仓储，加快建设更高层次的新型物流服务平台。

（原载于《中国经济信息》2019 年第 3 期）

兰田集团和市场业户捐款捐物疫情防控

　　疫情就是命令，防控就是责任。2 月 2 日，一场简单的捐赠仪式在山东兰田集团办公楼下举行，凝聚着兰田集团全体员工及市场经营业户心意的 267 万余元善款和价值超过 110 万元抗击疫情所急需的物资被集中起来，准备捐往临沂兰山区慈善总会，用于支持新型冠状病毒的疫情防控工作。

武汉新型冠状病毒性肺炎疫情发生以来，时刻牵动着全国人民的心。作为山东临沂商城商贸物流骨干企业的山东兰田集团，严格落实中央省市区和商城市场管理机构的安排部署，积极做好疫情防控工作的同时，依托市场资源优势，积极动员市场业户捐助抗击疫情所需物资，先后有临沂恒安劳保用品有限公司、临沂永贵劳保用品有限公司、临沂市百信通讯设备

有限公司、临沂百洁洗化有限公司等企业，向兰山区疾控中心等部门捐赠口罩4.3万只、对讲机100部、84消毒液3000瓶。

据了解，本次捐助活动，在捐助150万元的基础上，1月31日兰田集团通过网络、电话会议等方式发动下属单位、市场物流商户进行捐助。短短两天时间，1000多名干部员工及连胜体育、明华实业、易得力商贸、奥强体育等近2000名市场经营业户踊跃捐款，共征集善款117万元。新明辉、恒安劳保、福安特劳保、同富劳保等企业捐出了抗击疫情急需的口罩、防护服、防护眼镜、医用服装、面罩、手套等物资。据初步统计，本次共捐助现金267万余元，物资价值超过110万元。

全国人大代表、兰田集团党委书记、董事长王士岭说：虽然我们不能上一线与抗击疫情的医疗人员共同战斗，但我们始终关注着疫情发展，始终关注着奋战在疫情一线的医疗人员。

据有关人士讲，截至2月2日上午，仍有大批市场业户向兰田集团市场管理人员转账，请求代为捐助。具体负责工作人员表示，根据当前疫情形势，将在合适时机再组织捐赠。

在疫情面前，兰田集团用实际行动践行社会责任，为打好疫情防控阻击战做贡献。

（原载于中国经济网2020年2月4日）

做人大代表就要为人民办实事

全国人大代表、山东兰田投资控股有限公司党委书记、董事长王士岭

全国人大代表、山东兰田投资控股有限公司党委书记、董事长王士岭，是第十二、十三届全国人大代表，山东省第十次党代会代表，临沂市人大常委、全国五一劳动奖章获得者。王士岭牢记使命、履职尽责，和广大党员干部和职工一起，努力为临沂商城商贸物流开发建设添砖加瓦，为经济发展尽心尽力。他连续五届被中国商业联合会授予"中国市场领军人物"称号。

不忘初心 始终坚守对党忠诚的信仰

作为一名出身农村、走进城市的老党员，王士岭的每一步都离不开组织的培养，心中始终充满了对党的感恩之情。企业最艰难时，他坚持把传承红色基因放在首位，不断加强基层党组织建设，打造了"党旗红、市场旺"的党建品牌。2013年11月25日，习近平总书记视察金兰物流时与王士岭亲切交谈，指示"要继续努力，与时俱进，不断探索，多元发展，向现代物流迈进。"6年多来，王士岭牢记总书记的嘱托，坚持组织党员、依靠职工、引领群众，把对党的忠诚转化为创新创业的强大动力。2019年底，兰田已建设培育了18处专业批发市场、2处物流，总占地3000亩，经营户2.4万家，从业人员7万多人，年交易额700亿元，物流货运量150万吨，货值720亿元。

实干担当 踏实推进商贸物流转型升级

在王士岭的带领下，兰田集团坚持实干不止步，在临沂率先推进市场提升改造，建设了全国最大的家电、汽摩配专业市场，与教育部合作成立了国内第一家教育用品采购基地；投资4亿元盘活上海申科数码城和澳龙物流城，把外商开发的烂尾工程打造成国内最大的劳保用品国际采购基地，使集团所辖的"国字号"采购基地增加到5家；推行外向型发展战略，与临沂商城其他企业合作在安徽阜阳开发占地2000多亩的阜阳·临沂商城项目，打造了中国中部知名商贸名城。围绕新旧动能转换，积极发展网上商城，电商普及率90%以上，培育了一大批全国知名的电商品牌，其中新明辉年电商交易额超30亿元。与国家交通物流网合作打造供应链体系，实现了临沂与全国2000多个城市的信息共享，开拓了公铁、航空和陆海等多式联运业务。带头融入国家"一带一路"建设，与100多个国家和地区的外商巩固了贸易关系，2019年出口集装箱突破10万个，比2018年增长25%。

履职履责 始终牢记为民服务的神圣使命

职工、居民和业户群众对美好生活的向往，始终是王士岭凝心聚力的工作方向。担任人大代表十几年，他时刻牢记人民重托，坚持讲好临沂故事，为群众发出沂蒙声音，先后提交各类建议130多件，其中事关老区经济建设、涉及群众切身利益的占比超过50%。围绕群众所思所盼，在市场设立区域化党建服务中心，整合党群服务、职工维权等10个服务窗口，方便群众解决实际诉求。坚持共享理念，向居民兑现失地补贴超亿元，实现了入学、医疗、社保等各项福利全覆盖。助力精准扶贫，先后与兰山区3个农村党支部结成对子，支援扶贫资金270万元；新冠肺炎疫情发生后，王士岭带领企业顶住重重压力，严防疫情输入，推进复工复产，积极落实帮扶政策，减免业户一个月物业费、房租约1500万元，向防疫部门捐款捐物383万元。兰田近年累计在见义勇为、抢险救灾、健康教育等方面捐款5000余万元。

2019年，王士岭在全国人代会上提出了关于设立中国（山东）自由贸易区、关于将临沂列为国家级跨境电子商务服务试点城市等方面的建议9

条，其中关于设立中国（山东）自由贸易区的建议得到国家各相关部门的高度重视，经过各层面的调研和审批，中国（山东）自由贸易试验区于2019 年 8 月份得到正式批复启动；2019 年 6 月，应最高人民检察院邀请，王士岭与其他 20 名全国人大代表视察陕西省检察工作；11 月，参加了全国人大和最高院组织的广州法院工作视察调研。在视察调研中，王士岭认真参观学习，积极踊跃发言，提出了一系列有建设性的意见和建议，较好地履行了职责，完成了代表使命。

同时作为临沂市人大代表，王士岭每年都会围绕临沂商贸物流提出提案或建议，2019 年还参加了地方性扶贫、农业、交通、医疗、法院、税务、民营经济等方面的专题视察和调研，并通过在兰田辖区市场设立的人大代表接待站，积极倾听群众呼声，答复群众诉求，利用自己人大代表的特殊身份为人民群众办好事、办实事、解难题。

经过一年的调研、考察和筹备，王士岭在今年的两会上重点针对将临沂列为国家级"一带一路"综合试验区、疫情后进一步加大扶持物流企业健康发展、指导国家物流枢纽工程项目规划建设运营、开展 5G 技术商用研究等方面进行建言献策，初步打算将提出 10 条左右的建议。

"做人民的代表、为人民办事"，王士岭始终坚守着这个信念，担负着千万沂蒙人民的神圣嘱托，在不断进取中履行着神圣职责，续写自己的非凡人生。

（原载于《中国周刊》2020 年 05 期）

加大力度扶持物流企业健康发展

全国人大代表、山东兰田投资控股有限公司党委书记、董事长王士岭接受采访时，呼吁加大力度扶持物流企业健康发展。

王士岭代表说，物流业是国民经济的重要组成部分。改革开放以来，我国物流企业快速发展，通过连接生产和消费，对各地区域经济的发展起到了助推作用。但近年来，受宏观经济环境的影响，物流企业的增长速度也在逐步放缓，部分物流企业处于微利状态甚至濒临亏损。特别是2020年新冠肺炎疫情发生后，对物流企业直接冲击较大，部分盈利能力弱、投资额度大、外部负担重的企业面临重重困难，制约了企业的健康发展。当前，我国疫情防控阻击战取得重大战略成果，建议国家进一步出台完善相关政策，扶持物流企业健康发展，尽最大努力将疫情期间的损失补回来。

全国人大代表王士岭针对物流业的现状提出以下建议：

做好物流行业发展规划。物流业是一项复合性产业，综合性、系统性和专业性的规划对行业发展至关重要。对于疫情后物流业发展的整体方针，要有明确的目标、具体的措施和配套方案，同时做好各项具体工作的推进落实。

减轻物流企业负担。确保企业轻装上阵。从统筹推进疫情防控和经济社会发展的角度来看，如何帮助物流企业减负，有很多工作要做。比如在税费方面，物流园区的投资、物流基础设施的建设、物流车辆设备的采购等，应考虑减免有关税费。多措并举减轻物流企业负担。

在行业管理方面，要进一步建立健全物流行业法规，规范市场秩序和企业经营行为。同时要从物流企业发展的客观实际出发，满足企业发展需求。对于危化品运输牌照管理方面，建议政府监管要联系实际，考虑到个性化需求，优胜劣汰，引导行业健康发展。

引导和支持企业打造供应链体系，发展智慧物流，拓展公铁、航空和陆海等多式联运业务。对于现代物流业发展所需要的基础平台，比如物流产业基地、物流园区的建设，要给规划、给政策；要加快综合运输网络的建设，将陆海空多式联运的资源连接起来；还要推动加快物流信息平台的建设，金融支持，政策支持等，政府搭台，由企业主导唱戏。

要重点推进和扶持部分全国性大型物流企业发展和升级，鼓励和扶持有实力的物流企业通过兼并、联合等形式进行资产重组和业务整合，完善服务功能，健全服务网络，逐步形成一批主业突出、核心竞争力强的大型物流配送企业；要明确扶持的目标和对象，制定有针对性的扶持政策和措施并推动落实。通过树立物流企业的标杆和领头羊，带动物流产业的转型升级。

引导帮助物流企业走向资本市场、获得发展的资金，以此为助力，在作业场地、仓储资源、车辆资源、信息系统、专业装备、专业人才引进、管理提升等软硬件方面加大资本投入，把行业做大做强。

（原载于中国经济网 2020 年 5 月 27 日）

建设临沂东方商都和国际陆港

岁末年初，举国上下都为了国家第十四个五年计划开好局起好步而努力。中国周刊记者连线了全国人大代表王士岭。王士岭代表说，在临沂市人代会结束后，刚刚在企业内部的学习会上传达了临沂市政府工作报告的相关内容和精神。

作为临沂商城的代表，谈到参加临沂市人代会的感受时王士岭代表说：临沂要建设东方商都和国际陆港，我们都要为建设东方商都和国际陆港做贡献。

山东兰田集团党委书记王士岭是全国人大代表，也是临沂市人大常委会委员。他1月28日刚开完临沂市人代会，他说："孟庆斌市长在临沂市第十九届人民代表大会第六次会议上所做的政府工作报告，讲到关于临沂市'十四五'规划期间的任务目标和2021年的重点任务时，提到了东方商都和国际陆港建设。我们感到非常振奋！"

王士岭代表说，临沂市政府工作报告中提出今年要突出抓好七个方面，着力打造鲁南经济圈乡村振兴先行区，着力推动新旧动能转换实现更大进展，在着力融入双循环发展新格局方面讲到，围绕发挥商贸服务型国家物流枢纽承载城市主体功能，融入国家"通道＋枢纽＋网络"物流运行体系，一体化推进"商、仓、流"，打造"一带一路"东方商都。"商"方面，坚持"线下抓布局优化、线上抓业态创新"，推动内贸与外贸、商贸与制造、交易与展会融合发展。"仓"方面，坚持"以商定仓、仓配一体"，实行智慧仓储三年行动计划，在国际陆港打造现代化仓储集聚区。

"流"方面，坚持"提档升级、降本增效"，加强"陆向通道疏通、空中航线畅通、港口业务拓展、等级枢组合作"，提升现代物流"专业化、网络化、集约化、智慧化、国际化"水平。

2020 年是兰田集团发展历史上极不平凡的一年。面对突如其来的新冠肺炎疫情和严峻复杂的外部环境，兰田集团统筹推进疫情防控和商贸物流转型升级，实现全年市场交易额 710 亿元，物流货运量 1600 万吨，货值 730 亿元，进出口总额继续保持领先优势。王士岭说，兰田集团要抓住临沂推进东方商都和国际陆港建设契机，借势借力，我们会尽快不折不扣传达贯彻落实会议精神，动员广大经营业户和物流业务客户，发动全体经营业户和主办单位的人力、物力、财力，把建设东方商都和国际陆港这个任务执行好。

（原载于《中国周刊》2021 年 2 月 1 日）

奋进开新局　同心谋新篇

2020 年是兰田集团发展历史上极不平凡的一年。面对突如其来的新冠肺炎疫情和严峻复杂的外部环境，兰田集团统筹推进疫情防控和商贸物流转型升级，实现全年市场交易额 710 亿元，物流货运量 1600 万吨，货值 730 亿元，进出口总额继续保持领先优势。

山东兰田集团

合力"抗疫"，推进复工复产。兰田集团严格落实主体责任，实行全覆盖管控，团结带领广大业户阻击疫情。"一市一策、分门别类、科学稳妥"，周密组织、错峰开业，去年 3 月 3 日各市场、物流全部复工复产。进入常态化防控后，认真实施商户二维码登记，推行临沂健康"易通行"系统，"一户一档""一人一表"，建档管理，严防死守，书写了一份优异的"抗疫答卷"。落实帮扶措施，争取上级财税政策，减免业户一个月的租金和物业管理费共 2051 万元。充分发挥"全国先进基层党组织"的引领作用，发动集团党团员、干部职工、广大业户，向疫区和疾控部门捐款捐物，总价值 383 万元；新明辉、恒安劳保、百洁洗化、百信通讯、莱克科技、同富劳保、丰源劳保等一批企业带头捐赠防疫物资，发挥了示范引领作用。

提升服务，强化增创增收。在疫情严重冲击的不利形势下，兰田集团整体收入仍与上年基本持平。家电厨卫城进行改造，扩大厨具招商；采购基地提升市场业态、引进办公用品大户；汽摩配城做强短程物流，全年单项收费 325 万元；绢花喜庆用品城、太阳能市场等优化商户结构，扩大经营范围，保持了繁荣稳定局面。轻纺劳保城、汽摩配城、小百货市场积极扩容夜市招商，在增加就业的同时，方便了周边居民群众。

俯瞰商城

转变业态，有序转型发展。抓住市区推进"东方商都"建设契机，兰田集团借势借力，分类组织电商培训，培育"直播电商＋跨境电商"模式，引导商户利用快手、抖音开展视频直播带货，打造了一批网红配送实体店；电商龙头企业新明辉商城成为全国劳保第一电商平台，去年线上交易额突破 35 亿元，被商务部认定为国家级电子商务示范企业、线上线下融合发展数字商务企业。提升电商生态，教育用品采购基地设立的网红直播中心，全年直播 300 多场，其中泽林珠宝邀请网红"超级丹"直播，单场销售额突破 1200 万元。根据商城总体部署，以展会促商贸，不断加强宣传引导，积极带领市场业户"走出去"参与各类展会活动；先后主办第二届中国（临沂）劳动防护用品交易会，第四届、第五届文化用品展会，首届山东（临沂）体育用品博览会，2020 中国（临沂）仿真植物及喜庆用品博览会等，打造了兰田区域性展会品牌。

优化环境，做强主业品牌。教育用品采购基地、小商品城、家电厨卫城等市场，不断加强商品质量管理，强化诚信体系建设，建立了在线消费纠纷解决机制，得到监管部门充分肯定；采购基地被山东省消费者权益保护工作联席会议办公室授予"山东省放心消费示范单位"。太阳能、五金、纺织品等辖区，积极协调金融部门为业户提供资金扶持，与经营业户共渡难关。巩固国际商贸城呈现三城联动的良好格局。深化市场体制改革，把市场分公司所辖市场划由集团统一管理。推进营销工作，完成部分公寓整体销售，体育用品城预售许可进入收尾阶段。加强市场经理队伍"年轻化""专业化"建设，为集团后续发展储备了管理力量。

金兰物流

激发活力，推进多元发展。兰田集团不断加快物流信息化、标准化建设。继续与国家交通物流网等平台企业深度合作，打造供应链体系，扩大了临沂与全国 2000 多个城市的信息共享共通。参加全市西部新城重点项目集中签约仪式，实施金兰物流西迁、入驻"国际陆港"，超前规划智慧物流园区，为推进公铁海空多式联运、畅通贸易大通道奠定了基础。与"天河超级计算淮海分中心"强强联合，推进大数据分析平台建设，积极打造"绿色智慧物流"示范园区。用好省级"一带一路"综合试验区、保税区、航空口岸、国际货运班列等便捷政策，以兰田国际贸易公司为依托，积极探索"市场采购＋跨境电商＋海外仓库"业务模式，拓展国际营销渠道；在去年国外疫情失控、全球外贸产业链、供应链严重受挫的形势下，兰田集团通过壮大外贸主体、布局海外临沂商城，与180多个国家和地区保持了贸易合作伙伴关系，年出口标箱超过12万个，连续五年取得了兰山区出口第一的优异成绩。兰田商场积极拓展自身发展空间，创新打造"兰田小城"项目，推进创收模式提档升级，活力初步彰显。

（原载于《中国周刊》2021年2月8日）

将临沂列为国家级"一带一路"综合试验区

全国人大代表、山东兰田投资控股有限公司党委书记王士岭

全国人大代表、山东兰田投资控股有限公司党委书记王士岭在全国两会期间将会提出，把临沂列为国家级"一带一路"综合试验区的建议。

临沂市是革命老区，在抗日战争和解放战争时期，沂蒙人民"一粒米做军粮、一块布做军装、最后一个儿子送战场"，为夺取革命战争胜利，为新中国的建立做出了巨大贡献。社会主义建设时期特别是改革开放以来，沂蒙老区发生了翻天覆地的变化，已经发展成为现代化的全国文明城市和"中国市场名城""中国物流之都"。

王士岭介绍，近年来临沂市委、市政府带领沂蒙人民，把商贸物流转型发展牢牢抓在手上，摆在全市新旧动能转换和高质量发展的重中之重。特别进入2020年以来，临沂市统筹推进疫情防控和经济社会发展，一体化布局"商、仓、流"，启动商谷、国际陆港等重点片区建设，大力发展国际贸易、电子商务和智慧物流。2020年，临沂商城实现交易额4403亿元，物流总额达6847亿元。获评中国跨境保税直播电商总部基地和国家绿色货运配送示范工程创建城市。

作为共建"一带一路"的重要节点，2020年1月，山东省政府正式批复设立临沂"一带一路"综合试验区，作为"一带一路"的山东布局、山东探索。临沂"一带一路"综合试验区以商城为主要试验载体，着力打造"一带一路"国际物流区域性枢纽、国际商贸创新型高地、国际产能合作示范基地、国际人文交流合作平台。

目前，临沂"一带一路"综合试验区建设和东方商都建设正在攻坚推进，综保区、商谷片区、"国际陆港"、物流枢纽的配套建设已全面铺开。试验区的建设，必将加快商城由内贸型商城向国际化现代化商都转变。

为进一步打造山东对外开放新高地，加快发展海外商城、海外仓库，积极融入国家"一带一路"倡议，王士岭建议国家批准将临沂列为国家级"一带一路"综合试验区。王士岭认为，在功能定位上，建议临沂国家级"一带一路"综合试验区的功能定位为连接"一带一路"国家的自由贸易示范区；山东传统产业向"一带一路"国家产业转移交易区；大宗商品现货自由贸易区；国际金融交流与合作实验区。在加强领导的基础上，参照山东自贸区相关政策，拟定临沂国家级"一带一路"综合试验区的发展规划和运行模式方案，先行先试，大胆创新。

为实现这些目标，王士岭建议在政策上支持临沂中国物流大数据中心和区域性智能货物集拼中心，落实国家无车承运人试点的相关税收政策，支持无车承运人试点；支持临沂组开直达青岛的国际邮件邮路，在临沂设立国际邮件互换局；继续推进国家级市场采购贸易方式试点，打造国际工程物资集采集供基地；支持临沂规划建设"一带一路"出口蔬菜加工基地和出口地产品加工基地；支持临沂设立"一带一路"境外经贸代表处；支持临沂综合保税区、临沂港与青岛前湾保税港区和青岛港联动，对临沂进口商品海关税款担保、汇总征税、监管后置、限定免税等进口通关作业实现便利化政策创新等。

王士岭认为，到 2025 年，临沂通过"一带一路"综合实验区建设，将基本建成"一带一路"区域性国际物流枢纽、国际商贸创新型高地、国际产能合作示范基地、国际人文交流合作平台，建设成为具有国际影响力的"一带一路"枢纽城市。

（原载于《中国周刊》2021 年 3 月 5 日）

创新引领提升城市基层治理能力

2021年3月9日，全国人大代表、山东兰田集团党委书记王士岭接受《中国周刊》记者采访时表示，依靠创新引领，提升城市基层治理能力，让老百姓有更多的幸福感、获得感、安全感。

王士岭代表通过深入调研了解到，山东省临沂市兰山区运用信息化思维机制加强社会治理取得了很好的效果，经验值得推广。兰山区位于山东省临沂市中心城区核心区，商贸物流发达，人口众多，随着城市建设加快、社会转型升级加速，引发的各类群众诉求不断增加，为妥善解决群众诉求，兰山区注重以社会治理服务平台建设为主抓手，以全科网格和信息化建设为支撑，以流程再造为发力点，聚合资源，延伸服务，创新构建了一平台受理、一站式服务、一张网共治、一揽子解决的"平台指令、众人响应"治理机制，以平台思维建机制、优流程、整资源，实现党建引领聚资源、创新体制激活力、平台指令齐响应、服务群众零距离。

王士岭代表介绍说，他们的具体做法有以下几方面：

启动党建红色引擎，凝聚社会治理之"魂"。一是强化政治引领。把社会治理作为"一把手"工程，发挥区委"一线指挥"、镇街党（工）委"龙头带动"、村社区党组织"轴心牵引"作用。区里设立9个社会治理工作专班，在临沂市率先设立区委直属事业单位"兰山区社会治理服务中心"。二是强化组织引领。按照支部建在网格的原则，创新构建"镇街道党（工）委—村社区党总支—网格（小区）党支部—楼院党小组"的组织体系。全面做实社区"大党委"制，探索"楼宇网格化"党建，创新构建"组织亮旗、党员亮相、群众亮招、物业亮星、执法亮剑、网格亮责"的社区治理新模式。三是强化服务引领。建立城市社区党建工作全周期、闭环式管理机制，聚焦群众诉求较多领域，成立山东省第一家房地产领域纠纷对接中心、临沂市首家行政争议和解中心。实施党建引领"红色物业攻坚行动"，建立社区党组织领导下的居委会、业委会、物业服务企业"四位一体"工作机制，成立31个物业服务企业党支部，覆盖290家物业服务企业，全面提升城市基层治理水平。

创新区镇事权改革，激活基层治理之"能"。一是厘清事权清单。统筹"发展规划、产业布局、项目审批"等10项核心发展事权。规范"属地管理"，明确十大重点领域171项共有事权。二是优化服务流程。下放"工商登记、食品经营许可"等135项便民服务事权，兰山区74处便民服务站（点）全面投入使用，实现政务服务事项"一层级办理"。三是整合执法力量。整合基层现有站所、分局执法力量和资源，组建统一的综合行政执法机构。下沉执法力量，累计向镇街道派驻各类执法人员200名，具体负责城市管理、住房建设、环境保护等11领域593项行政执法事项，实现基层"一队式执法"。探索建立委托执法机制，有效化解基层执法难题。

深化网格化治理，筑牢基层治理之"基"。一是做优基础网格。坚持全区"一张网"，优化整合党建、综治、安全等各类网格，建设全科网格，实现网格全覆盖。二是做实网格队伍。按照"1＋2＋N"的模式，每个网格设置网格长1名，网格指导员、专职网格员2名和专业网格员N名，实行责任捆绑，推行组团式服务、联合式执法。三是做强网格效能。统筹社会组织、基层群众自治组织、社区组织等社会力量和其他主体形成"多元"共治合力，做到"小事大事有人管，难事愁事有人问"等经验做法，得到了广大群众充分认可。

用好信息化手段，提升基层治理之"效"。一是工作的信息化。开通"平安兰山"App、微信公众号、部门系统账号等多种渠道采集基础信息，收集社情民意，实现网格内人、地、事、物、情、组织等全要素信息化。打破各部门"数据壁垒"和"信息烟囱"，整合各参与部门单位有关信息，集中数据采集，统一对接导入，实现数据动态更新、共用共享，鼓励有条件的社区，建设"智慧社区"系统。二是指挥的平台化。依托"雪亮工程"、综治信息平台，研发社会治理信息平台，实现区、镇、村三级信息贯通，实现部门信息共享，平台指令，处置联动，形成"网上收集研判、线上分类处理、线下督查整改"的工作模式。三是落实的智能化。网格事项根据权责清单分类逐级审核上报，对网格内排查和发现的各类事项，村社区不能办理的，实行"村社区吹哨、镇直部门报到"；镇街科室处置不了的，实行"镇街吹哨、区直部门报到"，部门不及时报到或单个部门不能解决的，由区平台下达指令，有关部门协同解决，构建"平台指令、众人响应"工作机制。

王士岭代表认为上述机制运行以来，取得了显著成效。2021 年 1 月 19 日，人民网等国家级媒体对这一做法进行了报道。建议全国人大常委会组织有关部委成立调研组，对兰山区构建"平台指令、众人响应"治理机制进行专题调研，总结提升经验做法，为全国创新基层社会治理提供更多方案。

针对兰山区构建"平台指令、众人响应"治理机制的做法和明显效果，全国人大代表、山东兰田投资控股有限公司党委书记王士岭在今年参加全国两会时提出了推广兰山经验创新基层社会治理的建议：

坚持以党建为引领创新基层社会治理。坚持将党的领导贯穿始终，把党的政治优势、组织优势、制度优势转化为社会治理优势。充分发挥党组织战斗堡垒和党员先锋模范作用，探索"楼宇化党建"，推动党组织向最基层延伸，依托党群服务中心设立党员先锋岗、引入"红领律师"、红色志愿服务，打造宣传党的主张、贯彻党的决定、领导基层治理、团结动员群众、推动改革发展的坚强战斗堡垒。

坚持以问题为导向创新基层社会治理。坚持以解决群众关注的热点、难点、痛点、堵点问题为根本目的，所有制度设计、资源整合、考核评价都围绕群众满意这一核心来展开。聚焦源头预防，明确"负面清单"，规范小微权力，促进依法行政。

坚持以改革为动力创新基层社会治理。坚持从改革体制机制入手，全力推进体系重塑、资源重组、流程再造，打破条块之间的分割和壁垒。深化区镇事权改革，规范"属地管理"，推动镇街明责减负增能，聚焦主责主业，集中精力抓党建、抓治理、抓服务。

坚持以科技为支撑创新基层社会治理。坚持顶层设计，从省级层面谋划研发社会治理信息系统，实现信息采集、事项流转、考核监督的智能化。创新研发群众诉求信息管理系统，推动群众诉求"一窗受理、线上分流、按期督办、全程留痕"，并与社会治理信息系统融合，对窗口受理的事项不能按期办结的，自动流转到区指挥中心平台，由平台发出指令，进行督办。

（原载于《中国周刊》2021 年 3 月 9 日）

兰田集团：开启高质量发展新征程

2020 年是中国历史上极不平凡的一年。面对突如其来的新冠肺炎疫情和严峻复杂的外部环境，山东兰田集团统筹推进疫情防控和商贸物流转型升级，攻坚克难艰苦奋斗，实现全年市场交易额 710 亿元，物流货运量 1600 万吨，货值 730 亿元，进出口总额继续保持领先优势，取得了不平凡的业绩。

乘势而上　勇立潮头

山东兰田集团是临沂商城最早创办专业批发市场的单位之一，自 1986 年创办临沂第一家专业批发市场——临沂纺织品市场开始，兰田集团在各级党委政府、职能部门的正确领导下，目前已建成家电厨卫、汽摩配、新能源、小商品、教育用品、体育用品、劳保、纺织品、绢花、五金机电、太阳能、农资、二手车、药材等专业批发市场 18 处和两处物流基地，被教育部、中国商业联合会等部门挂牌定点"中国教育用品采购基地""中国教学仪器设备进出口基地""中国劳保用品采购基地""中国厨具用品采购基地""中国体育用品采购基地"等五个"国字号"采购基地。市场总占地 3000 多亩，总经营面积 180 多万平方米，经营户达 2.4 万多家，从业人员 7 万多人，打造了国内知名的市场集群和物流中心。企业先后被授予全国先进基层党组织、全国及省市诚信市场、全国模范职工之家、中国最具发展潜力市场、中国优秀品牌市场、齐鲁先锋基层党组织、山东省名牌等荣誉。

面对国内商贸物流业态不断提升的发展局面，山东兰田集团将着力推动新旧动能转换，大力发展新型交易模式，推进批发市场与电子商务线上线下深度融合，并积极融入"一带一路"建设，加快外贸主体的培育、建设和引进，推动了山东临沂"国际商贸名城"建设，为我国商贸物流的持续发展贡献力量。

转换动能　提质增效

对兰田集团的发展而言，就是要找准存在的短板，发挥自身优势，对商贸物流实施改造提升，新旧动能转换，提质增效。兰田集团从七个方面实施行动，培育七大动力，迈出了坚实的步伐，取得了突出效果，在推进新旧动能转换中走在前列。

兰田集团引进、培养、壮大集团高层次的人才队伍，提高管理水平，提升运营能力，激发干事创业的热情，增强主动担当、积极作为的责任意识，为推进新旧动能转换工作提供支撑作用。

打造商贸物流的样板企业，提升"党旗红，市场旺"的党建品牌，兰田集团努力创建"国字号"的采购基地8家，真正树立引领示范作用。

推进市场资源汇聚融合发展，立足兰田市场资源优势，把商贸物流做大做强，兰田集团积极配合党委政府利用上海申科、澳龙国际等闲置的场地资源，打造国际劳保市场，来自全国出口量80%的手套都集中在该市场，并培育新明辉科技、连胜体育、恒安劳保、舒华国际、吉诺尔、创客中心等一批大户企业，为新旧动能转换开辟新的路子。同时，通过资源整合，也解决了空壳市场等问题。

兰田集团推进传统市场提质增效行动，培育广大客户的内生动力，辖区市场电商普及率必须达到90%以上，国际贸易出口在去年完成6万标箱的基础上再争取递增30%，对传统市场的提升改造、资源整合再上一个新台阶，确保新旧动能转换的时间和速度。

推进商贸物流成果转换行动。兰田集团利用老市场项目，转换新能源汽车、新能源配件、中药材、物流短程分拨、电商平台、国际贸易等新的项目，为新旧动能转换增加活力。

推进创建智慧物流的行动。打造金兰物流现代化、标准化、信息化，实施多式联运，加快金融、保险深度融合，建设新的金兰物流平台和基地。

奉献社会　责任担当

作为一个在各级领导多年来关心、指导、帮助、扶持下发展起来的企业，兰田集团深刻认识到，热心公益、回报社会是中华民族的传统美德，也是企业义不容辞的社会责任；企业是国家的、财富是社会的，要时刻怀着一颗感恩的心，用企业的发展成果奉献国家、回报社会。近年来，兰田集团组建了500多人建制的民兵连、消防队、巡逻队，投资1000多万元购置了11部消防车，建立了微型消防站，配备了先进的消防设施，完善了500多部对讲机、20多台警用摩托车以及十多处高清安保监控室，营造了安全有序的经营环境。市场设立了区域化党建服务中心和综合服务大厅，整合了人大代表联系点、党员群众服务、国际贸易咨询、工商税务、物业管理、法律服务、金融担保等10个服务窗口，帮助业户群众解决困难、发展事业。积极开展山区扶贫、社会捐助等活动，与兰山区李官镇莲花山社区党支部结对联系，投资援建社区服务中心；与汪沟镇丰硕村党支部结对联系，捐资200多万元，用于建设冬暖式大棚，推进精准扶贫、产业扶贫；为临沂市慈善总会一次性捐款100万元，为临沂大学一次性捐款200万元，与兰华、华强联合在阜阳捐资1000多万元建设敬老院等。近年来，集团累计向见义勇为、地震灾区、教育事业等捐款捐物达5000余万元。

发挥优势　创新发展

兰田集团积极配合各级党委政府争取国家对沂蒙革命老区新型业态发展的扶持政策，建议将临沂列为国家级国际贸易综合改革试点城市、国家级物流标准化试点城市、国家级电子商务示范基地。

坚定不移地走临沂商城特色发展之路，取长补短，避免盲从，发挥特长，不断提升商贸物流的影响力和竞争力，以创新模式引领发展，走在全国前列。

利用互联网＋的政策优势，加快转型升级，传统市场＋传统物流＋电子商务＋金融，进行深度融合，实现人流、物流、资金流、信息流"四流"合一，积极发挥"两个优势"，即线上快捷、便利订单的优势，线下质量和售后服务的优势，打造线上、线下一体化的经营模式。

利用"一带一路"的政策优势，加快发展国际贸易，确保临沂国际贸易处于领先地位。山东是人口大省，当地产品丰富，临沂又是全国的商品集散中心，物流成本低，海港、陆港、空港条件具备，优势突出。

全国人大代表、山东兰田投资控股有限公司党委书记王士岭表示，今年临沂提出要着力打造东方商都和国际陆港。兰田集团要抓住机遇乘势而上，着力融入双循环发展新格局，发挥商贸服务型国家物流枢纽承载功能，着力推动新旧动能转换实现更大进展，为建设鲁南经济圈乡村振兴先行区，融入国家"通道＋枢纽＋网络"物流运行体系，一体化推进"商、仓、流"，打造"一带一路"东方商都做出积极的贡献。

（原载于《中国周刊》2021 年 3 月 20 日）

实干担当守初心

——全国人大代表、山东兰田集团党委书记王士岭

作为一名出身农村的老党员，全国人大代表、山东兰田投资控股有限公司（以下简称山东兰田）党委书记王士岭人生中走出的每一步都离不开党的培养，他心中始终充满了对党的感恩之情。

不忘初心 忠诚信仰

全国人大代表、兰田集团党委书记王士岭告诉《中国周刊》记者说，党的改革开放和富民政策，给经济发展带来了千年一遇的好时机。我们响应党的号召积极投身时代大潮。企业最艰难时，也坚持把传承红色基因放在首位，不断加强基层党组织建设，打造了"党旗红、市场旺"的党建品牌。兰田集团党委坚持组织党员、依靠职工、引领群众，把对党的忠诚转化为创新创业的强大动力。职工、居民和业户群众对美好生活的向往，始终是王士岭凝心聚力的工作方向。现在兰田集团已建设培育了18处专业批发市场、2个物流产业，经营户2.4万家，物流货运量150万吨，货值720亿元。7万多从业人员都过上了小康富足的生活。这一切，都是党的恩情。

王士岭说，从建党的开天辟地，到新中国成立的改天换地，到改革开放的翻天覆地，再到党的十八大以来党和国家事业取得历史性成就、发生历史性变革，中国共产党带领中国人民砥砺奋进、从胜利走向胜利。百年征程波澜壮阔，百年大党风华正茂。2021年中国共产党迎来百年华诞，每一个党员内心都充满自豪。我们要努力工作再创辉煌，为党的百年华诞

献礼。

实干担当 踏实工作

2013 年 11 月 25 日，习近平总书记视察金兰物流时与王士岭亲切交谈，指示"要继续努力，与时俱进，不断探索，多元发展，向现代物流迈进"。多年以来，王士岭牢记习近平总书记的嘱托。在王士岭的带领下，兰田集团坚持实干不止步，在临沂率先推进市场提升改造，建设了全国最大的家电、汽摩配专业市场，与教育部合作成立了国内第一家教育用品采购基地；投资 4 亿元盘活上海申科数码城和澳龙物流城，把外商开发的烂尾工程打造成国内最大的劳保用品国际采购基地，使集团所辖的"国字号"采购基地增加到 5 家；推行外向型发展战略，与临沂商城其他企业合作在安徽阜阳开发占地 2000 多亩的阜阳·临沂商城项目，打造了中国中部知名商贸名城。围绕新旧动能转换，积极发展网上商城，电商普及率 90% 以上，培育了一大批全国知名的电商品牌，其中新明辉年电商交易额超 30 亿元。与国家交通物流网合作打造供应链体系，实现了临沂与全国 2000 多个城市的信息共享，开拓了公铁、航空和陆海等多式联运业务。带头融入国家"一带一路"建设，与 100 多个国家和地区的外商巩固了贸易关系，出口集装箱突破 10 万个，年增长 25%。

履职履责 牢记使命

2012 年王士岭光荣当选为第十二届全国人大代表，同时兼任山东省党代会代表、临沂市人大常委会委员、临沂市人大代表。多年来王士岭全勤全程参加了全国人代会、市人代会和市人大常委会会议，积极参加各级人大组织的调研 20 余次，共提交各类议案建议 100 多件。

担任人大代表十九年，他时刻牢记人民重托，坚持讲好临沂故事，为群众发出沂蒙声音，先后提交各类建议 130 多件，其中事关老区经济建设、涉及群众切身利益的占比超过 50%。围绕群众所思所盼，在市场设立区域化党建服务中心，整合党群服务、职工维权等 10 个服务窗口，方便群众解决实际诉求。坚持共享理念，向居民兑现失地补贴超亿元，实现了入学、医疗、社保等各项福利全覆盖。助力精准扶贫，先后与兰山区 3 个农村党支部结成对子，支援扶贫资金 270 万元；新冠肺炎疫情发生后，王士岭带领企业顶住重重压力，严防疫情输入，推进复工复产，积极落实帮扶政策，减免业户一个月物业费、房租约 1500 万元，向防疫部门捐款捐物 383 万元。兰田近年累计向见义勇为、抢险救灾、健康教育等捐款 5000 余万元。

2019 年，王士岭在全国人代会上提出了关于设立中国（山东）自由贸易区、关于将临沂列为国家级跨境电子商务服务试点城市等方面的建议 9 条，其中关于设立中国（山东）自由贸易区的建议得到国家各相关部门的高度重视，经过各层面的调研和审批，中国（山东）自由贸易试验区于 2019 年 8 月得到正式批复启动。应最高人民检察院邀请，王士岭与其他 20 名全国人大代表视察陕西省检察工作；王士岭还参加了全国人大和最高院组织的广州法院工作视察调研。在视察调研中，王士岭认真参观学习，积极踊跃发言，提出了一系列有建设性的意见和建议，履行职责，完成了人民代表的神圣使命。

王士岭近年还多次参加扶贫、农业、交通、医疗、法院、税务、民营经济等方面的专题视察和调研，并通过在兰田辖区市场设立的人大代表接待站，积极倾听群众呼声，答复群众诉求，利用自己人大代表的特殊身份为人民群众办好事、办实事、解难题。

王士岭是第十二、十三届全国人大代表，山东省第十次党代会代表，临沂市人大常委、全国五一劳动奖章获得者。王士岭牢记使命、履职尽责，和广大党员干部和职工一起，努力为临沂商城商贸物流开发建设添砖加瓦，为经济发展尽心尽力。他连续五届被中国商业联合会授予"中国市场领军人物"称号。王士岭说，作为一名商贸物流行业的人大代表，我比较熟悉市场，认为自己有责任当好行业的"代言人"。围绕商贸物流发展，我先后提出了 20 余条建议。在全国人代会上，我连续三年在山东代表团集中审议时发言，每年都重点汇报临沂商贸物流的发展成就，先后就制定无水港多式联运扶持政策、建设电子口岸、保税区，将临沂列为国家级国际贸易综合改革试点城市、全国物流节点城市、一带一路节点城市、建设全国公益性商贸物流体系等方面提出建议。今年全国两会召开，经过深入调研、考察和筹备，王士岭将履职尽责进行建言献策。"做人民的代表、为人民办事"，王士岭始终坚守着这个信念，担负着沂蒙老区人民的嘱托，在不断进取中履行神圣职责，续写华美的乐章。

全国人大代表、山东兰田集团党委书记王士岭说：习近平总书记前不久发出号召："广大党员、干部和人民群众要很好学习了解党史、新中国史，守住党领导人民创立的社会主义伟大事业，世世代代传承下去。"我们要深刻学习领会、认真贯彻落实习近平总书记的重要论述。今年是中国共产党成立 100 周年。100 年来中国共产党开创历史奠定基业，现在不忘初心带领中国人民开辟美好未来。我们每一个共产党员都要响应号召努力奋斗，为实现中华民族伟大复兴的中国梦增光添彩。

（原载于《中国周刊》2021 年第 3 期）

百年华诞　盛世欢歌

——山东兰田集团举办庆祝建党百年活动

兰田集团庆祝中国共产党建党 100 周年表彰大会 6 月 27 日在
山东省临沂市兰田集团隆重举行。表彰大会以后举行了精彩的庆祝
建党百年文艺演出活动

　　全国人大代表、临沂市人大常委会委员、兰田集团党委书记王士岭在
表彰大会致辞中说，100 年来中华民族走过的历程，是中国共产党和中国
人民用鲜血、汗水、泪水写就的，这是中华民族发展史上的壮丽篇章，也
是中国人民继往开来、奋勇前进的现实基础。回顾兰田集团 35 年来的发展
道路，我们同样经历过创业的喜悦，发展的险滩，生死存亡的严峻考验。
1986 年，在各级党委、政府的坚强领导下，兰田建起了临沂第一家专业批
发市场——纺织品市场，为集体经济发展开创了一条崭新的道路。此后，

兰田市场蓬勃发展，一直是商城发展的重要力量。发展成绩的取得，是各级党委政府、商城管委会正确领导的结果，是集团党委 23 个总支、支部，432 名共产党员和全体干部职工携手奋斗的结果，是社会各界、广大居民理解支持的结果。

兰田集团庆祝建党百年活动现场

王士岭书记在致辞中强调，做好兰田的工作，必须坚定不移把习近平新时代中国特色社会主义思想、习近平总书记系列重要讲话精神作为各项工作的科学指南；必须加强党的基层组织建设，坚持正确的发展方向；必须树立强烈的全局意识，坚决服从服务于上级党委政府的大局。必须持续巩固和发展团结和谐稳定的局面，依靠职工办企业、依靠业户办市场。党的百年华诞，我们站在新的历史起点。希望集团全体共产党员，要始终保持艰苦创业精神，坚持创新发展理念，树立世界眼光，打造过硬品牌，促进业态升级。要牢牢把握作风建设这个主要任务，深入开展党史学习教育，不断实现自我净化、自我完善、自我革新、自我提高，带领全体经营业户不忘初心、牢记使命，诚信经营、加快发展，共同打造和谐、诚信、文明、开放、包容的新兰田，为兰山商城持续繁荣发展再做新贡献。

兰田集团党委副书记、董事长、总经理化书勇宣读了表彰决定，48 名"党史学习教育"先进个人、30 名"五星级共产党员经营户"和 31 名"共产党员流动先锋"共计 109 人受到表彰。随后，受表彰的人员披红戴花相继上台，与会领导分组为他们颁奖。

为群策群力打造商贸物流运营共同体，充分调动协会党组织负责人共建市场、共促发展的积极性，兰田集团党委决定从今年起从他们当中择优选择部分人员担任市场党组织的"红商书记"，会上，今年第一批选派的 8 名"红商书记"集体亮相，兰田集团党委书记王士岭向他们颁发了任命证书。

兰山商城管委会副主任、兰山街道党工委书记房庆良做了重要讲话。他首先带领大家共同回顾了中国共产党的发展历程。他说，回望来时的路，中国共产党从石库门到天安门，从兴业路到复兴路，我们党从最初的几十人发展壮大到拥有 9000 多万名党员的大党，一艘小小红船越过急流险滩，穿过惊涛骇浪，成为领航中国行稳致远的巍巍巨轮，为中华民族伟大复兴做出了伟大历史贡献。一百年来，无论环境怎样变化，无论形势怎样突变，中国共产党理想信念始终如一，从来都没有动摇过，也从未改变过，带领人民在历史一次次艰难抉择中始终做出正确的判断。

房庆良书记说，在党的带领下，我们实现了从站起来到富起来、强起来的伟大转变。从 1986 年开始，乘着改革开放的东风，兰田集团在全市率先建立了第一个专业批发市场，开启了村居办市场的新篇章，为临沂商城发展奠定了基石。经过 35 年的发展，兰田集团已经发展成为拥有 430 多名共产党员，18 家市场，2.4 万家经营业户的大型市场产业集团，打造了"中国劳保用品采购基地""中国体育用品采购基地"等 5 个国字号品牌市场。2013 年 11 月 25 日，习近平总书记到金兰物流基地视察。2016 年 7 月，集团党委被中共中央授予全国先进基层党组织荣誉称号，掀开了兰田集团跨越发展的新篇章。

房庆良书记指出，风好扬帆正当时，勇做时代弄潮儿。站在两个一百年奋斗目标的历史交汇点，区委、区政府确定了"走在前列、争先进位，发挥优势、强区富区，以城带乡、精新并举"的目标和"西城崛起、产业升级、城市更新、振兴乡村"的思路，市、区各级领导谋篇布局商城、西城的发展，为我们发展铺平了前进的道路。兰田集团广大党员干部要进一步树牢不甘人后的强烈意愿，坚定披荆斩棘的决心信心，确立舍我其谁的使命担当，聚起践行初心使命、推进干事创业的磅礴力量，推动兰田集团在新起点上实现新跨越。

颁奖现场

表彰活动结束后，以"永远跟党走"为主题的演出活动从雄壮的大合唱《伟大的中国伟大的党》开始拉开帷幕。由集团党委下属各党总支、党支部选报的 15 个精彩节目相继闪耀登场，激情的舞蹈、动听的歌曲、悠悠的古琴、深情的诗朗诵、炫动的武术以及幽默又发人深思的小品，引起了观众的阵阵热烈掌声，也寄托了兰田集团全体党员群众对于中国共产党百岁华诞的祝福和期盼。

山东省临沂市兰山区人大常委会原副主任、区派红领书记李云荣，兰山商城管委会副主任、兰山街道党工委书记房庆良，兰山商城管委会副主任张灿彪，兰山街道党工委委员、政协工作室主任王钦道，兰山商城管委会办公室主任陈臣等领导出席活动，水田社区两委班子成员、兰田集团三套班子成员、全体党员、党员业户代表等 500 多人参加活动。

表彰现场合影

（原载于《中国周刊》2021 年 6 月 29 日）

"党旗红、市场旺"

——山东兰田集团党建工作巡礼

山东兰田集团自 2001 年成立党委以来，围绕"党旗红、市场旺"党建品牌，积极构建区域化服务型党组织，先后荣获全国先进基层党组织、全国创建诚信市场先进单位、齐鲁先锋基层党组织等荣誉称号。

健全服务三体系，构建服务新格局

兰田集团党委针对市场流动党员多、参加集中学习难的实际，根据产业结构和市场布局，成立了 4 个党总支、24 个党支部为分支，划分 48 个网格党小组，构建了党委下辖的党总支、党支部、党小组三级网格组织体系，明确了 18 名党建指导员，把 146 名职工党员、232 名商户党员全部纳入党组织服务管理，确保了党员参加学习教育"一个不少"。

兰田集团认真落实"三会一课"制度，确定每月 23 日为"党员学习活动日"；对流动党员，采取"统一组织、灵活交流、分散补课"的方式开展学习教育。同时，充分发挥企业网站作用，定期展播党性教育、诚信教育、反腐倡廉警示教育等专题片，便于党员随时点开学习；开通区域性党建微信、党建信息网，利用微信公众号、市场 QQ 群等平台，定期推送学习内容，打造新媒体党务工作平台，让外出缺课的商户党员可随时掌握学习动态；先后投资 200 余万元建设党员活动室、远教播放室、图书阅览室、党建展厅等，让党员在市场也能找到自己的"家"；创新党建工作方式，建设了党建可视化信息平台，实现了市场党组织活动和管理工作的远程可视监督管理、党员远程教育培训、视频会议、交流学习等功能，进一步规范了活动（对各支部开展的活动能实时监督），拓宽了空间（解决了原先党员教育学习受空间的限制），缩短了时间（各种会议精神能及时传达到党员群众，不用再像以前一样集合到一起层层传达），拉近了距离（可以通过平台面对面交流），带来了便利（党员群众可以就近参加会议），使党建工作成为看得见的党建。

兰田集团针对党员业户和广大群众经营需求，集团党委统筹党建资源，建立区域性、开放性、综合性党群服务中心 3 处，开设了党团服务、市场管理、工商税务等 10 个窗口，为党员提供组织关系接转、计划生育、子女入学、贷款担保、法律援助、会展会务等服务。2020 年，公司所辖区域性党群服务中心解决经营业户困难诉求 2200 余件，提供贷款担保 1.8 亿元。

打造"三个载体"，推动党员作用发挥

兰田集团着眼市场特点，积极为党员发挥作用搭建载体和平台。兰田集团组织市场 232 名"共产党员经营户"挂牌经营亮身份，公开承诺遵纪守法、诚信经营。对照"学习、服务、贡献、自律、和谐"五个标准，评选"共产党员星级经营户"107 个，有效激发了党员模范作用的发挥。

兰田集团建立外来务工党员流出地党组织和市场党组织"双向管理"制度，实行党建活动同参与、组织服务同享受、党建义务同履行、学习教育同进行。组织开展"奉献在市场、荣誉送家乡"活动，去年"七一"评选授牌 49 名"流动先锋"，并向其所在家乡党组织寄发了喜报，增强了他们的荣誉感，很多外地流动党员已经把临沂视为"第二故乡"。

兰田集团围绕"把党员培养成经营能手，把经营能手培养成党员"的目标，公司党委抓住作为学习教育专题组织生活会试点单位的机遇，各党支部邀请业户代表列席会议、参与评议，把市场党组织的管理服务、流动党员的行为表现等，作为批评与自我批评的重要内容，党员和经营业户直面问题、坦诚相见，激发了动能、促进了发展。同时，每名党员包片联系

10 名经营业户和 1 名困难经营户，定期走访、排忧解难，实现了党员与业户群众"点对面"的服务覆盖。

落实"五大理念"，推动市场繁荣发展

实际工作中深入学习贯彻总书记系列重要讲话和重要指示精神，兰田集团针对发展中遇到的困难和问题，在落实"创新、协调、绿色、开放、共享"五大发展理念上，及时更新观念，拿出破解的办法和措施。围绕落实"创新"发展理念，积极引领业态转型，联合中国市场学会，对党员和群众业户开展电商培训 4 万多人次，开办特色网店近万家，实现了线上线下深度融合，引领市场电商化发展；投资 3.5 亿元，打造了全国最大的劳保用品国际采购基地，轻纺劳保防护手套占世界销量的 80% 以上。围绕落实"开放"发展理念，深度融入"一带一路"，依托省级国际贸易改革试点，联合中国贸促会成立中国（临沂）跨国采购中心，鼓励和引导市场经营户"走出去"，与 180 多个国家和地区保持了贸易合作伙伴关系，年出口标箱超过 12 万个，连续五年取得了兰山区出口第一的优异成绩。同时加快推进信息化、标准化建设，与深圳 e 点通、国家交通物流网等开展合作，实现了临沂与全国 2000 多个城市的信息共享。围绕落实"共享"发展理念，对下岗职工、残疾人等弱势群体减免租金 3000 多万元，向居民发放补贴 8000 余万元，实现居民医疗、入学、社保等福利全覆盖。积极参与脱贫攻坚和选派第一书记帮扶活动，捐对省定贫困村汪沟镇丰硕村进行产业扶贫，目前又与汪沟镇田家庄村结对连心；向地震灾区、山区学校等捐款捐物 5000 余万元。

全国人大代表、兰田集团党委书记王士岭接受本刊记者采访时说，沂蒙精神是临沂文化的灵魂，是经济发展的动力，革命时期的沂蒙精神是"一粒米做军粮，一块布做军装，最后一个儿子送战场"，为夺取革命战争胜利，为新中国的建立做出了巨大贡献。过去有句话叫，人心齐，泰山移。精神不滑坡，办法总比困难多，新时期的沂蒙精神就是要面对困难鼓足勇气，攻坚克难树立信心。兰田集团要大力弘扬沂蒙精神，下定决心，

为大美新临沂的发展再做新的贡献。

王士岭代表说，今年是建党 100 周年，我们每一个党员都要努力奋斗，为伟大的中国共产党百年华诞增光添彩。兰田集团要坚持世界眼光、国际标准、山东优势、沂蒙特色，把融入国家"一带一路"作为最大机遇，充分利用综保区、临沂港、市场采购贸易试点政策三大平台，开拓国际市场，助推商城国际化。

（原载于《中国周刊》2021 年 6 月 26 日）

创新发展看兰田　党建引领再出发

新年伊始，万象更新。新春刚过，山东临沂商城就全面复工。农历正月初八，山东兰田集团召开 2022 年创新工作动员大会，进一步凝心聚力统一思想，安排部署创新发展开拓临沂商城新局面。

2021 年对山东兰田集来说是不平凡的一年。山东兰田集团以庆祝党的百年华诞为动力，认真学习贯彻十九届六中全会精神，深入落实总书记视察金兰物流重要指示精神，面对复杂严峻的发展形势和艰巨繁重的工作任务，统筹推进疫情防控和产业转型升级，各项工作迈出新步伐、取得新成效，全年实现市场交易额 750 亿元，物流货运量 1700 万吨，货值 780 亿元，出口标准集装箱 13.8 万个，实现了"十四五"良好开局。

提升业态　转型发展

山东兰田集团以传统市场为基础，依托"国家跨境电商综合试验区"政策，大力发展"直播电商＋跨境电商"模式，引导业户利用快手、抖音平台直播带货，推动"线上线下一体化"发展。中国临沂小商品城、中国教育用品采购基地等市场广泛组织开展网红直播培训学习，更新选品室和公共直播间，大幅提升了直播带货能力，强力拉动了市场销售。目前，兰田辖区市场电商普及率已达 95％，部分小商品、劳保、文化用品经营户的线上销售额已占据总销售额的半壁江山，辖区新明辉商城成为国内规模最大的安全产品综合供应商，获评国家数字商务示范企业、国家物流标准化试点企业，去年线上交易额逼近 40 亿元，示范效应显著。

根据政府总体部署，山东兰田集团积极围绕体育、文化、厨具、二手车、劳保、小商品、化妆品、绢花等知名展会体系，打造具备"兰田内涵"的展会品牌，其中第六届文化用品博览会，设立国际标准展位 1702 个，吸引全国各省市 500 家企业参展，交易额突破 13 亿元。积极带领市场业户"走出去"，先后参加上海文化用品展、义乌博览会等多场次知名展销会，扩大了兰田影响，助推了转型发展。

优化服务　做强品牌

山东兰田集团上下坚持"以人为本"，不断强化管理服务水平，提升了兰田品牌竞争力。依托现有资源优势，大力发展绿色产能，落实"双碳"目标，充分利用市场商铺楼顶空闲面积，引资 3100 多万元铺设太阳能光伏发电板 9.1 万平方米，可实现年发电 840 万度，在优惠提供给业户使用的同时，剩余电量还可并网。同时，投资 350 万元建设为新能源电动汽车充电的彩虹驿站一处，与太阳能光伏发电优势共享，不仅提供了绿色出行的快捷充电服务，而且解决了由于"峰谷分时"波峰时期电价过高的问题，实现了"屋顶光伏""储能"和"彩虹驿站"多站合一的运营新模式。2021 年 10 月 22 日，在第 12 届中国商品市场峰会上，汽摩配城、小商品城被国家市场监督管理总局授予"中国商品市场百强"称号，全市仅此两家。

多业并举　协调发展

山东兰田集团立足物流发展优势，不断巩固和提升供应链体系，扩大了临沂与全国 2000 多个城市的信息共享。加快向现代物流迈进，与"天河超级计算淮海分中心"深度合作，开发建设园区 BI 大数据分析平台，推进运营管理数字化；着眼物流入驻"国际陆港"，做好提前谋划，部署运行 OA 办公自动化系统和智慧停车收费系统，与天河超算、中国移动等强企对接，研究论证园区西迁的信息化建设方案。强化全域闭环式消防安全管理，配合公安反恐部门装配人脸识别系统、综合控制平台，推行物流实名制"人证合一"；推进市场维权投诉站健康运行，打造了良好营商环境。

充分发挥现有的物流资源和市场资源，围绕市场服务发展短程物流，打通农业生产及农民生活的"最后一公里"问题，全心全意助力乡村振兴。目前，依托各市场服务的县乡物流车辆500多辆，已经覆盖临沂所有县区乡镇及一些较大规模的村庄，为县区群众生产生活提供了极大便利条件。

在全球疫情失控、多数国家开工不足的形势下，我国的完整产业链彰显巨大优势，兰田集团抢抓机遇，进一步壮大外贸主体，与180多个国家和地区巩固了贸易合作；引导市场业户用好市场采购贸易方式试点政策，开拓国际市场，进出口业务实现了逆势增长，市场采购贸易方式出口额突破1.5亿美元。

党建引领　全面发展

为进一步优化提升"党旗红、市场旺"党建品牌，山东兰田集团党委在区派红领书记指导下，推进"不忘初心、牢记使命"主题教育，分批次组织全体党员，到梁家河、延安开展党史学习教育。通过学习教育，集团党员和干部员工受到一次全面深刻的精神洗礼，各级党组织的创造力、凝聚力、战斗力不断提升，达到了"学党史、悟思想、办实事、开新局"的目的。去年6月，集团党委隆重举行庆祝建党100周年表彰暨文艺演出，109名共产党员受到表彰，8名共产党员经营户被选任为"红商书记"。贯彻区委部署，配合市委网信办"第一书记"，与汪沟镇支家庄村结对共建，推进沂蒙乡村振兴。党建带动各项事业健康发展，区总工会投资50余万元对工会阵地进行综合提升，承办了中华全国总工会"全国职工读书日"活动、山东省总工会基层组织建设现场会、省总工会"蹲点服务"活动。依托兰山法院驻商城法官工作室，为商户解忧纾困、维护权益，一年来累计诉前调解26起，免费法律援助38起，挽回直接经济损失90多万元。擦亮窗口形象，做好人大代表接待选民工作；热情迎接各级领导视察及外地考察团 300 余批次；讲好兰田故事，《焦点访谈》《山东新闻联播》等栏目进行专访报道，接待多批国家级采访团，起到了良好的窗口展示作用。

谈到今年的发展，全国人大代表、临沂市人大常委会委员、山东兰田集团党委书记王士岭坦言，2022 年是"十四五"规划承上启下的一年，也是兰田事业爬坡过关、顶压奋进的关键之年。兰田的发展任重而道远。

王士岭说，今年我们的总体思路是立足新发展阶段，贯彻新发展理念，融入新发展格局，坚持稳字当头、稳中求进，确保疫情防控、转型发展和重点项目建设各项工作卓有成效。重点落实的工作主要有安全生产、业态提升，优化营商环境、物流升级、双循环发展、人才培育等，通过不懈努力，推动企业高质量发展，以实际行动迎接党的二十大胜利召开。

（原载于《中国周刊》2022 年第 2 期）

依靠创新解决企业融资难

今年全国两会政府工作报告中提出加强金融对实体经济的有效支持，进一步推动解决实体经济特别是中小微企业融资难题。全国人大代表王士岭接受本刊采访时说，他在全国两会上提出了进一步创新解决中小微企业融资难问题的建议。

中小微企业是支撑我国国民经济发展的一支重要力量。对于扩大就业岗位，增加税收发挥着重要作用。党中央，国务院高度重视中小微企业的发展。2021 年 12 月 29 日，国务院办公厅印发了《加强信用信息共享应用促进中小微企业融资实施方案》的通知。这对进一步发挥信用信息对中小微企业融资的支持，推动建立缓解中小微企业融资难融资贵问题的长效机制，无疑会起到非常重要的作用。

全国人大代表王士岭说，经过深入实际进行调研，目前中小微企业贷款难的问题依然不同程度存在，主要有以下几点：

1. 抵押、担保不足。企业贷款与个人贷款不同，必须提供足够的抵押物或担保才可以申请。现在很多中小微企业或是由于刚刚才起步实力薄弱，或是经营遇到困难资产不足。总之，没有担保物的话，根本无法提供优良资产作为抵押，也没有具有优良资产的担保人作为担保，固此就很难从银行金融机构得到贷款，即便有土地或厂房，由于不符合银行规定的条件，也难以变现，所以银行也很难接受。

2. 中小微企业财务不透明，行为不规范。小微企业报表难以真实反映其生产经营和财务状况，给银行把握客户真实经营状况和财务信息带来困难，不敢贸然放贷。

3. 中小微企业易受外界环境影响，抗风险能力差。由于中小微企业资产总额较小且处在产业体系的单个环节，所以外部环境的变化对其生产经营有着较大影响。部分中小微企业诚信意识不强，逃废银行债务行为时有发生。给银行信贷带来较大风险。

王士岭代表分析说，在 2020 年我国新创设两项直达实体经济的货币政策工具之前，国有大型银行信用贷款占全部普惠小微贷款的比例有 20%，但是中小银行不足 10%。中小微企业面临的营商环境仍较为严峻，贷款抵押率（中小企业贷款需提供抵质押品的比例）一直在 50% 上下浮动，普遍高于欧洲国家，而且应收账款延期支付天数（38 天）也远高于 OECD 国家的平均水平（10.79 天）。我国中小企业的中长期贷款余额占比（58.4%）远低于发达经济体（70%），且不良率水平虽远低于发展中经济体，但仍略高于发达经济体。

对解决中小企业融资难问题，王士岭代表提出以下建议：

进一步创新完善融资担保制度。

健全完善我国"一体两翼四层"担保体系的联动机制，完善不同层级和不同类型担保机构之间的联保、分保及再保等机制安排。发挥财政资金的正向激励作用，构建完善政府性担保机构的资本金补充长效机制，扩大担保业务覆盖和融资杠杆效应。完善政府性担保机构的考核机制，适当提高担保代偿率等风险容忍度。健全银行、担保机构和企业不同市场主体之间，中央、省、市县不同层级之间的风险分担机制。

打造中小微企业金融服务体。

1. 县域地方政府要努力打造有利于中小微企业融资的良好社会环境。制定出台有利于扩大中小微企业信贷的扶持政策，引导、激励金融机构加大对中小微企业的信贷支持。要加强金融生态环境建设，组织相关部门构建统一的中小微企业社会征信系统和运行机制，扩大征信系统的覆盖面和信用信息的采集面，尽可能详细地提供企业基本信息和情况，方便金融机构查询，提高市场透明度。

2. 大力推动"银行＋保险"的创新融资模式。县域地方政府要大力推进金融改革创新，实现银保体系的强强联合。将辖区内中小微企业按行业分类进行统一打包，由多家保险公司组建"保险共保体"，通过多种保险产品进行组合，设计一揽子保险方案，对中小微企业经营过程中存在的风险进行全面转嫁，改变以往保险公司因单一保险产品导致亏损而不愿参与的现象，使其放心大胆向中小微企业开放信用保证保险产品。

银行根据保险公司向企业提供的"财产保险可抵押单"或"贷款信誉保证保险单"可大胆放款，而保险机构因有"保险共保体"的共同承保可无忧授信，从而促使企业在融资过程中转嫁风险的组织架构更加稳固。通过保险和银行携手，既为企业应收账款进行增信，帮助企业获取银行贷款，又为银行提供风险缓释手段，扩大贸易融资业务量，同时实现了保险公司业务增长，达到企业、银行、保险、政府多方共赢的效果，从而彻底激活地方整体经济。

3. 推进银企、政企对接。由县域地方政府出面，通过向金融机构推介中小微企业、举办小微企业融资洽谈等多种形式，构建银企对接平台，创造合作机会，全方位化解中小微企业融资难。

（原载于《中国周刊》2022 年 3 月 10 日）

把临沂列为共同富裕示范区

共同富裕是社会主义的本质要求，是人民群众的共同梦想和期盼。全国两会开幕前，《中国周刊》连线了全国人大代表王士岭，他说今年带来的建议首要一项是把临沂列为国家级共同富裕示范区。

王士岭代表说，党的十九届五中全会对扎实推动共同富裕作出重大战略部署："到二〇三五年基本实现社会主义现代化远景目标""人民生活更加美好，人的全面发展、全体人民共同富裕取得更为明显的实质性进展"。2021年5月，《中共中央、国务院关于支持浙江高质量发展建设共同富裕示范区的意见》正式发布，在率先探索建设共同富裕美好社会走出了坚实一步。

当前，我国发展不平衡不充分问题仍然突出。为此，建议国家对经济发达省份开展示范建设的同时，尽快在全国革命老区中选择重点地区，作为共同富裕示范区，进行先行先试，引领其他革命老区加快高质量共同富裕。

王士岭代表在接受采访时说，在全国革命老区中，沂蒙革命老区具备列入国家级高质量发展共同富裕示范区的优势条件：

1. 沂蒙革命老区在中国共产党的领导下，孕育和催生了伟大的沂蒙精神。沂蒙革命老区位于山东省临沂市，抗日战争和解放战争时期，沂蒙人民"一粒米做军粮、一块布做军装、最后一个儿子送战场"，为夺取革命战争胜利，为新中国的建立做出了巨大贡献。2013年11月，习近平总书记在山东临沂考察时指出："沂蒙精神与延安精神、井冈山精神、西柏坡精神一样，是党和国家的宝贵精神财富，要不断结合新的时代条件发扬光大。"2021年9月，沂蒙精神被中共中央批准第一批纳入中国共产党人精神谱系。

2. 在沂蒙精神的指引下，改革开放40年来，沂蒙老区发生了翻天覆地的变化，已经发展成为现代化的全国文明城市和"中国市场名城"、"中国物流之都"。2013年11月25日，习近平总书记视察金兰物流时做出重要指示，要求临沂物流向现代物流迈进。为此，临沂市委、市政府带领千万沂蒙人民，牢记总书记嘱托，把商贸物流转型发展牢牢抓在手上，推进全市新旧动能转换和高质量发展，启动商谷、国际陆港等重点片区建设，大力发展国际贸易、电子商务和智慧物流，形成了日客流量30万人、"北有临沂、南有义乌"的发展格局，拉动了社会就业，带动了加工业、运输业、饮食服务业、教育事业、金融业快速发展；2021年，临沂商城实现交易额5402亿元，物流总额达8065亿元，分别同比增长22.7%、17.8%。

3. 临沂市民营经济发展优势突出，民营企业数量占比90%以上，基本贡献了80%以上的城镇劳动就业，70%以上的技术创新成果，50%以上的税收，对于稳增长、保就业、推进区域经济高质量发展，发挥了巨大的推动作用。民营经济的快速发展，让临沂走在了全国革命老区发展前列。

王士岭代表建议：进一步支持沂蒙革命老区高质量发展，打造革命老区共富范例，建议把临沂列为国家级共同富裕示范区；把临沂与国家级物流枢纽城市、电子商务示范城市、省级"一带一路"综合试验区一并建设、一并推进。到2025年，在革命老区中率先建成高质量发展高品质生活先行区、城乡区域协调发展引领区、收入分配制度改革试验区、文明和谐美丽家园展示区，打造人民精神生活丰富、社会文明进步、人与自然和谐共生的幸福美好家园，为全国革命老区提供示范。

王士岭还建议国家参照支持浙江省建设高质量发展共同富裕示范区的相关政策，对临沂市开展试点出台专项政策，给予指导和工作扶持。根据需要，在科技创新、数字经济发展、分配制度改革、城乡区域协调发展、公共服务等方面给予改革授权。

（原载于《中国周刊》2022年3月5日）

附录：媒体报道选粹

2021/6/2 中国经济网 山东临沂：商贸物流业为革命老区发展提速

2021/3/11 中国新闻网 全国人大代表王士岭：创新引领提升城市基层治理能力

2021/3/11 光明网 王士岭代表：用高质量发展来拓展临沂物流新亮点

2021/3/11 检察日报 王士岭代表：定点精准帮扶要责任到人

2021/3/11 央广网 化解知产纠纷 推动商城发展

2021/3/9 中国网 以商贸冷链物流为龙头 建立全国冷链物流大数据平台

2021/3/6 新华社 人大代表建言体育法修改：增设体育产业、体育仲裁等内容

2020/11/16 检察日报 全国人大代表王士岭：静下心来倾听与调研

2020/5/29 光明网 物流加速度——"电子商务＋智慧物流"新模式

2020/5/25 央广网 全国人大代表王士岭：建议将叉车纳入机动车管理

2020/5/25 中国网 建议将临沂列为国家级"一带一路"综合试验区

2020/5/23 中国日报网 全国人大代表王士岭：传承沂蒙精神 向现代物流迈进

2020/5/12 中华儿女 温暖他人的人

2020/4/20 光明网 30万人流量零报告 兰田复产、防控、援捐三线告捷

2019/12/16 检察日报 王士岭：加大对见义勇为的支持力度

2019/8/26　光明网　王士岭：降低成本提高效率和质量是物流业发展方向

2019/5/22　中国之声　沂蒙老区变身"商贸之都"

2019/4/12　央视网　植根红色沃土，临沂商城"大有可为"

2019/3/15　人民日报　实实在在、心无旁骛做实业

2019/3/14　人民法院报　王士岭：让社会公众了解干警的努力与付出

2019/3/9　人民网　全国人大代表王士岭：加快设立山东自由贸易试验区

2019/3/6　经济日报　把临沂商城打造成区域网货集散中心

2019/2/15　新华社　从6件"基本解决执行难"代表建议说起

2018/11/16　中国青年网　兰田集团董事长王士岭：应用企业的发展成果回报社会

2018/11/2　中国日报网　王士岭：兰田向现代化企业迈进的转型与升级

2018/10/31　光明网　一个民营企业家的格局与担当

2018/3/6　中国建设报　王士岭：将农产品冷链物流发展纳入乡村振兴战略

2015/9/26　人民法院报　王士岭：真心为群众办实事办好事

2015/2/2　检察日报　王士岭：建起了人大代表接待站

2014/3/11　国际在线　人大代表王士岭：应降低营改增后物流企业税负

2013/7/16　法制网　全国人大代表王士岭提出规范消防安全监管预防消防事故

2013/3/11　央视网　解决交易市场从业人员户籍问题 跟上现代城镇发展需求

2013/3/11　新华网　王士岭：农产品市场建设与发展存在五方面问题

不忘初心　忠诚信仰

荣誉展示

全国人大代表　王士岭

王士岭在参加全国人民代表大会全体会议期间认真听取报告。

2013年5月10日，王士岭参加临沂市人大工作现场会，在兰田市场观摩。

2016年6月，王士岭被评为临沂市第十八届人民代表大会"优秀代表"，并在表彰会上发言。

　　2015年6月，全国人大组织代表考察团赴甘肃法院系统调研。图为王士岭和代表们在参观。

　　2018年8月，全国人大组织代表考察团赴安徽合肥法院系统调研。图为王士岭和代表们在参观。

　　2019年6月，全国人大组织代表考察团赴陕西西安人民检察院调研。图为王士岭和代表们在参观。

　　2019年11月，全国人大组织代表考察团赴广东法院系统调研。图为王士岭和代表们在参观。

王士岭为家庭困难孩子们发放学习用品和助学金。

王士岭和聊城市人大常委会领导同志参观临沂市兰山区教育用品采购基地人大代表接待站。

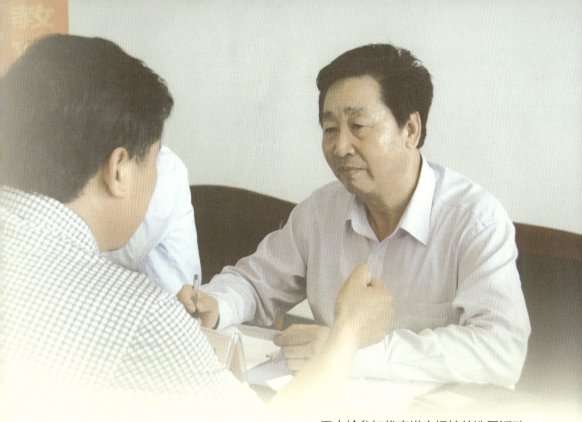

王士岭参加代表进市场接待选民活动。

王士岭在人大代表接待站接待群众。

俯瞰
繁荣

王士岭在基层进行工作调研。

王士岭在批发市场一线调研。